LA SPLENDEUR DES BORGIA

DU MÊME AUTEUR

Romans

Les chevaliers du Christ, Albin Michel, 1997.
Marie Bellefort, la flibustière, Albin Michel, 2000.
La lionne de Nantes, Pygmalion, 2004.
Les récoltes de la Saint-Pardoux, Pygmalion, 2005.
L'incendie, Les Trois Orangers, 2005 (*Bourse Cino del Duca 1994*).
Le moulin de Chastreuil, Cheminements, 2007.
La splendeur des Borgia, la Pourpre et le Fer, tome I, Télémaque, 2011.

Essais

La bataille de Lépante, Économica, 2003.
Les grandes heures de l'abbaye de Saint-Benoît-sur-Loire, Beauchesne, 2003 (*couronné par l'Académie française*).
Salamine et les guerres médiques, Économica, 2004.
Blenheim 1704. Le prince Eugène et Marlborough contre la France, Économica, 2004.
Fantaisismes, Les Trois Orangers, 2006.
Petit dico insolite de la mort (Les pissenlits par la racine), City éditions, 2007.
Le petit dictionnaire des grandes phrases de l'Histoire, City éditions, 2008.
Petites histoires insolites de l'histoire de France, City éditions, 2009.
Dictionnaire des favorites, Pygmalion, 2010.
Petites histoires insolites de l'histoire de France, tome II, City éditions, 2010.

Biographies

Stradivarius, sa vie, ses instruments, Zurfluh, 2000 (*Bourse Poncetton de la Société des Gens de Lettres*).
Le tapissier de Notre-Dame, éditions du Rocher, 2002.
Marion de Lorme, la reine du Marais, Les Trois Orangers, 2004.
Le docteur Guillotin, Pygmalion, 2004.
Le prince Eugène, éditions du Rocher, 2005.
La duchesse de Fontanges, Pygmalion, 2005.
Claude de France, première épouse de François Ier, Pygmalion, 2006.
Anne de Bretagne, Pygmalion, 2008 (*Prix des Lauriers Verts 2008 de la biographie*).
Jeanne de France, Pygmalion, 2009.
Tallemant des Réaux, préface de Jean Mesnard, de l'Institut, Le Croît Vif, 2010.

Henri Pigaillem

LA SPLENDEUR DES BORGIA

Tome 2

Les soupers du Vatican

1504-1588

Éditions SW Télémaque

Éditions Télémaque 7, rue Pérignon, 75015 Paris
www.editionstelemaque.com
ISBN : 978-2-7533-0141-2

SOMMAIRE

DIARIUM I

Où César Borgia, trahi par Gonzalo de Cordoue, est prisonnier des Espagnols.

Le premier dessein de Jules II fut de s'emparer des places fortes de Romagne, d'en devenir le maître au mépris de Venise qui tentait de s'y établir, et à l'insu de César Borgia, qu'il avait flatté par des promesses pour lui dissimuler son entreprise. Le fils de Rodrigo ne semblait pas encore douter de la félonie du nouveau pape. Pour mieux le tromper, ce dernier lui accorda l'autorisation de regagner son duché et demanda même pour lui, à Machiavel, un libre passage aux Florentins. Alors que César s'apprêtait à quitter Rome, le Saint-Père confia à Giustiniani :

– Le duc n'aura pas un créneau de mes forteresses. Je ne suis obligé envers lui qu'à la vie sauve et à la libre jouissance de ses biens, mais en le favorisant auprès des Florentins, j'agis de façon à conserver la Romagne à l'Église.

Le jour même, Giustiniani s'empressa de faire savoir à Florence : « Le pontife dit qu'une fois qu'il aura dans les mains la possession des forteresses, il licenciera César. »

Quant à Machiavel, il reçut de Jules II la consigne de retarder la délivrance du sauf-conduit de César. Ce dernier commença à être gagné par les soupçons et, ayant convoqué le secrétaire florentin, lui déclara :

– Je suis résolu à partir par Ostie, à aborder à Livourne ou à Gênes avec cinq galères de la flotte pontificale. Si je n'ai pas le libre passage, je signe un traité avec les Vénitiens et, s'il le faut, avec le diable : je ramasse tout mon argent, j'assemble tous mes amis, je joue mes dernières ressources. Et une fois à Pise, j'emploie tout ce qui me reste de forces à faire du mal aux Florentins.

À cette menace, Machiavel se dégagea de toutes responsabilités et répondit qu'il ignorait la raison pour laquelle la Seigneurie de Florence tardait à lui faire parvenir les autorisations de passage. En outre, il se garda bien de dire à César que le pape, tandis qu'il feignait d'agir pour lui, envoyait successivement à chacune des villes de Romagne un bref exigeant la reddition des forteresses.

Le 3 novembre 1503, Jules II chargea ses deux camériers secrets, Carlo de Moncalieri et Pedro d'Oviedo, de se rendre à Cesena avec ordre, pour le commandant de la Rocca, de leur remettre la place. Le duché venait d'être réorganisé par Jules II, qui avait nommé des contre-gouverneurs en lieu et place de ceux de César et clamait aux populations qu'il ne reconnaissait pas leur duc comme son représentant. Pedro Remires, le commandant de Cesena, était le dernier à ne pas avoir capitulé. Il répondit aux émissaires du Saint-Siège qu'il ne livrerait les forts dont il avait la garde que lorsque son maître serait libre de circuler. S'adressant à Pedro d'Oviedo :

– Vous êtes Espagnol, comme César, lui dit-il, vous êtes son ancien camérier, vous l'avez servi avec fidélité et dévouement, et à présent êtes à la solde du nouveau pontife. Il n'y a qu'un seul remède pour vous guérir de cette trahison : la mort.

D'Oviedo fut pendu aux créneaux de la forteresse sous les yeux de Moncalieri, que Pedro Remires autorisa à regagner Rome, pour rendre compte au pape de son obstination à résister.

L'exécution d'Oviedo mit Jules II dans une telle colère qu'il décida de faire emprisonner César au château Saint-Ange. Les cardinaux Giorgio da Costa et San Giorgio, chargés de s'emparer du duc de Romagne, suggérèrent et obtinrent de l'enfermer plutôt à la tour Borgia, dans la chambre même où Alfonso de Bisceglia avait été assassiné. César n'opposa aucune résistance, ne chercha même pas à protester, et suivit sans un mot les hommes d'armes des deux cardinaux.

La nuit même de son arrestation, trois de ses fidèles, son cousin germain Lodovico Borgia, Agapito da Amalia et Francisco Remolines, se hâtèrent, secrètement, de conduire hors de Rome le petit duc de Sermoneta, l'enfant de Lucrèce et d'Alfonso de Bisceglia, de crainte que le pape lui réserve le même sort que son oncle. De son côté, Vannozza mit en sûreté les biens des Borgia et s'assura auprès d'Ippolito d'Este que les meubles et objets précieux de son fils avaient bien été dirigés vers Ferrare au lendemain de la mort de Rodrigo. Lorsque Jules II donna l'ordre de les saisir, il reçut pour réponse que de nombreux convois s'étaient chargés depuis longtemps de leur faire quitter Rome.

Informés de l'incarcération de César, les Vénitiens comprirent que le chemin de la Romagne était définitivement libre. Ils s'acheminèrent vers Faenza, Imola, Forli et Rimini, les enlevèrent en quelques jours, et refusèrent de les restituer au pape. Le prince sérénissime répondit à Leonini, envoyé à Rimini par le Saint-Siège :

– Dût-on détruire jusqu'au fondement des maisons, on ne rendra jamais ces provinces à l'Église.

Jules II ne se laissa pas impressionner et rendit public un bref pour toute la Romagne, dans lequel il nommait Giovanni Sacchi, évêque de Raguse, gouverneur général du duché et des États de Bologne à la place de César. Il ordonnait à tous les anciens vicariats du Saint-Siège de jeter bas l'écusson du Valentinois et d'arborer le drapeau de l'Église et les clés de saint Pierre. En décembre, l'occasion se présenta de déshonorer publiquement le duc. Il accepta les demandes de mise en accusation que lui portaient le cardinal Riario Sforza, le duc d'Urbin, et les Bentivoglio.

Venise poursuivait cependant son œuvre d'annexion. Sachant désormais la cause perdue, les derniers commandants des forteresses de Romagne, Bravo da Sila à Forlimpopoli, Gonzalo da Mirafonte à Forli, et Pedro Remires à Cesena capitulèrent et livrèrent leurs places fortes. Dans sa cellule, César apprenait heure par heure la défection de ses partisans et le ralliement de ses ennemis à Jules II. Tout lui sembla fini lorsqu'il sut que le titre de capitaine général des troupes pontificales, dont l'avait investi Rodrigo, lui était retiré. Le duc d'Urbin, Guidobaldo, rentra à Rome pour en recevoir la nomination du pape.

Machiavel vouait toujours de l'admiration à César, cependant il semblait indécemment impatient de signaler à sa Seigneurie de Florence que le duc était déchu et qu'elle n'avait plus rien à craindre de ses menaces. Le secrétaire florentin venait fréquemment lui rendre visite dans sa prison. Le fils Borgia, étroitement surveillé, doué d'une grande patience, étalait toujours aussi outrageusement son faste. Il dormait avec son épée hors du fourreau à portée de main, il était quotidiennement environné de ses familiers et de gentilshommes restés fidèles à sa fortune. Juan Vera, son ancien précepteur, nommé cardinal de Sainte-Balbine par Rodrigo, lui témoignait la plus vive affection et ne le quittait plus. En leur compagnie, il énumérait les chances qu'il avait encore d'échapper au sort que lui réservaient ses ennemis. Il citait les banquiers de Florence et de Gênes, qui conservaient pour lui plus de 300 000 ducats, Baldassare da Scipione, capitaine de ses lances, sur lequel il pouvait compter jusqu'à sa mort, Michelotto, son bravo, son âme damnée, arrêté et torturé à Florence mais qu'aucune offre séduisante n'avait décidé à l'abandonner.

Exécuteur de ses sentences, Michelotto fut à nouveau arrêté en décembre, cette fois sur ordre de Jules II, qui comptait obtenir de lui les aveux que les Florentins n'étaient pas parvenus à lui arracher. Le pape envisageait de faire passer César devant un tribunal lorsque quelque prince s'élèverait pour défendre son ennemi. Il lui fallait suffisamment de preuves et de témoignages relatifs à ses crimes.

Depuis le 23 décembre, Michelotto croupissait dans un cachot du château Saint-Ange. Une nouvelle vint les sauver, lui et son maître. Le 28 décembre 1503, Gonzalo de Cordoue, en dépit de la défense éclatante du chevalier Bayard, triompha des troupes françaises près du fleuve Garigliano, glorifiant ainsi son nom déjà illustre et assurant la domination absolue du roi d'Espagne en Italie méridionale. À cette victoire succédèrent celle de Gaète, puis la retraite désespérée des Français par mer, et enfin la mort de Pierre de Médicis, qui s'était noyé en prenant la fuite.

Cette succession d'événements permit à Diego de Mendoza, ambassadeur d'Espagne, d'intercéder auprès de Jules II en faveur des prisonniers du Vatican. César se résigna à renoncer à ses prétentions sur son duché, en échange de la liberté et de la reddition de ses biens. Le pape signa l'accord par lequel Cesena et Forli, les deux places fortifiées les plus redoutables de Romagne, devaient avoir ouvert leurs portes à ses envoyés dans un délai de quarante jours. Auquel cas, César serait libre de sa personne et de ses biens et se rendrait où bon lui semblerait. Jules II s'engageait même à lui donner des galères pour gagner la France, où il occuperait un rang digne de lui.

Dans l'attente de l'exécution du traité par ses capitaines, César fut assigné à résidence à Civitavecchia. Si les places n'étaient pas livrées, il était convenu qu'il serait ramené à Rome et incarcéré à perpétuité. À l'aube du 13 février, accompagné du trésorier du Vatican, Francesco del Castel di Rio, et de sa suite splendide, il traversa Rome à cheval jusqu'au quai de Ripa Grande avant de s'embarquer à Ostie sur une galère affrétée par le pape. Le cardinal de Santa Croce, qui se portait garant pour lui, le rejoignit à Civitavecchia. À Rome, lorsque Jules II eut entre les mains les lettres de témoignages enjoignant aux capitaines de renoncer à défendre les forteresses de Romagne et de les livrer aux représentants du Saint-Siège, il fit partir de nouveaux messagers, escortés d'une armée commandée par Sacchi, évêque de Raguse, nommé gouverneur de Romagne. À Forli, Gonzalo da Mirafonte réclama une rançon de 15 000 ducats et insista pour être payé en argent comptant. À Bertinoro et à Cesena, les défenseurs, avant de se démettre de leurs forteresses, exigèrent d'abord que l'on rende la liberté à leur duc, qu'ils savaient prisonnier à Ostie :

– Tant qu'il n'en sera pas ainsi, ajoutèrent-ils, nous regarderons comme de notre honneur de ne point ouvrir les portes.

Jules II signa avec le cardinal de Santa Croce une nouvelle convention signifiant aux commandants de Cesena et de

Bertinoro que désormais ils étaient les seuls dont dépendait la liberté de César. Santa Croce s'engagea à les convaincre de se rendre. À Ostie, le duc régla lui-même la rançon exigée par Gonzalo da Mirafonte. En outre, il dut faire le serment de ne pas chercher, une fois libre, à reprendre les villes de Romagne et de s'exiler en France.

Le 6 avril, toutes les conditions ayant été remplies par les commandants des forteresses de Romagne, une fuste et trois galères pontificales, sous la conduite de Mottono, capitaine du Vatican, transportèrent le Valentinois et ses hommes jusqu'à Ardea. César y vécut royalement, organisant des joutes et des voltiges sauvages où il se distingua. Le 28, renonçant à son serment d'abandonner tout projet relatif à la Romagne, il gagna Naples en compagnie de Remolines et de son écuyer Juanito Garcia. Son frère Geoffrey l'y attendait avec tous ceux qui n'avaient pas encore désespéré de sa fortune, toutes les femmes de la maison d'Aragon, parentes du duc de Bisceglia : les veuves des rois Alfonso II et Ferrandino, Béatrice, reine de Hongrie, Isabelle Sforza, ancienne duchesse de Milan. S'y trouvaient également les parents du duc de Gravina, Francesco Orsini, et même les familiers de Girolamo Manciano, condamné par César, on s'en souvient, à avoir les deux poignets tranchés et la langue percée avec un stylet rougi pour avoir répandu en Italie le contenu du libelle envoyé à Silvio Savelli.

Sancia accompagnait Geoffrey. La jeune femme n'avait pas revu César depuis que Rodrigo Borgia l'avait emprisonnée au château Saint-Ange pour avoir entretenu une liaison avec Ippolito d'Este. Pie III lui avait fait ouvrir les portes de sa geôle et elle avait trouvé refuge à Civita Castellana, chez Prospero Colonna, avec lequel elle venait d'achever une aventure amoureuse dans la forteresse de Marino.

Gonzalo de Cordoue reçut César au Castel Nuovo le jour de son arrivée, le traita comme son familier, l'invita à sa table. Le vainqueur de Garigliano se laissa séduire par les nouveaux projets militaires de son hôte. Le duc méditait de se rendre en Romagne en passant par Pise puis la Garfagnana. Gonzalo lui recommanda ses capitaines, l'autorisa à organiser des milices, convint de lui fournir les galères pour inquiéter les Florentins et aller secourir Pise.

À Naples, César employa tout son temps à reformer des escadrons, à préparer son artillerie, à rappeler ses compagnons d'armes. Baldassare da Scipione partit pour Rome afin d'engager des lances. Il répandit négligemment la nouvelle que son maître repartait combattre ses ennemis, que Pise venait de lui envoyer un ambassadeur, qu'il voulait tirer vengeance des Florentins. À son retour, il se targua de tant de clabaudages. Le duc le gifla violemment d'un puissant revers de main en lui lançant :

– Et tu voudrais sans doute que je te flatte, imbécile ? Tu nous as peut-être perdus !

Le 25 mai, il avait réuni tous ses soldats, ses officiers attendaient ses ordres, son capitaine des bombardes Giulio delli Alberino venait de charger les canons à bord des galères prêtes à filer vers Pise. Le soir, après avoir pris congé de Gonzalo et alors qu'il s'éloignait du Castel Nuovo, il fut arrêté par un groupe d'hommes en armes avec à sa tête le commandant du fort Nuñez Ocampo :

– Vous êtes bien César Borgia, duc de Romagne et de Valentinois ? lui demanda ce dernier.

– C'est moi, en effet, répondit le duc en portant une main à la coquille de sa rapière.

Il n'eut pas le temps de s'armer, les hommes de Nuñez Ocampo faisaient déjà cercle autour de lui.

– Au nom du roi de Castille, veuillez me remettre votre arme ! Vous êtes mon prisonnier.

Un instant, la pensée vint à César de résister, quitte à se faire tuer sur place. Mais s'il tira son épée ce fut pour la remettre au commandant, qui la prit en ajoutant :

– Veuillez me suivre, je vous prie.

Dans l'attente d'être transféré en Espagne, le Valentinois fut conduit au château de l'Œuf, ancienne résidence de moines cénobites située sur l'îlot de Mégaride, où s'était autrefois échoué le corps sans vie de la sirène Parthénope.

En se saisissant de César, Ferdinand, roi d'Aragon et de Castille, agissait sur la demande de Jules II, qui face aux nouvelles intrigues du duc, avait envoyé un ambassadeur en Espagne pour dénoncer ses préparatifs et la protection que lui accordait Gonzalo. Le Saint-Siège trahi, le roi d'Espagne devait s'attendre à l'être à son tour et avait choisi de répondre favorablement aux doléances du pape. À Naples, ce n'est autre que Gonzalo qui avait accepté de s'emparer de César. Au lendemain de l'arrestation, Baldassare da Scipione fit publier un placard dans toutes les villes d'Espagne : « Je défie quiconque de la nation oserait dire que le duc de Valentinois n'a pas été livré malgré le sauf-conduit du roi Ferdinand et de la reine Isabelle, au mépris de la foi jurée et à la honte de leur couronne royale. » Il n'y eut aucun Espagnol pour relever le défi : chacun avait la preuve de la trahison de Gonzalo de Cordoue. Cependant, on s'accordait pour admettre que César avait été le premier à faire preuve de félonie et que tous les moyens semblaient légitimes contre lui. Toujours est-il qu'au soir de sa vie, en 1515, Gonzalo, le « Gran Capitán », comme on le nommait en Espagne, devait se repentir d'avoir trahi César. Ses regrets ne furent que purement religieux. Il avoua avec souffrance avoir été contraint de manquer à sa parole donnée trois fois au cours de sa vie. César Borgia était l'objet de l'une d'elles.

Dans le courant de juin, au port d'Ischia, gardé à vue par Prospero Colonna, César monta à bord d'une galère qui fit voile pour l'Espagne, suivie d'une flottille commandée par Antonio de Cardona y Lorrano. Le prisonnier subit l'outrage d'être enfermé pendant tout le voyage dans une cage aux barreaux épais sculptés dans du chêne et dans laquelle il ne pouvait tenir debout. Seul son médecin Gaspare Torella fut autorisé à l'approcher.

La galère aborda bientôt le port de Leon, puis celui de Valence, sur le fleuve Turia. La beauté culminante de Valence était la cathédrale Saint-Apollinaire, érigée sur une ancienne mosquée et qui abritait le Saint Calice. Elle surgissait au milieu des maisons mauresques et des larges demeures des bourgeois lettrés d'origine andalouse. La ville était enveloppée de profondes lumières, piquée de palmiers, emplie de rires safranés. Dans les ruelles étriquées, les litières des mules se heurtaient avec fracas. Un marché se dressait place de la Virgen, fréquenté par un grand nombre de Maures installés à Valence un siècle après l'expulsion de leurs ancêtres par le roi Don Jayme. Au beau milieu de la place, au sommet d'une potence, on hissa la cage dans laquelle croupissait César. Le duc y resta exposé plusieurs jours. Chaque midi, il apercevait, au loin, les postérieurs des Maures qui faisaient leurs dévotions, prosternés selon le rituel sur leurs tapis, marmonnant, murmurant, balbutiant, bourdonnant, touchant le sol avec le front. Les passants lui jetaient par poignées des oranges blettes et des noyaux de dattes, les enfants lui crachaient au visage. Épuisé, poisseux, il était nourri certains jours par quelques Valenciennes généreuses. La nuit, il grelottait et prenait mal dans ses minces guenilles. Il ne supportait plus d'entendre le débit de la fontaine qui coulait près de lui dans une grande auge de pierre. Il souillait sa cage et on l'éloigna peu à peu du marché pour que sa puanteur ne putréfie pas le parfum léger des grenades, des raisins, des pamplemousses. De toute évidence, on avait choisi, pour l'humilier, la ville d'où étaient originaires les Borgia.

Lorsque Colonna décida de reprendre la route, il fit libérer César de sa cage. Le duc voyagea dès lors en litière. L'escorte s'engagea dans la plaine de la Huerta puis dans une série de vallées où coulait une immense lumière. Le prisonnier fut conduit à la forteresse de Chinchilla, en Albacete, véritable nid d'aigle cerné de profonds fossés, dressé sur une hauteur de sept cents pieds et relié au terre-plein de la ville par un pont-levis. À son arrivée, des gardes entraînèrent César dans un étroit couloir en chicane qui débouchait au centre d'un jardin clos, entouré de galeries à arcades. Un jet d'eau chantait dans une vasque de marbre, des touffes de lauriers-roses bruissaient à l'angle du cloître attenant à la forteresse. On devinait dans la pénombre une suite de petites pièces aux boiseries sculptées, revêtues de mosaïques d'émail et d'or. Le duc, chargé de chaînes, fut introduit dans l'une d'elles, où l'attendait Gabriel Garcia Guzmán, le commandant du fort, un homme aux sourcils broussailleux et au visage parcheminé, qui se présenta à son prisonnier :

– *¿ Qué puedo hacer por usted ?*[1] répondit ironiquement César qui, de par ses origines, parlait un espagnol parfait et sans accent.

Il était pâle et amaigri, et tout l'éclat de son regard avait fui.

– Seigneur duc, répondit Guzmán de sa voix aigre, vos forces semblent vous avoir abandonné. Auriez-vous mal voyagé ?

1. Que puis-je faire pour vous ?

– J'ai encore suffisamment d'énergie pour répondre à vos questions.

– Répondez à celle-ci, enchaîna Guzmán : Connaissez-vous la raison de votre arrestation ? Vous avez dû chercher à le savoir depuis votre départ de Naples.

– Non, j'attendais qu'un certain Guzmán m'informe de toutes mes interrogations. Cela dit, ajouta César en pensant aux maladresses de Baldassare da Scipione à Naples, je crois savoir que j'ai à mon service quelque officier qui parle à tort et à travers.

– J'ignore de qui et de quoi vous voulez parler, seigneur duc, mais je comprends que je vous dois des explications. La duchesse Maria Enriquez de Gandie, veuve de votre frère Juan Borgia, a demandé justice contre vous au roi de Castille. Elle n'émet aucun doute quant à votre culpabilité dans l'assassinat de son époux. Il est question de vous faire passer devant un tribunal. Elle réclame pour vous la peine capitale.

– Je n'ai rencontré qu'une seule fois ma belle-sœur, répondit César, je serai ravi de la revoir et de l'embrasser.

Après quoi, il fut jeté dans un cachot de la tour de l'Homenage, la plus haute du fort, flanquée aux angles de poivrières à cul-de-lampe. On y descendait par une échelle au moyen d'une ouverture pratiquée dans la voûte, et on montait à la plate-forme par un escalier de plus de cent marches. Par les barbacanes, le prisonnier n'apercevait que l'échappée des toits de Chinchilla. Sévèrement gardé, on ne lui autorisa que les visites de Gaspare Torella et il ne put correspondre avec l'extérieur qu'avec grande difficulté. Son premier soin fut d'adresser à son beau-frère le roi Jean de Navarre la demande de pension de 100 000 livres formant la dot de sa femme Charlotte, dot promise par Louis XII, garantie par ses trésoriers, qui n'avait pas été payée et ne devait jamais l'être.

Le jour suivant l'emprisonnement de César, on fit saisir son fidèle Baldassare da Scipione, porteur du sauf-conduit. Restait à obtenir du Valentinois la reddition définitive des forteresses de Romagne. Ce ne fut que trois mois plus tard que l'on put lui arracher l'ordre formel de livrer les places. Il adressa à tous ses capitaines de Romagne un ordre les enjoignant de capituler. Dans la missive envoyée à Gonzalo da Mirafonte, qui commandait Forli, il acheva par : « Décidément la fortune est déchaînée contre moi. » Le 11 août, tous les capitaines de Romagne, à cheval, bannière au vent, suivis de leurs officiers et de deux cents arbalétriers, sortirent de leurs forteresses aux cris de : « Duca ! Duca ! »

À Ferrare, dès qu'elle fut informée de l'incarcération de son frère, Lucrèce s'employa à obtenir sa libération. Elle adressa lettre sur lettre à son beau-frère François de Gonzague, marquis de Mantoue, lui demandant d'intercéder auprès de Jules II pour qu'il dépêche Pietro Isualles, cardinal de Saint-Cyriaque, vers le roi d'Espagne. Gonzague répondit avec bienveillance à ses instances, proposant d'envoyer lui-même un agent. En sœur dévouée, Lucrèce sollicita aussi l'aide des Espagnols du Sacré Collège de Rome afin qu'ils réclament l'élargissement du captif. Elle parvint à émouvoir Charlotte d'Albret, l'épouse de César, qui, de son couvent de Bourges, supplia son frère Jean de Navarre d'agir avec insistance auprès du Catholique par son ambassadeur Ladron de Mauléon. Enfin, elle n'hésita pas à faire parvenir une supplique à Jules II lui-même. Le Saint-Père accepta de rédiger un bref à l'intention de Ferdinand, mais il se ravisa en quelques heures, craignant que le roi n'interprète autrement sa démarche. Il avoua à Lucrèce : « J'ai craint que Sa Majesté ne se méprenne à cette preuve d'intérêt et qu'il pense que mon intention était de lui faire restituer tout ou partie de ses États, ce qui aurait été me faire tort à moi-même ; j'ai donc révoqué l'ordre d'écrire à Sa Majesté, et je laisserai aux Espagnols le soin de s'en tirer. »

Pendant qu'avec une énergie hors du commun elle mettait tout en œuvre pour faire libérer son frère, Lucrèce recevait une dépêche de Giustiniani, qui l'informait gravement : « On instruit son procès pour la mort du duc de Gandie son frère et celle d'Alfonso de Bisceglia son beau-frère, dans l'intention de lui infliger la peine de mort pour ces deux délits. » La semaine suivante, Costabili, l'ambassadeur de Ferrare auprès de Jules II, se présenta au Castello Estense et annonça à la duchesse :

– Les affaires du duc de Valentinois semblent moins désespérées qu'on ne l'avait dit, Votre Seigneurie. Le cardinal de Salerne a eu des lettres de Requesens, le majordome du duc, envoyé avant que son maître eût débarqué, porteur des lettres de quelques-uns des cardinaux pour Sa Majesté Catholique. Requesens dit que le duc, enfermé d'abord avec un seul serviteur, a pu avoir depuis jusqu'à huit serviteurs. Il ajoute qu'il a parlé au roi de l'élargissement du prisonnier, et que celui-ci a répondu que ce n'est pas lui qui a pris l'initiative de cet emprisonnement, mais qu'il le maintient pour bien des motifs que Gonzalo invoque contre César. Si ces accusations sont fausses, le roi fera sans doute à l'égard du prisonnier ce que les cardinaux désirent. Il faut toutefois attendre que la reine revienne à la santé. Les ambassadeurs du roi et de la reine de Navarre, qui s'étaient aussi employés pour la libération avec toute ferveur, ont reçu la même réponse.

Giustiniani déclara à Lucrèce : « Ici on affirme publiquement, d'après diverses lettres reçues, que le Valentinois a été mis en liberté par le roi d'Espagne. Il lui a envoyé une honorable escorte pour qu'il vienne à sa cour, et on ajoute qu'il lui a fait dire que non seulement il veut le libérer, mais se servir de lui pour ses entreprises en Italie. » Pour le roi don Juan, la libération de César fut considérée comme accomplie à la suite d'une communication que venait de lui faire son ambassadeur Ladron de Mauléon. Il remercia le roi Ferdinand d'avoir favorablement accueilli sa demande. En réalité, le souverain avait l'intention de faire servir César à la réalisation de ses projets politiques. C'est ce que Giustiniani apprit à Lucrèce : « Le Valentinois lui paraît un parfait instrument pour troubler les affaires des Florentins, et, en même temps, donner tant d'embarras au pape, que les affaires qu'il aurait sur les bras l'empêcheraient de se mêler de celles des autres. »

César ignorait tout des efforts déployés par sa sœur pour lui faire ouvrir les portes de sa cellule et devait négligemment compromettre la situation si bien assouplie par ces soins fraternels. En effet, il ne put rester longtemps sans chercher à s'évader de Chinchilla. Quelques jours à peine après l'intervention de Ladron de Mauléon auprès de Ferdinand, il réclama une entrevue avec Gabriel Guzmán, le commandant du fort, auquel il prétendit exposer l'état de ses affaires. Les deux hommes devisèrent sur la terrasse de la tour. César désignait à Guzmán les fabriques de la ville, lui demandait de lui nommer les palais, les églises et les divers villages qu'on apercevait au loin. Au moment où il s'y attendait le moins, le commandant reçut en plein visage un coup de poing de César, qui l'empoigna et tenta de le précipiter dans le vide l'instant suivant. Une lutte s'engagea entre l'alcade et le captif, une lutte d'égal à égal car Guzmán, tout comme César, était un véritable colosse. Le duc fut bientôt terrassé, maîtrisé par ses gardiens puis enfermé dans une cellule plus étroite et sans fenêtre.

Désormais, la forteresse de Chinchilla ne semblait plus suffisamment sûre pour César. Défiant, Guzmán décida son transfert dans le nord de l'Espagne, près de Valladolid, dans le donjon le plus élevé de Castille, celui du château de la Mota, à Medina del Campo. Ses murailles, construites en grandes pierres d'appareil taillées en pointe de diamant, avaient six toises d'épaisseur à la base et quatre au sommet. Dans son nouveau cachot, vaste mais où le seul luxe consistait en courtines de serge et en vaisselle d'étain, César, comme à Chinchilla, n'avait pu retenir près de lui que son médecin Gaspare Torella.

Les premiers temps, le duc souffrit de la dureté de don Bernardino de Cardenas, gouverneur de Grenade, commis à sa surveillance à la Mota, qui ne lui ménageait aucune vexation. C'était un homme à l'œil cauteleux et fuyant qui s'abaissait haineusement sur ceux qui l'environnaient. Il ne savait qu'inventer pour brimer le prisonnier qu'on lui avait confié. Il avait ordonné de placer dans la cellule une cage de fer, où il le menaçait de l'enfermer à la moindre violence ou tentative de corruption de ses gardiens. Si on s'avisait de lui servir un repas plantureux, il donnait des consignes pour qu'on le remplace par un peu de pain et d'eau, avec un bout de lard ou de bœuf. César décela vite en Cardenas une telle malveillance qu'il en vint à redouter d'être empoisonné.

Le château de la Mota, qui servait de lieu d'incarcération, était également l'une des résidences d'Isabelle la Catholique, dont l'union avec Ferdinand d'Aragon avait permis la réunion sous le même sceptre des couronnes d'Aragon et de Castille. À l'arrivée de César, la reine était morte depuis quelques mois, usée par la fatigue du pouvoir. Dans son testament, elle avait exclu de la régence sa fille Jeanne, dite la Folle, dont la santé mentale était altérée par de furieuses crises de mélancolie. La démence de la princesse s'était accrue depuis le départ pour les Flandres de son époux. Dans son état de prostration maladive, elle refusait tout amour pour elle-même mais se montra miséricordieuse pour le prisonnier de marque qui demeurait dans le même château qu'elle. Elle ordonna de faire éloigner Cardenas, sans le congédier, puis obtint de lui qu'il soit tout dévoué au captif. Elle s'employa également à faire apporter à César tout ce dont il avait besoin, écrivit particulièrement à son trésorier de Séville pour qu'il fasse parvenir plusieurs mulets chargés de nourriture andalouse. Ils arrivèrent à la Mota portant sur une couverture écarlate des barils d'huile d'olive, d'énormes paniers d'oranges, des tonneaux de vin blanc du cru de Grenade. Ces délices étaient destinés aux collations privées du duc. Pour les repas, les cuisiniers du château étaient chargés de lui préparer des plats frugaux mais décents. Enfin, la fille de Ferdinand et d'Isabelle la Catholique fit laver les tapisseries du donjon, battre tous les matelas et garnir de toile le lit du cachot.

La démence de Jeanne la Folle était particulièrement favorisée par ses obsessions jalouses envers son époux Philippe le Beau. Lorsque le prince revenait de Flandres, la plupart du temps avec une blonde favorite, il ne manquait pas d'avoir lieu un esclandre effroyable au château, en présence de toute la cour. En milieu d'année 1505, Philippe annonça son retour à Medina. Le jour de son arrivée, le roi Ferdinand, qui avait provisoirement quitté ses États, fit convier César au banquet de réception. Le duc était régulièrement invité à la table de la cour. On lui passait les chaînes lorsqu'il quittait son cachot, et on ne l'en délivrait qu'après qu'il eut traversé les nombreuses galeries dont la pénombre pouvait être favorable aux évasions.

On lui retira ses entraves puis il prit place entre le roi et Jeanne. Un garde annonça :

– Sa Majesté Philippe Ier !

Le prince de Castille et souverain des Pays-Bas pénétra dans l'immense salle à manger, où tous les convives se levèrent avant de s'incliner et de faire une profonde révérence. C'était un jeune homme à la silhouette très élancée, au magnifique teint cuivré de Castillan, aux yeux bordés de longs cils noirs, aux cheveux charbon dans lesquels ondulaient de splendides reflets. Ferdinand vint l'accueillir. Les deux souverains se prirent par la main et Philippe désigna la porte de la salle à manger, par laquelle une longue suite de femmes et de demoiselles d'honneur pénétrèrent à leur tour. Jeanne se dressa d'un bond, examina chacune d'entre elles, attendit de voir un visage qui lui était inconnu. Ce fut celui d'une jouvencelle de quinze ans, les cheveux adorablement bouclés, le regard pétillant de fraîcheur et de jeunesse. La nouvelle favorite de Philippe le Beau. Jeanne s'avança frénétiquement vers elle, la rage au cœur, la frappa au visage avec une violence inouïe, la déséquilibra, la traîna vigoureusement par les cheveux sur le pavé de la salle, au paroxysme de sa fureur, frappa à nouveau ce visage dont la beauté l'exaspérait. La salle du palais retentit des rires sardoniques et bruyants des convives. Philippe mit fin à cette scène tragiquement désopilante : il leva la main sur son épouse et la fit retomber avec force. Jeanne, délirante, battue jusqu'au sang, dut être transportée dans son lit. Lorsqu'elle quitta la salle du banquet, les rires redoublèrent, dont la voûte se fit l'écho. Puis Ferdinand, une fois le silence revenu, se pencha vers César pour lui demander à voix haute :

– Ce spectacle, cher seigneur duc, vous a-t-il diverti ?

Les invités se tournèrent vers César. Le duc n'avait pas ri un seul instant. Il examina tous ces visages, se leva, tendit ses poignets aux gardes, qui lui remirent ses chaînes, puis, sans avoir dit un mot, fit signe pour qu'on le ramène dans son cachot. Cet homme qui avait commis tant de crimes épouvantables à Rome rendait grâce à celle qui avait mis fin à la sévérité de sa détention.

DIARIUM II

Comment un captif fort précieux parvient à s'évader à force de subtilité.

Le royaume de Castille, dont Jeanne était l'héritière légitime, devait, selon les volontés de la reine Isabelle, échouer aux mains de Philippe le Beau. Un mois plus tôt, à Valladolid, les Cortès avaient sanctionné les droits de Philippe à la Couronne, à la suite de quoi Ferdinand avait solennellement fait connaître les siens. Une lutte sourde s'était depuis lors engagée entre le roi et le prince. Tandis que Jeanne, hébétée, le regard égaré, vivait recluse dans ses appartements, un pavillon flottait en son honneur sur la place de Medina, attendant que le vainqueur de la course au trône le substitue au sien.

Pendant son incarcération, César fut instruit par don Bernardino de Cardenas des ténébreuses manœuvres de l'un et de l'autre des prétendants. Si Ferdinand conduisait la lutte avec un art plus subtil que son adversaire, le prince avait l'appui de son père Maximilien d'Autriche et par là même du roi de France Louis XII, qui envisageait de marier sa fille

Claude à l'héritier des Habsbourg, le futur Charles Quint, fils de Philippe et de Jeanne.

Ferdinand triompha une première fois de son gendre en l'accusant publiquement de tenir sa femme enfermée au château de la Mota pour cause de démence, ce qui ne manqua pas de soulever l'indignation. Mais cela ne fut pas suffisant, d'autant que le roi d'Aragon était au contraire environné d'ennemis. À Naples, son lieutenant, Gonzalo de Cordoue, semblait vouloir agir en dehors de lui et l'abandonnait peu à peu. Jules II ne voulait pas ouvertement prendre parti contre le défenseur attitré de la chrétienté en Europe mais il ne lui manifesta jamais son soutien et le dénigra en privé. Face à cet isolement, il chercha l'alliance française et sollicita de Louis XII la main de sa nièce Germaine de Foix. Le traité d'alliance fut signé à Blois et le mariage fixé au 18 mars 1506 à Dueñas. Les Cortès, à Toro, décrétèrent la prise de possession du gouvernement de Castille par Ferdinand, sans tenir compte de l'exclusion prononcée par le testament d'Isabelle, dans le cas où le mari qui lui survivrait formerait de nouveaux liens. La mesure n'eut pas l'assentiment des seigneurs les plus puissants de la cour de Castille, qui se déclarèrent partisans de Jeanne et de Philippe, qu'ils rappelèrent des Flandres. Le prince vint s'établir à Medina del Campo, où Jeanne, en proie à la dernière démence, ne trouva pas de trêve au désordre de ses idées, même au moment où celui qu'elle aimait tant revenait auprès d'elle. Philippe réclama à cor et à cri la régence que l'on venait de lui retirer. Ferdinand riposta comme il put. Il chevaucha vers Toro et se présenta devant les Cortès pour renouveler son accusation de séquestration contre son gendre :

– Philippe, déclara-t-il, ne se contente pas de publier la folie de la reine, ma fille, sa femme, dans des lettres signées de lui, mais j'ai appris qu'il la tenait en Flandres comme prisonnière et privée de toute liberté. Il ne veut pas que les gens de son pays la servent. Sa nourriture est préparée par des mains flamandes. Sa vie n'est pas sans danger. Que Dieu la protège !

Il trouva un appui solide en la personne du duc d'Albe, tandis que César confiait au comte de Benavente que, tout prisonnier qu'il était, il se déclarait favorable à Philippe. Ferdinand ignorait sa prise de position. Après avoir accueilli sa nouvelle épouse, Germaine de Foix, à Saragosse, il partit pour Naples, où l'attitude de plus en plus suspecte de Gonzalo de Cordoue nécessitait sa présence. Il l'envoya en Espagne et lui substitua son propre fils, Alfonso d'Aragon, archevêque de Saragosse. Il conçut aussi le singulier projet de lui opposer César, d'exploiter contre lui la haine du duc, auquel il médita de confier des troupes. Il chargea Pedro de Ayala de se rendre à Medina del Campo auprès de Philippe et de lui demander la remise de son prisonnier. Dans le même temps, il révéla à son gendre ses projets à l'égard de César, s'engageant à l'enfermer dans la forteresse d'Ejerica, près de Valence, dans l'attente de l'employer à la conduite de ses troupes.

Ainsi celui qui avait fait emprisonner le duc de Romagne devenait-il son sauveur et lui permettait-il de prendre contre Gonzalo la plus éclatante des revanches, à la tête d'une armée espagnole. De son côté, Philippe le Beau projetait d'utiliser César contre Ferdinand au cas où celui-ci lui contesterait encore ses droits. À l'exemple de son épouse, il distribua des ordres pour que l'on modifie les conditions de détention du captif. Il fit consacrer une somme énorme à l'entretien de serviteurs et d'officiers mis désormais à la disposition de Son Excellence le duc. Pour le service de celui-ci, on transporta des tables, des fauteuils, des nappes, des candélabres d'argent, un baldaquin de velours, des vases de porphyre, des broches, des rôtissoires, on tendit les murs de soie, on les agrémenta de tableaux, on plaça une pendule de bronze près du lit, on fixa des glands de taffetas doré aux rideaux de la fenêtre à barreaux.

Dans le même temps, Philippe s'interrogeait sur l'appartenance du prisonnier et déclarait nécessaire d'en référer au conseil de Castille pour savoir s'il était celui du roi ou celui de Jeanne. Gonzalo l'avait certes fait arrêter à Naples, mais en agissant ainsi, il servait les intérêts du royaume, dont Philippe était à présent régent pour sa femme, héritière légitime. Bernardino de Cardenas rapporta à la cour la réponse sans appel du conseil de Castille. César, que toutes ces intrigues divertissaient plus que jamais, reçut Cardenas, venu le trouver pour l'informer, lui aussi, de la décision du conseil. Le duc, vêtu comme un hidalgo d'un habit de velours gaufré et moucheté, entouré de ses officiers de bouche, était assis à sa table du souper, toute parée de linge fin et d'argenterie sur laquelle les valets multipliaient les services.

– Approchez, don Bernardino, l'invita le duc, la bouche pleine, tendant son verre à un échanson debout à ses côtés qui lui versa une rasade d'un excellent vin de Málaga. Eh bien, ajouta-t-il avec un sourire, apprenez-moi un peu de qui donc je suis le prisonnier.

– Excellence, vous appartenez sans contestation à Sa Majesté Ferdinand de Castille.

– Voulez-vous célébrer avec moi la nouvelle, don Bernardino ? Que l'on serve de ce vin à monsieur *l'Adelantado* !

– Excellence, reprit Cardenas qui ne pouvait dissimuler un soupçon d'embarras qui venait de l'envahir, Excellence, Son Altesse Royale m'a fait réquisition de vous livrer à lui. J'étais tenté de le faire, mais, placé entre deux autorités, j'ai sollicité l'agrément du régent. Il vient de me refuser d'obéir au roi, m'exposant que lors même que Sa Majesté transgresserait ses ordres, il vous ferait enlever. Or, je ne dispose point de troupes suffisantes pour m'opposer à l'enlèvement.

– Vous voulez donc un conseil, n'est-ce pas ? demanda César en s'essuyant les lèvres d'un revers de main.

Devant le mutisme de son interlocuteur, il reprit :

– Alors deux choses, mon ami. Tout d'abord, je puis mesurer combien je suis encore utile sur cette terre aux yeux de quelques puissants d'Europe. Ensuite, voici mon conseil : démerdez-vous !

Cardenas se dirigea vers la porte, se fit ouvrir par l'un de ses hommes en faction dans le couloir, puis à l'instant où le verrou allait se refermer, reparut sur le seuil :

– Vous comprenez, Excellence, reprit-il à l'adresse de son prisonnier, vous êtes devenu un captif fort précieux pour l'un comme l'autre des souverains auxquels j'obéis. La requête de Madame la duchesse de Gandie, qui veut votre procès et votre mort, n'est à présent plus du tout considérée.

Il s'enfonça dans le cachot pour examiner les fenêtres à double rangée de barreaux et mesurer du regard la distance qui les séparait du sol.

– C'était donc cela le véritable objet de votre visite ! comprit César. Que ne le disiez-vous point plutôt que de dissimuler ? Vous voulez vous convaincre, n'est-ce pas, que je ne pourrai surmonter l'obstacle que représente le précipice.

– Excellence, je ne changerai rien à ce qui a été convenu depuis les dernières instructions reçues concernant votre détention. Vous demeurerez naturellement libre d'aller et venir dans ce cachot. Mais vous comprendrez que votre évasion me perdrait tout à fait, maintenant que vous êtes encore moins qu'à votre arrivée un prisonnier ordinaire. Il ne m'est par conséquent plus possible, sachez-le, de vous laisser communiquer avec le dehors.

– C'est fort dommage, répondit César en feignant d'être déçu, j'avais commencé la rédaction d'une lettre lorsque l'heure du souper m'a interrompu.

– À qui adressez-vous cette lettre, Excellence ?

– À un nouvel ami.

– Un nouvel ami ? Bon, disons, Excellence, que ce sera la dernière qui sortira d'ici.

– Je vous en suis reconnaissant, monsieur *l'Adelantado*, remercia le duc en portant à la bouche une aile de gélinotte.

– Cependant, permettez-moi de la lire.

– Faites, je vous en prie, répondit César en faisant un signe à l'un de ses valets, qui s'approcha du gouverneur avec la lettre.

Cardenas lut à haute voix :

– « En attendant que je puisse vous remercier de vive voix de l'empressement que vous avez mis à m'obliger, je vous prie d'agréer mes remerciements personnels et de me faire l'honneur de me compter au nombre de vos amis. »

Ce courrier répondait de manière codée à celui de don Rodrigo Alonzo Pimentel, comte de Benavente, qui, la veille, avait secrètement transmis à César un billet contenant ces mots laconiques : « 25 octobre, avant la tombée du jour. Serez-vous prêt ? »

– Fort bien Excellence, conclut Cardenas qui ignorait tout de ce qui semblait se tramer, je ferai délivrer cette lettre par don Gabriel de Tapia.

Puis il sortit.

Selon les instructions de Philippe, Cardenas avait accordé à César, outre de nombreux serviteurs, un chapelain, Diego Fuente, originaire de Tolède. Il abandonnait les autres responsabilités à don Gabriel de Tapia, son lieutenant, également alcade et administrateur du fort, qui laissait à César de grandes facilités pour correspondre avec le dehors. Le duc avait pu nouer des relations avec le comte de Benavente, tandis que son chapelain, devenu son confident, et ayant l'autorisation de sortir de la Mota, s'entretenait directement avec ce dernier. Benavente avait été à la tête du parti qui voyait dans Philippe le Beau le successeur légitime d'Isabelle la Catholique. Mais les séjours répétés et interminables du régent en Flandres lui laissaient à présent présager que Jeanne la Folle gouvernerait en son absence plus souvent que lui. On pouvait prévoir que le royaume de Castille, dirigé par une reine démente, partirait rapidement à la dérive, permettant au puissant empereur Maximilien de s'en emparer au bénéfice du futur Charles Quint. César était le seul homme qui pouvait faire obstacle aux ambitions de Maximilien. Pour cela, il fallait qu'il soit rendu à la liberté sans attendre.

Cardenas reçut encore la charge de réclamer à Philippe, de la part de Ferdinand, la remise du duc. Le régent refusa à nouveau, précisant que si le roi s'avisait d'utiliser la force pour arracher le prisonnier à son cachot, il n'hésiterait pas à lever des troupes contre lui. Ce furent ses dernières menaces. En septembre, à Burgos, il se disposait à retourner dans les Flandres pour achever les affaires de Gueldre. Le 18, il engagea une partie de paume avec l'un de ses gentilshommes à l'heure du jour où la chaleur est la plus torride. Après le jeu, il but une rasade d'eau glacée et gagna aussitôt une pleurésie qui l'emporta en une semaine, à l'âge de vingt-huit ans. Il avait succombé si soudainement que l'on crut à un empoisonnement.

Dans sa démence, Jeanne s'obstina à garder son cadavre auprès d'elle et demeura de longs jours agenouillée devant son sépulcre ouvert, dans la chartreuse de Miraflores. Elle fit suivre le cercueil, qu'elle nommait son « trésor », partout où elle se rendait. Elle entrait en fureur dès qu'une femme s'en approchait. La jalousie dévorait encore son âme, et, dans l'un de ses voyages, elle préféra rester la nuit en plein air avec le cercueil plutôt que de loger dans une abbaye de filles.

Elle trouva seulement en elle assez de raison pour rappeler son père, joignant sa démarche à celle de ses sujets et de tout le conseil, qui craignaient de voir le royaume devenir la proie des factions. Absorbé par les affaires de Naples, que Gonzalo avait laissées en désordre, Ferdinand ne put faire tout de suite son retour dans ses États de Castille et, en son absence, laissa la régence à Jeanne.

Le 25 octobre, peu avant le crépuscule, César s'apprêta cependant à fausser compagnie à Jeanne la Folle. Le signal de son évasion lui fut donné alors que l'horizon avalait le soleil rougi de Castille. Ce fut le cri prolongé du hibou, admirablement imité par les soins de Garcia de Magona, serviteur de l'un des geôliers du duc, rallié à sa cause par le chapelain Diego Fuente. Ce Magona avait introduit dans le fort des cordes destinées à la fuite. Le donjon où se trouvait le cachot de César était muni de créneaux et donnait sur une barbacane contiguë à l'église de San Lorenzo. La corde fixée aux barreaux, dont les parties supérieures avaient été sciées, le prisonnier se laissa lentement glisser le long de la tour, ménageant l'allure de sa descente avec ses pieds. Au fond du fossé, où coulait le Zapardiel, l'attendaient Magona, Fuente et un majordome de Benavente du nom de don Jaime.

Le duc n'avait pas encore achevé sa descente que l'alarme fut donnée dans le fort et qu'en un instant Pedro de Tapia, le fils du lieutenant de Cardenas, se précipita dans la cellule vide de César pour couper la corde qui entraînait le duc vers la liberté. Le fugitif chuta au fond du fossé. Ses complices le sortirent de l'eau, le portèrent jusqu'aux chevaux et le mirent en selle.

Ils galopèrent à bride abattue jusqu'à la petite ville de Pozaldès. César y était attendu par deux guides au service du comte de Benavente, Martin de la Borda, originaire de la petite ville de Pasages, près de Saint-Sébastien, et son beau-frère Miguel de la Torre. Ils gagnèrent ensemble Santander. Le duc avait proscrit tout luxe dans les montures, expliquant qu'ils devaient passer pour des marchands de blé. Ils passèrent par Molledo, Bramosera, Melgar de Arriba, Palencia et Cabezon, et parvinrent en novembre à Villalon, la seigneurie de Benavente, d'où les guides repartirent à Santander.

Dans le courant du même mois, Jeanne la Folle se transporta à Burgos avec toute sa cour. Elle y fit publier un ordre royal, qui nous renseigne sur les fugitifs :

> « Commission et ordre est donné par la Reine à vous licencié Cristobal Vasquez de Acuña, mon corregidor de mon loyal comté et seigneurie de Biscaye, et à nos alcades, et à chacun de ceux à qui sera montrée cette lettre royale. Je fais savoir que le duc de Valentinois étant prisonnier par mon ordre dans la forteresse de Medina del Campo, ledit duc s'est enfui, et je vous avertis qu'il m'a été confié qu'il est arrivé à la ville de Santander, qu'ils étaient deux à cheval et ont laissé leurs montures dans la ville de Castrés, aux mains d'un fils de Pedro Gonzalez Calderon. De là ils sont allés à Santander, où on dit que ledit duc a été appréhendé par un alcade de ladite ville, mais que celui-ci le relâcha à la suite de présents qu'il lui fit ; une fois libre, il chercha quelqu'un qui le pût conduire sain et sauf à Castro-Urdiales pour s'y embarquer. »

Dans sa chute, César s'était blessé à la jambe, ce qui nécessita un mois de soins et de repos chez le comte de Benavente. Il employa ce temps à intriguer avec les ambassadeurs de Maximilien d'Autriche en faveur du fils de Philippe le Beau et de Jeanne la Folle. Il apprit que les Vénitiens envisageaient de l'appeler sur le territoire de la République et de l'utiliser contre Jules II, qui s'apprêtait à conquérir le duché de Romagne. Puis fin novembre, il partit pour Pampelune, capitale de la Navarre, à la cour de son beau-frère Jean III, sire d'Albret, frère de Charlotte d'Albret.

Peu avant Noël, à Burgos, Jeanne la Folle réunit cependant son conseil et déclara impérieusement :

– Il importe à mon service que l'on recherche le duc avec toute diligence, qu'on s'enquière avec précision du signalement des personnes qui ont laissé les chevaux des fugitifs à Castrés, des villes où elles se sont rendues par la suite, et où elles se trouvent à l'heure présente. Il faut savoir aussi si vraiment c'est le duc que le gouverneur Calderon a eu entre les mains, ou s'il s'agit de quelqu'un d'autre. Savoir encore si les dites personnes se sont embarquées, et dans quel port, sur quels navires, pour quelle destination. En un mot je veux être informée de tout, et que vous vous empariez du duc où qu'il se trouve, fût-ce dans une église ou un monastère, dans quelque lieu si privilégié qu'il soit, même en dehors de la juridiction de nos alcades, et que, cela fait, il soit gardé à vue jusqu'à nouvel ordre. À toutes ces fins je vous ordonne d'ouvrir une sérieuse enquête en tous les lieux et auprès de toutes les personnes qui peuvent vous renseigner à ce sujet. Tâchez de tout savoir sur le duc. Donnez-vous les moyens de vous emparer de lui. Si quelqu'un le cache, faites savoir qu'il encourra la peine de mort et que tous ses biens seront confisqués. Si vous constatez que les personnes qui ont laissé les chevaux à Castrés sont inconnues, il faudra cependant les retenir, et ce jusqu'à ce qu'on ait appris ce qu'elles y faisaient et dans quel but elles voyageaient. Je vous donne pouvoir absolu avec toutes les incidences et dépendances, et *urgencias* annexes et connexes. Si quelqu'un s'oppose de quelque manière que ce soit, il sera passible d'une amende de 10 000 maravédis au profit de ma Chambre.

César était l'hôte de la cour de Pampelune depuis le 3 décembre lorsque débuta à Burgos une série d'interrogatoires. Le corregidor de Ségovie, Fernando Molinera, arrivé dans la nuit, annonça d'abord à Jeanne :

– Majesté, nous avons le signalement des montures des fugitifs. César Borgia monte un beau cheval alezan, de taille moyenne, avec une tache blanche au front. Le frein est doré, comme le caleçon, les guides sont simples. Les deux autres chevaux sont des roussins de peu de prix.

Le corregidor était en compagnie de Francesco Gonzalez, propriétaire d'une *pinaca* à Santander, auquel César et ses complices avaient demandé à faire la traversée jusqu'à Bernico :

– Parle, Gonzalez, lui intima Molinera.

L'homme s'exécuta :

– J'ai demandé d'abord un prix très élevé, cinquante ducats, expliqua-t-il. J'ai fini par m'entendre pour vingt-six avec celui qui était, je le jure, César Borgia. À deux heures du matin les voyageurs se sont levés pour partir, mais la mer étant très forte, il a fallu attendre le lever du soleil pour s'embarquer. Comme la traversée devenait très pénible, la barque étant très petite, au lieu d'aller jusqu'à Bernico, je leur ai déclaré qu'il m'était impossible d'aller plus loin que Castro-Urdiales, où je les ai débarqués. J'ai touché d'avance quinze ducats de provision.

Le jour suivant, on introduisit auprès de Jeanne un certain Juan Marroquin, qui certifia avoir vu à Castro-Urdiales les trois personnages juste à leur descente de la barque. Il s'était abouché avec eux et, bientôt sollicité de leur donner un asile chez lui, il avait tout appris de leurs péripéties.

– Ils semblaient désespérés, ajouta-t-il, de ne pouvoir atteindre Bernico à cause de la tempête. Ils m'ont prié de leur trouver des chevaux, décidés à les payer aussi cher qu'on le voudrait, tellement le cas était urgent. J'ai remarqué que l'un des trois voyageurs se cachait la face comme s'il avait peur d'être reconnu.

L'enquête ne fut pas longue et la reine de Castille ne prit de sanctions qu'envers Martin de la Borda et Miguel de la Torre, guides et complices de César, arrêtés à Santander et qui furent pendus le jour de leur jugement. Après avoir traversé la Castille, le Guipuscoa et la Navarre, le duc était hors d'atteinte et installé depuis déjà quatorze jours à la cour de Jean de Navarre.

À Pampelune, il s'empressa de prévenir ceux qui lui avaient témoigné quelque intérêt pendant sa captivité, et tenta des démarches auprès des personnages sur lesquels il comptait pour se relever. Lucrèce fut la première à être informée de son évasion, dans une lettre que son frère lui adressa le 7 décembre, quatre jours après son arrivée chez Jean de Navarre. Le cachet portait réunis le blason des Borgia, les lys de France, une couronne d'or d'où s'élevaient sept dragons aux langues pointues, et un Pégase surmontant le cimier, armes des Albret :

« Après tant de vicissitudes, écrivait César, il a plu à Notre-Seigneur Dieu de me délivrer et de me faire sortir de prison. Mon secrétaire Federico, porteur de la présente, vous dira comment cela s'est effectué ; plaise à l'infinie clémence du Seigneur que ce soit pour sa plus grande gloire ! Pour le moment je me trouve à Pampelune auprès de S. S. les Roi et Reine de Navarre. J'y suis arrivé le 3 décembre, comme vous en informera Federico, en même temps que de toute autre circonstance qui me concerne ; vous voudrez bien prêter foi à tout ce qu'il vous dira en mon nom comme à ma propre personne. »

Lucrèce portait alors encore le deuil du duc Ercole. L'une de ses antichambres était tapissée de tentures noires et ses carrosses couverts de drap noir. Ses demoiselles d'honneur avaient reçu l'ordre d'adopter la couleur brune pour leurs vêtements et de porter sur la tête, comme leur souveraine, un voile à la mode bolonaise qu'elles rabattaient sur leur visage pour sortir. Au reçu de la lettre de César, la duchesse de Ferrare s'adressa aussitôt à l'ambassadeur ferrarais à Paris, Manfredo Manfredi, pour connaître les intentions de la cour de France à l'égard de son frère. Manfredi répondit qu'un envoyé du duc de Romagne, Monseigneur Requesens, était arrivé à Blois et avait demandé l'autorisation pour son seigneur de prendre possession du duché de Valentinois. Cependant, Alexandre VI n'étant plus là pour l'aider dans ses expéditions d'Italie, Louis XII estimait que remettre aux mains de César l'une de ses provinces représentait un risque. Ainsi se récusa-t-il, arguant du respect que les rois se doivent les uns aux autres et qu'en l'occurrence il devait au roi d'Espagne. Il ne pouvait, en effet, recevoir un évadé des prisons de Ferdinand le Catholique et lui donner un État.

Avec l'optimisme obstiné de son père, la duchesse de Ferrare ne se découragea pas et recommanda sa cause avec instance. Louis XII finit par lui dire qu'il ne pouvait acquiescer à ses demandes sans porter gravement atteinte à son honneur personnel.

César s'enquit également auprès du cardinal Ippolito de Ferrare, son beau-frère, du sort de ses biens meubles dont il l'avait fait dépositaire en décembre 1503 à l'époque où sa perte avait été résolue par Jules II. Il lui avait fait envoyer par son fidèle Francisco Remolines, cardinal de Sorrente, tous les joyaux qu'il abritait dans son palais de Rome, ses armes précieuses, ses gemmes, ses objets d'art, douze caisses et quatre-vingt-quatre balles contenant des tapis d'Orient, des tapisseries des Flandres, des étoffes et des objets mobiliers. Une partie du convoi qui transportait ces richesses à Ferrare avait été enlevée par les Florentins et par Giovanni Bentivoglio, autrefois dupé par César.

Le duc avait dépêché en Italie son serviteur et secrétaire Federico, chargé non seulement de remettre en mains propres les lettres destinées à ses proches mais encore de se renseigner sur tout ce qui touchait la Romagne. Il devait tenter de savoir quelles étaient les dispositions des Romagnols à l'égard de César, s'ils comptaient encore sur leur duc, quel était l'état de leur opinion. Mais Federico fut arrêté à Bologne sur ordre de Jules II. Lucrèce, pleine de sollicitude pour tout ce qui touchait aux intérêts de son frère, fit parvenir une lettre à François de Gonzague dans l'espoir de faire libérer le secrétaire.

De tout temps, par politique plutôt que par réelle affection, Gonzague avait témoigné une singulière propension aux Borgia. Lucrèce l'avait connu dix ans plus tôt, alors que, rayonnant de gloire militaire et du titre de vainqueur de Fornoue, il était venu à Rome recevoir des mains de Rodrigo la rose d'or, avec la bénédiction pontificale. Le 19 septembre

1505, à Reggio, Lucrèce avait mis au monde l'héritier de la maison d'Este. La naissance fut accueillie par les sujets du duc avec le peu de fêtes qu'ils avaient pu organiser, la peste sévissant alors dans la région. On lui avait donné le nom papal d'Alexandre, en mémoire de son grand-père. Dès sa naissance il avait montré des signes de débilité et avait bientôt refusé de s'alimenter. Il s'était mis à décliner si rapidement qu'au matin du 15 octobre il avait été nécessaire d'avertir Alfonso, qui se trouvait à Comacchio. À peine le messager Andrea Pontegino y était-il arrivé qu'un autre envoyé avait quitté Reggio pour annoncer la mort de l'enfant. La plus grande consolation de Lucrèce avait été l'amitié récente et déjà tendre de son beau-frère François de Gonzague.

Des liens de parenté unissaient François de Gonzague à la famille Borgia. En 1490, il avait en effet épousé la vindicative mais séduisante Isabelle d'Este, que nous avons déjà rencontrée, sœur d'Alfonso et de Béatrix, la presque veuve de Ludovic Sforza, qui croupissait dans un cachot de Touraine, en France. À l'instar d'Isabelle, qui se distinguait par le goût le plus pur pour les arts antiques, il cultivait les lettres avec ardeur, composait des poésies, et entretenait un cabinet de statues, de camées et de médailles. Marquis de Mantoue, il était âgé de trente-huit ans et avait succédé vingt ans plus tôt à son père. De même que ses ancêtres, il s'était voué à la carrière des armes et voulait assurer la réputation et l'existence de son petit État, en tenant sur pied une armée qu'il conduisait à la solde de princes plus puissants que lui. Après la conquête éclair de Charles VIII, en 1495, les cours de Venise, de l'empereur Maximilien, du pape, du roi d'Espagne et du duc de Milan s'étaient empressées de le choisir pour le mettre à la tête de l'armée confédérée. Après la retraite des Français, il était rentré au service de Pise, qui luttait contre les Florentins, avant de se mettre à la solde de Louis XII, qu'il avait ensuite quitté par dégoût pour l'indiscipline et l'orgueil des soldats ultramontains qu'il commandait.

Aujourd'hui, François de Gonzague suivait le pape en qualité de généralissime des troupes pontificales, et venait de renverser le trône des Bentivoglio pour annexer ses États à l'Église. Il pouvait assurément intervenir en faveur de Federico. Mais on ignorait ce qu'il était advenu du secrétaire de César, qui, sans doute assassiné sur les instructions de Jules II, ne devait jamais reparaître. De toute évidence, Rome voulait écraser tout ce qui représentait l'espoir de César de revenir sur la scène politique. Dans son cachot de la Mota, à Medina del Campo, le duc avait été considéré comme redoutable pour le pape. Vivant désormais librement à la cour de Navarre, protégé par Maximilien, disposant d'un sauf-conduit de ses ambassadeurs, prêt à appuyer le parti contraire à Ferdinand et à renouer avec ses nombreux partisans de Romagne, où les populations préféraient sa tyrannie à celle de l'Église, il était plus que jamais menaçant.

François de Gonzague s'arrêta à Ferrare pour annoncer à Lucrèce que sa démarche pour délivrer Federico avait été vaine. C'était alors le carnaval. Pour la troisième fois, la duchesse était enceinte d'un héritier de la maison d'Este. Elle dansa avec Gonzague avec tant d'entrain qu'elle fit une fausse couche. Alfonso lui fit comprendre qu'il la rendait responsable de l'accident du fait d'avoir dansé avec excès. Peu de jours après, elle était déjà sur pied pour recevoir un groupe de jeunes cardinaux de la suite de Jules II à Bologne, qui venaient se divertir à la cour de Ferrare. Elle était ravie d'assumer les agréables fatigues des fêtes en l'honneur des cardinaux de Narbonne, d'Aragon, Colonna, Médicis et Cornaro.

Tant d'agitation lui fut nuisible : elle fit une rechute, mais se releva rapidement.

En marge des grandes réceptions du palais ducal, elle tenait les réunions privées où les femmes brillaient avec plus de liberté et d'esprit. Bighino Trotti et son épouse, Nicole, favorite de la duchesse, avaient été parmi les premiers à lancer la mode de ces réunions, rassemblant quelques convives qui se connaissaient bien. Celles de Lucrèce furent immédiatement célèbres par le ton élevé et un peu recherché qui y régnait, par la qualité et l'assiduité des invités.

La libération de César était le sujet sur lequel revenait obstinément Lucrèce. Pour lui plaire, Gonzague feignait d'être ravi de la nouvelle et tira profit de la joie de la duchesse pour l'inviter à une fête. Lucrèce accepta d'aller le rejoindre à Borgoforte, sur les rives du Pô, en territoire mantouan. Elle avertit Alfonso de cette visite suffisamment tard pour qu'il ne puisse l'empêcher de s'y rendre.

Depuis quelque temps, Lucrèce et François de Gonzague entretenaient des relations qui allaient au-delà de l'amitié. Le marquis avait d'abord admiré la simplicité de sa belle-sœur avant de découvrir que, sans affectation, elle s'intéressait aux choses de l'esprit et que, bienveillante par nature, sa vie lui avait enseigné l'indulgence, la pitié, la compréhension. Isabelle d'Este demeura volontairement à Mantoue, à l'écart des fêtes, offensée de voir Lucrèce ouvertement courtisée par son propre mari. La marquise était une femme d'un esprit supérieur à celui de Lucrèce, richement orné, mais d'un caractère excessivement jaloux. Depuis toujours, elle était jalouse du trop grand succès de sa belle-sœur, dont le charme irrésistible lui faisait accorder tous les hommages. À présent, elle était également jalouse de la très vive admiration que François professait pour la jeune duchesse de Ferrare, d'où ce voile qu'elle posa dès lors sur l'amitié avec cette dernière, et que le temps n'allait jamais parvenir à lever entièrement.

Pendant deux jours, le marquis et la duchesse s'abandonnèrent sans vergogne au délice qui prélude une idylle. Le soir du second jour, pour retenir Lucrèce, Gonzague ne trouva pas mieux que de l'inviter à aller saluer Isabelle à Mantoue. Lucrèce préféra prévenir Alfonso : « Je suis combattue et forcée par un désir si véhément que je m'en vais demain visiter l'Illustrissime marquise, car, quelque résistance que j'aie opposée, il m'a fallu envers et contre tout obéir. » Le duc répondit avec une courtoisie contrainte et remercia des honneurs rendus à la duchesse de Ferrare.

Isabelle accueillit Lucrèce avec une froideur non dissimulée. Elle la conduisit dans ses salons, lui montra ses nombreuses collections d'art, ses livres, ses tableaux de maître, ses objets rares, se flatta de posséder les plus belles peintures de toute l'Italie. Les deux femmes se séparèrent en toute inimitié. Lucrèce abandonna sa petite embarcation pour la nef personnelle de François, qui devait lui rendre le voyage plus rapide et plus commode.

À son retour, en l'absence d'Alfonso, appelé la veille dans l'un de ses États, la duchesse présida la commission pour l'examen des suppliques des citoyens. Son ancienne qualité de régente à Rome et à Spolète devait lui être quelque peu utile. Elle recevait fréquemment les envoyés porteurs de félicitations pour l'intronisation du nouveau duc, et, assistée d'Angela Borgia, accompagnait à travers la ville les ambassadeurs vénitiens. Par intérêt politique, elle tint sur les fonts baptismaux, avec le cardinal Ippolito, un petit-fils du vice-gouverneur de Venise, auquel elle offrit une courtine de tissu d'or gaufré. Elle organisa des bals, des fêtes et des concerts en l'honneur de la députation conduite par le seigneur de La Palice, récemment libéré par Gonzalo de Cordoue.

Au cours de l'un de ces bals, Lucrèce eut pour cavalier don Giulio, l'un des frères adultérins d'Alfonso, fils du duc Ercole et d'Isabelle Arduino, fille d'honneur napolitaine d'Éléonore d'Aragon. Don Giulio se sentait suffisamment hardi pour tenter de séduire la duchesse. Il connaissait l'effet que produisait sa sémillante beauté sur les dames de la cour et en était particulièrement imbu. Prétentieux à l'excès, il ne jurait que par sa séduction, qu'il vantait à tout vent. Pendant le carnaval, il s'était abondamment targué de ses entreprises libertines auprès de la cousine de Lucrèce, la jeune et pulpeuse Angela Borgia, âgée de dix-huit ans : « J'étais si beau sous mon masque, n'avait-il cessé de répéter, que personne ne m'égalait ni, je crois, ne m'égalera dans l'avenir. Toutes les femmes désiraient que je daignasse danser avec elles. »

Lucrèce s'amusa fort de la cour discrète que lui fit don Giulio et qui n'eut aucune suite. En revanche, l'ardente liaison du fils naturel d'Ercole avec Angela Borgia eut des conséquences très remarquées à la cour, où l'on feignait cependant d'ignorer que la cousine de la duchesse était enceinte des œuvres de don Giulio. Le cardinal Ippolito fut irrité par cette maternité, car lui aussi, avec fougue, courtisait Angela. La jeune fille en était si incommodée qu'elle finit par lui jeter en pleine face, un peu par négligence :

– Que Son Éminence veuille bien me pardonner, mais je préfère son frère à Son Éminence. Les yeux de don Giulio valent plus que toute sa personne et que tous les cardinaux du monde.

Les yeux de don Giulio ! Ippolito se sentit humilié par cette cinglante repartie.

En janvier suivant, la peste sévissant près de Ferrare, la cour partit à quelques heures de la ville respirer l'air sain de la campagne, au château ducal de Belriguardo. Lucrèce projetait de visiter Modène et Reggio, mais s'installerait d'abord à Medelana, villa proche d'Ostellato. Elle emmena les dames de sa cour vêtues de soie de Tripoli, ses bouffons, ses musiciens, ses chanteurs.

Un matin, dans le courant du mois, le cardinal Ippolito partit courre le sanglier dans la forêt giboyeuse du château. Plusieurs gentilshommes de la cour cardinalice l'accompagnèrent, dont Masino del Forno, Francesco Zerbinati, Luigi Piacentino et Lodovico di Bagno. Don Giulio revenait d'une promenade à cheval et traversait les prairies de Belriguardo lorsque les chasseurs parurent à la lisière de la forêt. Ippolito observa un instant son frère et son air insolent qui lui était habituel. Secoué subitement par un sursaut de colère sauvage, il commanda aussitôt à ses sicaires :

– Saisissez-vous de lui et crevez-lui les yeux ! Surtout ne le tuez pas, je veux qu'il vive !

Les cardinaux éperonnèrent leurs montures, firent cercle autour de don Giulio, le désarçonnèrent puis mirent pied à terre pour se jeter sur lui. Masino del Forno l'agrippa par les cheveux afin de lui maintenir la tête en arrière tandis que Luigi Piacentino lui frappait les yeux à coups de dague, sous le regard des deux autres cardinaux qui, l'épée à la main, tenaient le supplicié en respect. Ils abandonnèrent don Giulio dans l'herbe maculée de sang, geignant, gémissant. Pour détourner les soupçons, Ippolito partit cependant à bride abattue avertir son frère le duc du cruel attentat qui venait de se produire, comme si la rumeur publique venait de le lui apprendre.

Bien que mutilé, don Giulio n'avait pas complètement perdu la vue. Des paysans lui vinrent en aide. Ils le ramenèrent au château, où Lucrèce et Angela furent saisies d'horreur. Le blessé dénonça son agresseur. Angela se répandit en sanglots désespérés, tomba en pamoison, et, une fois revenue à elle, promit de se faire subir le même sort que son amant si on ne parvenait pas à lui préserver l'œil qu'on pouvait encore sauver. Lucrèce fit venir des médecins et des chirurgiens de Ferrare, qui se relayèrent autour de don Giulio pendant de longues heures.

Ce tragique événement bouleversa considérablement Alfonso. Son premier geste fut d'écrire à sa sœur Isabelle et à François de Gonzague un compte rendu officiel dans lequel il accusait nommément les amis d'Ippolito de l'exécution du crime. Cependant, il vouait trop d'affection à son frère Ippolito pour songer à sévir. Il était son frère préféré et il eut la faiblesse de ne pas s'en remettre aux recommandations des Gonzague qui, en réponse à son courrier, l'exhortèrent à la sévérité pour ce fait inouï dont ils se déclaraient horrifiés. Alfonso ne trouva pas mieux que de répondre à son tour que la sévérité n'était pas une chose à régler hâtivement. Il autorisa Ippolito à circuler à son gré dans le duché et ne devait jamais l'inquiéter.

Isabelle d'Este dépêcha plusieurs médecins de sa cour au chevet de don Giulio, chargés en outre de l'informer jour par jour de l'état de santé de son frère. Don Giulio retrouva peu à peu la vue, bien que partiellement. Quiconque le voyait était épouvanté par son regard à la fois vide et rigide et par son œil droit qui, privé de paupière, restait figé comme s'il était gelé. Lucrèce obtint d'Alfonso que le blessé soit transporté à Ferrare et traité avec l'affectueuse sollicitude d'Angela.

Don Giulio ne supportait pas l'idée qu'Alfonso lui refusait de le venger. Au contraire, il reçut l'ordre du duc son frère de se montrer clément avec Ippolito et de ne penser qu'à lui pardonner. C'était bien trop pour l'outrage meurtrier qu'il avait subi et pour cet être si fier, si orgueilleux. De leur côté, les Gonzague insistaient auprès d'Alfonso pour qu'il fasse en sorte qu'une telle tragédie ne soulève pas de remous contre les Este. À Rome, Jules II se montra insatisfait de la version officielle des faits où des cardinaux étaient impliqués et exigea du duc de Ferrare de meilleures explications. Alfonso se vit dans l'obligation de réunir ses deux frères et de chercher à les réconcilier. Ippolito ne témoigna aucune émotion. Il accepta seulement de regretter son geste et de se comporter en bon cardinal. Don Giulio se tourna vers le duc pour lui désigner ses blessures et lui faire entendre qu'en aucun cas il ne pouvait pardonner une telle cruauté. À force de suppliques, Alfonso finit par obtenir qu'il pardonne à Ippolito.

Lucrèce jugea que la santé et la situation de don Giulio nécessitaient plus que jamais l'ordre et la discipline de l'habit ecclésiastique. Elle écrivit en vain au prieur des Hiérosolymitains de Venise en sollicitant pour son beau-frère un poste et des bénéfices dans l'ordre de Malte.

Au lendemain de ces événements, elle commença à échanger lettres et sonnets avec François de Gonzague. Les lettres passionnées qu'elle envoyait à son beau-frère étaient écrites de la main de l'une de ses dames d'honneur, Polissena Malvezzi, afin qu'Isabelle d'Este et Alfonso, s'ils venaient à les découvrir, ne reconnaissent pas l'écriture de la duchesse. Cette dernière se brûla au feu et tomba éperdument éprise du marquis.

Par la suite, elle utilisa Ercole Strozzi comme intermédiaire. Le poète déguisait les noms des personnes citées sous les pseudonymes de Camillo pour Alfonso, Lena pour Isabelle, Tygrinus pour Ippolito, et Barbara pour Lucrèce elle-même. Bientôt, sous sa plume, Lucrèce devint « faucon » et François « fauconnier ».

DIARIUM III

Où l'on retrouve la cour de Ferrare au milieu d'une conjuration.

Jeanne de France mourut le 4 février 1505, après avoir consacré les six dernières années de sa vie à la fondation et la prospérité du monastère des Annonciades de Bourges. Les seize paroisses de la ville, ainsi que les différents chapitres et toutes les communautés, se rendirent en procession dans la Sainte-Chapelle, où l'on célébra un office solennel. On alluma à cette occasion le grand chandelier de la nef, magnifique lustre de bronze à cent bougies, en forme de couronne. Les autres luminaires qui brûlaient avec le lustre étaient si nombreux qu'ils firent fondre le plomb des vitraux. La dépouille resta là jusqu'au lendemain, sous la garde des chanoines. Le matin du 21 février, les édiles de Bourges firent publier à son de trompe, à travers la ville, que toutes les personnes de qualité devaient se vêtir de deuil pour assister aux funérailles et que les indigents, au couvent des Cordeliers, recevraient chacun deux harengs et un pain de six deniers afin qu'ils prient Dieu pour l'âme de leur duchesse.

Après avoir chanté la messe, les chanoines de la Sainte-Chapelle procédèrent à la levée du corps et le placèrent sur une litière garnie de velours gris et tendue extérieurement d'un drap noir, richement brodé et semé de fleurons d'argent. Elle fut traînée par quatre mules harnachées d'ornements de deuil, auxquels pendaient de petites clochettes. Le connétable de Bourbon, Anne et Pierre de Beaujeu, sœur et beau-frère de la défunte, conduisirent le deuil, accompagnés de la maison de la reine Anne de Bretagne et de tous les seigneurs du pays, dont Charlotte d'Albret, duchesse de Valentinois, belle-sœur de Lucrèce. Le cortège s'achemina vers l'Annonciade. Les rues étaient tendues de draps traversés par une bande de velours sur laquelle figuraient les armes de la duchesse et celles de la ville. On descendit le corps de Jeanne dans un caveau peint en bleu, orné de fleurs de lis d'or, préparé sous le chœur des religieuses. L'écu de France, accompagné des insignes de la royauté et surmonté d'une couronne, se détachait sur le fond. Le seigneur de Vaurion, maître d'hôtel, s'approchant du treillis de fer qui entourait le tombeau, rompit le bâton, le signa de son office, et, le jetant dans le caveau, s'écria :

– Ah ! ma bonne maîtresse, je ne pourrai donc plus vous servir. Je vous en supplie, n'oubliez pas votre humble serviteur, et priez Dieu pour lui.

Cette mort toute chrétienne ne fut pleurée que par la population de Bourges. Elle retentit à peine jusqu'à Paris, et Louis XII, si religieux qu'il fût pour la mémoire des trépassés, n'accorda pas de service funèbre à sa première épouse, comme s'il eût honte de paraître avoir des remords. Un an après le décès de Jeanne, il fit son entrée solennelle, avec Anne de Bretagne, dans la capitale du Berry pour en reprendre possession. À l'occasion de la venue du couple royal, on représenta pendant plusieurs jours les mystères de la passion de Jésus-Christ. La Fosse des Arènes accueillit chaque jour vingt-cinq à trente mille personnes. Pendant son séjour, le roi, ébranlé par le repentir, à la faveur de la nuit et dans un déguisement, alla s'agenouiller devant le tombeau de Jeanne pour lui demander pardon.

Il se trouvait encore à Bourges lorsqu'on lui présenta un sauvage de l'Amérique du Nord, le premier qu'on eût vu en France depuis la découverte de Christophe Colomb. Il avait été recueilli par des pêcheurs de Rouen sur les côtes d'Angleterre, avec six autres compagnons, alors que leur pirogue d'écorce venait de dériver sous l'effet d'une tempête. Peu de jours après leur arrivée à Rouen, les autres sauvages avaient succombé par suite des privations éprouvées en mer.

Sur la demande du roi, le sauvage fut exhibé devant la cour, avec sa pirogue, son arc, ses flèches emmanchées de pierres. Il était d'une taille médiocre, brun de peau, sans barbe, avait de grosses lèvres, les cheveux divisés en tresses et tortillés en couronnes, le visage affreusement stigmatisé de cicatrices et peint de plusieurs couleurs. Il n'était vêtu que d'un baudrier de cuir de poisson, avec une petite bourse qui cachait ses parties sexuelles. Pour amuser la cour, le gentilhomme qui en avait la charge et le tenait au bout d'une chaîne, expliqua qu'il mangeait de la chair crue et buvait du sang chaud. Charlotte d'Albret, venue pour saluer la reine Anne, demeura indignée par ce spectacle qui déclenchait les rires et les quolibets les plus obscènes.

Lorsque le couple royal regagna Blois, l'épouse de César vécut subitement dans le regret de ne pas avoir annoncé la mort de Jeanne à Lucrèce. Les deux belles-sœurs ne s'étaient que très rarement rencontrées et l'heure était venue, songeait la duchesse de Valentinois, de se rapprocher de celle qui était la tante de sa fille Louise. César n'avait jamais vu cette enfant légitime mais s'était cependant, bien que vainement, occupé de lui trouver un mari, en la personne de Frédéric de Mantoue puis du fils de Jules II, afin de contracter un mariage qui aurait servi ses intérêts politiques. Pour cette raison, il chercha maintes fois à revoir Louise et sa mère. En juin et en juillet 1503, il insista pour qu'elles viennent toutes deux en Italie. Charlotte répondit qu'elle ne pourrait supporter les fatigues d'un si long voyage. Louis XII, voulant complaire au duc de Valentinois, la menaça même de lui enlever sa fille pour la remettre à son mari. La princesse demanda qu'on lui accorde du temps, résolue toutefois à ne pas se mettre en route.

Peu après le drame survenu à don Giulio, Lucrèce reçut l'invitation de Charlotte de venir séjourner dans son château de la Motte-Feuilly, situé non loin de Bourges. La mort dans l'âme, elle dut répondre qu'elle ne pouvait quitter Ferrare pour faire une si longue route. Elle venait de faire une fausse couche, dont elle ne se remettait qu'à grand-peine, et Alfonso, s'apprêtant à faire le tour de ses États, envisageait de lui confier pendant son absence, les affaires de Ferrare. Elle regrettait sincèrement de ne pouvoir venir embrasser Charlotte et sa petite nièce, mais elle voulait tout connaître de leur existence en France, de leur santé, de leur quotidien. La réponse ne se fit pas attendre.

Soumise à la conduite spirituelle de son confesseur, Gabriel Maria, qui fut aussi celui de Jeanne, et du bon ermite François de Paule, Charlotte mettait sa joie et sa gloire à exercer la charité envers les pauvres et les malades de la région. Les hôpitaux, les églises, les collèges qui environnaient son domaine de la Motte-Feuilly se partageaient ses bienfaits et ses œuvres pieuses. Si cinq ans plus tôt, elle avait dû simuler ses vœux pour échapper à César, aujourd'hui elle menait réellement une existence proche de celle d'une religieuse, et ne jouissait plus qu'en partie de ses biens depuis qu'elle vivait entre son château et l'Annonciade de Bourges, au milieu des austérités, des macérations et des prières.

Elle s'était d'abord établie à Issoudun, sur les terres appartenant à César. Le duc lui avait donné sa procuration générale pour régir et gouverner le duché de Valentinois et le comté de Diois. En juin 1504, désireuse d'établir encore plus discrètement sa vie, elle acquit pour 28 000 livres tournois son château actuel de la Motte-Feuilly, dont elle devait faire sa résidence définitive. Avec le château, elle acheta la terre du même nom, ainsi que celles de Néret et de Feusines avec leurs appartenances et dépendances. Dès qu'elle le pouvait, elle partait à Bourges sur sa haquenée retrouver Jeanne, partager ses austères exercices, faire une retraite à ses côtés. Son plus grand bonheur était de voir l'une de ses demoiselles ou filles suivantes embrasser la vie religieuse au monastère de l'Annonciade. Elle assistait à sa vêture et à sa profession, lui servait de mère et de marraine, se réjouissait d'avoir donné une nouvelle épouse à Jésus-Christ.

Ces visites à Bourges, l'éducation de Louise, le soin de ses biens, les intérêts de ses vassaux remplissaient l'existence de Charlotte, qui ne désirait plus quitter la région. Anne de Bretagne, dont elle avait dû abandonner le service au lendemain de son mariage, avait pourtant tenté de lui exprimer la tendresse qu'elle ressentait pour elle et de l'attirer à nouveau à sa cour.

Louise avait à présent six ans et grandissait dans le délicieux et bucolique univers agreste du Berry. La Motte-Feuilly se trouvait entre La Châtre et Château-Feuillant. Les environs de la Vallée Noire étaient rythmés d'antiques demeures féodales, véritables forteresses médiévales avec de hautes tours cylindriques et coiffées de toits aigus. De grands bois, peuplés de loups, couvraient le pays. L'étang de Rongères, l'unique pièce d'eau du voisinage, était animé par de paisibles passages de grues cendrées. Le ciel était toujours exempt de tempêtes, les nuits silencieuses, les couchers de soleil empreints de tendre mélancolie, l'horizon baigné d'une vaste et profonde lumière.

Louise avait déjà sa petite maison personnelle. Elle se composait de six écuyers, un aumônier, un receveur, quatre servantes, toutes nobles demoiselles, une femme de chambre, un valet de chambre, un tailleur et autres employés subalternes. Avec Jean de Cossé-Brissac, qui venait fréquemment en visite au château, elle partait en petit équipage à la chasse au faucon pour traquer le héron. Cossé-Brissac conduisait la fauconnerie et les valets de chiens les escortaient. Les chevauchées occupaient ses après-midi et la matinée était réservée à sa formation culturelle et spirituelle. Son précepteur la jugeait passionnée de tout et disait qu'elle tenait certaines amours intellectuelles et artistiques de sa mère. Elle était cultivée, versée dans le grec et le latin, sensible à la poésie, nourrie des légendes berrichonnes, soucieuse du passé. Charlotte faisait plusieurs fois par jour ses dévotions en sa compagnie et la couvrait d'images pieuses. Sa vie était bien réglée : des méditations, des jeux, des divertissements de société s'y succédaient et alternaient avec des leçons de musique et de danse qui lui permettraient de briller plus tard à la cour de France où Charlotte envisageait de la placer. C'était une grande couseuse, qui, les soirs d'hiver, devant un feu de cheminée, travaillait à l'aiguille, filait, exécutait divers ouvrages pour la décoration des autels.

Sur ces tendres nouvelles, Lucrèce se rendit à Reggio pour assister au baptême du neveu de Gerolamo Zilioli, maître camerlingue de Jules II et intime de Niccolò da Correggio. Elle y retrouva Bembo mais non François, convié pourtant à la cérémonie. À son retour à Ferrare, elle eut la surprise de trouver César. Le frère et la sœur s'embrassèrent avec effusion. Le soir, on célébra les retrouvailles par un banquet. Pendant le repas, l'ancien prisonnier de Medina, soucieux de se délasser, riait avec exubérance et exaspérait avec ses plaisanteries grivoises. Il dansa la carole avec Lucrèce puis Angela. Bientôt ivre, il monta sur la table, s'accroupit pour puiser avec ses doigts dans les plats de viande tandis qu'on le maintenait pour l'empêcher de tomber.

Le souper fut marqué par un incident. Avec Matteo Maria, Lodovico Arioste était le grand poète qui avait élevé très haut le renom de Ferrare dans la poésie italienne. À la mort du duc Ercole, son seul souci ayant été de survivre, il avait accepté de rentrer au service d'Ippolito. Mais il le détestait : le cardinal était un homme d'Église scandaleux, sensuel autant que violent, aimant les femmes, la bonne chère, la chasse, ayant des goûts distingués, qui versait surtout vers le luxe et les fêtes. Dépouillant sa soutane, cuirassé de cuir, il sortait armé avec ses courtisans, les hommes les plus brutaux du duché. Comme possédé par une furie de destruction, il abattait tout le gibier qu'il pouvait débusquer et quand la cible lui manquait, il s'en prenait aux oies et aux poules des cultivateurs.

L'Arioste venait de composer une églogue allégorique dénonçant l'attentat contre don Giulio. Il la déclama pendant les entremets :

– C'est au grand prince, mon bienfaiteur, que je consacre ce troisième chant. Muses, que ne me prêtez-vous la lyre d'Apollon, que ne me donnez-vous un style d'or, pour graver sur les marbres antiques les héros que je veux peindre ? Essayons toutefois avec les faibles instruments qui sont dans mes mains à faire l'esquisse d'un ouvrage que mes soins parviendront peut-être un jour à rendre plus parfait. Parlons de ce lâche, dont le cœur ne pouvait être rassuré, quoiqu'il fût couvert des meilleures armes. Parlons de ce Pinabel, de ce perfide Mayençais qui se flattait bien d'avoir fait périr Bradamante. Le croyant privé du jour au fond de ce précipice affreux, il se hâte de remonter à cheval. Son âme, accoutumée au crime, joint sans remords le vol à l'assassinat ; il ne perd pas cette occasion d'enlever le coursier du guerrier et de l'emmener avec lui. Abandonnons ce traître avec horreur, en attendant qu'il trouve son supplice et la punition de son forfait !

Lorsqu'il eut achevé, un silence glacial s'installa parmi les convives. Au bout d'un instant, César se leva et dit à l'Arioste :

– *Messer* Lodovico, où diable avez-vous donc trouvé toutes ces dégueulasseries ? Toute l'admiration que j'ai pour vous ne peut m'empêcher de penser que cette églogue est un acte répugnant d'aversion à l'adresse d'Ippolito, dont vous ne voulez aucunement justifier la sauvagerie à l'égard de don Giulio. Allez-vous, cher beau-frère, demanda-t-il ensuite en se tournant vers Ippolito, laisser ces insolentes paroles impunies ?

– Vous avez raison, César, répondit Ippolito. *Messer* Lodovico, ajouta-t-il en observant l'Arioste avec froideur, j'apprécie autant vos louanges que je déteste votre arrogance. Je vous retire dès aujourd'hui les bénéfices ecclésiastiques que j'ai pu vous accorder jusqu'ici.

L'Arioste répliqua à la manière de la sibylle d'Hellespont :

– Seul celui qui est capable de bien découvrir un perdreau, de dresser des chiens et des faucons, de fixer habilement des éperons, d'ôter les bottes de Son Éminence, et de servir du vin frais, peut espérer avoir la chance de vous plaire. Je ne suis ni votre écuyer, ni votre échanson ; je me sens bien incapable de suivre Votre Éminence pas à pas sur les routes, de dormir aux heures qu'il plaît à Votre Éminence, de transpirer ou de geler selon votre bon plaisir. Si votre Sainte Éminence avait imaginé, au moyen de quelques cadeaux, m'avoir acheté pour toute l'éternité, je me déclare prêt à les lui rendre et à vivre de glands, pourvu que je retrouve ma liberté.

– Votre liberté, *messer* Lodovico, reprit Ippolito, vous venez à l'instant de la reprendre. Je demande à Sa Seigneurie, dit-il en se tournant vers Alfonso, de s'emparer du bel héritage qui revient à *messer* Lodovico et à ses frères. Vous auriez beau protester, acheva-t-il en observant à nouveau le poète, gronder, vous indigner, que je ne reviendrais point sur cette sentence.

L'Arioste se voyait dépouillé, privé de toutes ressources. La nécessité le contraignit à quémander plus tard un nouvel office à ce duc qu'il ne haïssait pas moins que le cardinal. Il dut s'adresser à Lucrèce, mais la duchesse fut en peine de lui faire restituer son héritage, déclaré définitivement acquis à l'État. Usant du peu d'emprise qu'elle avait sur l'esprit de son époux, elle parvint cependant à le faire nommer camérier et familier de Son Altesse le duc, avec un traitement honorable de vingt-cinq livres par mois, et l'entretien, aux frais de la cour, de trois domestiques et de deux chevaux.

Le mois suivant, Angela Borgia célébra ses fiançailles avec Alessandro Pio, seigneur de Sassuolo, séduit par les nombreux bénéfices attachés à la personne de la jeune fille, étroitement apparentée à la maison régnante. En février, la cour retourna à Ferrare par voie fluviale. Angela accoucha sur le bateau d'un enfant qui devait bientôt disparaître, mort en bas âge après avoir été élevé obscurément au loin. La jeune fiancée oubliait chaque jour un peu plus don Giulio et s'estimait innocente de la tragédie de Belriguardo. Lorsque la date de son mariage fut fixée, elle voulut une cérémonie nuptiale magnifique et exigea un char tendu de satin et de velours. Le trousseau fut composé d'un vêtement en drap d'or fin offert par Lucrèce, qui l'aimait comme une sœur et s'appliquait toujours à lui faire revêtir de belles toilettes pour paraître à la cour. Elle lui fit faire un costume rayé d'or et un autre de drap fin à bandes de velours et de satin marron.

La célébration du mariage passée, Lucrèce prolongea les réjouissances pendant huit jours. Elle fit rouvrir le théâtre de Ferrare, le plus beau d'Italie, le centre de l'art dramatique de la péninsule, construit au palais même et dont la scène n'avait pas été foulée depuis quelques mois par des comédiens. Elle engagea metteurs en scène, auteurs, traducteurs, chorégraphes, danseurs, commanda plusieurs comédies d'amour et des idylles mythologiques puisées particulièrement dans l'œuvre de Boccace. Ces fêtes éveillèrent une mélancolie et une colère bien légitimes dans l'âme de don Giulio, qui, animé d'une haine inexpiable, était oublié par l'égoïsme de ses frères et toisé par l'inconstance d'Angela. Avec don Ferrante, son dernier frère, devenu son confident depuis son malheur, il ressassait le récit de l'attentat dont il avait été victime dans la forêt de Belriguardo. Peu à peu, il passa au projet de rendre lui-même justice et d'assassiner le duc. La faute d'Ippolito devenait celle d'Alfonso, qui s'était obstiné à refuser à don Giulio un châtiment conforme à la loi. Don Ferrante fut le premier partisan et complice de don Giulio dans la conjuration qu'ils mirent sur pied contre Alfonso. Ils y entraînèrent Albertino Boschetti, comte de San Cesario, un vieux seigneur auquel le duc disputait depuis belle heure le fief de San Cesario. Le gendre de celui-ci, Gerardo de Roberti, capitaine des gardes ducaux, les rejoignit avec Gian Cantore, un prêtre gascon, et Gerolamo Tuttobono.

Ce qui était un acte vindicatif se mua bientôt en complot politique, car il s'agit de proclamer don Ferrante duc de Ferrare. Les conspirateurs organisèrent leurs premières réunions en avril. Alfonso venait de partir en voyage, laissant la régence à Lucrèce, qui avait l'ordre de ne lui écrire qu'en cas d'extrême urgence concernant la sûreté de l'État. L'attentat sur sa personne aurait lieu le jour même de son retour. On évoqua d'abord l'emploi du poison puis on s'accorda pour tuer d'une manière jugée plus certaine.

– Nous utiliserons un stylet, proposa don Giulio d'une voix calme. C'est une arme que l'on cache facilement sur soi.

– Si le stylet, qui est long et effilé, sembla approuver don Ferrante, pénètre vivement dans la région du cœur, la victime met ordinairement une ou deux minutes à mourir, ce qui donne à son agresseur le temps de s'enfuir.

Albertino Boschetti accepta de porter le coup fatal. Lors des assemblées suivantes, ils réglèrent peu à peu les détails de l'attentat.

Après avoir abandonné l'idée d'un pèlerinage à Saint-Jacques de Compostelle, Alfonso visita dans les Abruzzes la foire de Lanciano, puis passa en revue les ports de l'Adriatique. Il fit son retour à Ferrare par Bari où, en compagnie de sa cousine Isabelle d'Aragon, il visita châteaux et forteresses. À Lugo, il trouva Ippolito qui, sous prétexte de se rendre à Vigogne, était venu à sa rencontre. Il remarqua le trouble et les traits bouleversés de son frère. Le cardinal avait été informé de l'attentat contre le duc par des intimes de la cour qui l'avaient éventé.

Alfonso fit arrêter Boschetti, Roberti et don Ferrante. Don Giulio avait eu le temps d'aller trouver refuge chez Isabelle d'Este, qui accepta de le livrer contre l'engagement de lui laisser la vie sauve. Gian Cantore était parvenu à prendre la fuite et se trouvait à Rome lorsqu'il fut à son tour appréhendé, chez la favorite d'un cardinal, et ramené à Ferrare. Il fut placé dans une cage suspendue à l'une des fenêtres de la tour du château dite des Lions. On l'y trouva égorgé le lendemain. Son corps fut traîné à travers la ville puis attaché au bout d'une perche, au-dessus du Pô, dans lequel ses membres tombèrent les uns après les autres.

Les autres conjurés passèrent aux aveux sous la torture, furent jugés de manière expéditive et condamnés à la décapitation. Lucrèce ne voulut pas assister aux exécutions. En compagnie de quelques-unes de ses demoiselles d'honneur, elle partit chevaucher dans les plaines environnant Ferrare. Elle poussait son cheval au galop lorsqu'elle entendit la voix de l'une de ses demoiselles d'honneur, qui arrivait à sa hauteur en lui disant :

– Madame, Madonna Ginevra ne nous suit plus.

Lucrèce immobilisa sa monture, se retourna et aperçut derrière elle la jeune femme gisant à terre. Elle tourna la bride de son cheval qu'elle fit passer à l'amble. Ginevra da Correggio était une jeune beauté de vingt ans, l'une des fleurs les plus délicates de tout Ferrare. Elle avait chuté de son haquenée blanche et perdu connaissance. Ses compagnes lui maintenaient la tête et tentaient de la faire revenir à elle. Des larmes séchées apparaissaient de chaque côté de ses paupières.

– Cette petite vient de pleurer, observa Lucrèce. Savez-vous pourquoi ?

– Nous l'ignorons, répondirent les demoiselles qui appliquaient de petites gifles sur les joues de Ginevra.

– Frappez plus fort, voyons ! s'écria Lucrèce d'un ton agacé.

La jeune fille recouvra ses esprits et, apercevant sa maîtresse, s'agenouilla pour se confondre en excuses.

– Vous avez pleuré, mon enfant ? lui demanda Lucrèce.

– Cela n'est rien, Madame.

– Alors, je vous prie, ne nous retardez plus.

– Madame, si j'osais..., s'empressa d'ajouter Ginevra sans achever.

– Eh bien quoi, si vous osiez ?

– Si j'osais, je demanderais à Madame... d'obtenir la grâce de don Giulio. Seule Madame peut intervenir auprès de Sa Seigneurie le duc.

– Don Giulio, ma fille, a commis le péché d'orgueil, Dieu l'en a puni.

– Madame, reprit Ginevra d'une voix étranglée, je vous en supplie, grâce pour don Giulio... Madame, soyez miséricordieuse...

Lucrèce l'observa avec une soudaine compassion.

– Vous l'aimez, ma fille ? comprit-elle.

– Mon Dieu, oui, Madame, je l'aime, il l'ignore mais je l'aime, avoua Ginevra en s'accrochant à présent à l'une des bottes de sa maîtresse qui demeurait en selle.

De nouvelles larmes brillèrent dans ses yeux. À genoux, suffoquant, les pleurs dans la voix, elle supplia encore :

– Grâce pour lui, Madame, je vous en conjure.

– Cessez donc de vous lamenter, ma fille, vous allez m'exaspérer. Et puis relevez-vous, je vous prie !

Lorsque Ginevra se fut redressée, Lucrèce acheva :

– Rentrons au château. Je ne voudrais pas arriver trop tard.

Alfonso se trouvait dans la salle d'armes en grande conversation avec César. Lucrèce fit irruption sans même avoir pris le temps de se changer :

– Monsieur, demanda-t-elle à son époux, à quelle heure doivent avoir lieu les exécutions ?

Une telle question surprit le duc, qui lui répondit :

– J'avais cru comprendre, Madame, que vous ne vouliez pas y assister.

– En effet, Monsieur, mais je vous demande la grâce de don Giulio.

– Rien que cela ? ironisa Alfonso. Pourquoi pas non plus celle de don Ferrante ?

– Précisément, Monsieur, celle de don Ferrante aussi. Ce sont vos propres frères. Je comprends qu'une demande aussi subite vous surprenne mais…

– À quelle heure, l'interrompit César en s'adressant au duc, à quelle heure les condamnés doivent-ils monter sur l'échafaud, Seigneur duc ? Répondez donc.

– À midi, Excellence.

– À midi, dites-vous ? Eh bien faites-leur donc grâce à une heure de l'après-dînée. Qu'en pensez-vous ?

Tout en disant cela, César jeta un regard sur le visage de sa sœur, dont les yeux se chargèrent de furie.

– C'est ma foi une excellente idée, adjugea Alfonso. Je leur ferai grâce lorsqu'ils seront morts.

À l'heure où ils parlaient, Boschetti et Roberti étaient écartelés puis décapités sur la grand-place de Ferrare. Vint alors le tour de don Giulio et de don Ferrante. À l'instant où ils gravissaient les degrés de l'échafaud, une voix s'éleva, celle d'un officier venu annoncer que le duc les graciait et commuait leur peine en prison perpétuelle. Ce n'est que le soir que Lucrèce apprit la clémence de son époux, qui avait finalement daigné écouter sa doléance.

L'une des chambres du château servit de geôle aux deux prisonniers. Blanchie à la chaux, les portes murées, elle avait été aménagée de sorte que leur pitance ne puisse leur parvenir que par une sorte de guichet percé tout en haut de la paroi, près du plafond. Alfonso les avait sous la main. Lorsqu'il partait à la chasse, le matin, il entendait leurs gémissements et leurs cris désespérés qui se mêlaient aux éclats de voix des courtisans.

Quelques semaines après les exécutions, alors que, de Mantoue, Isabelle reprochait au duc l'inexorable cruauté de ses représailles contre les conspirateurs, le cardinal Ippolito se pavanait avec insolence à la cour de Ferrare, où l'on ne parla plus pendant longtemps que de sa coquette chevelure et de ses airs efféminés.

Angela vint un jour à Ferrare et rendit visite à don Giulio. Le frère du duc se dressa en un mouvement de haine et de colère en l'apercevant. Son œil droit était barré par un épais bandeau de cuir ; l'autre, blanchi jusqu'à la prunelle à la manière d'un trachome de lépreux, avait une mobilité effrayante. Depuis le début de sa captivité, ses chevilles étaient entravées par de lourdes chaînes. Celles-ci étaient suffisamment longues pour lui permettre de se mouvoir dans sa cellule et suffisamment courtes pour qu'il ne puisse pas atteindre la fenêtre et la porte.

– Je t'ai causé tant de peine, lui dit Angela en demeurant le dos appuyé contre la porte, je t'ai fait tant de mal, que je devais bien venir me faire pardonner.

Mû par une envie irrésistible de l'étrangler, don Giulio bondit sur elle mais fut retenu violemment par ses chaînes.

Angela était venue pour provoquer ses désirs charnels. Elle se dévêtit lentement, tandis que son ancien amant l'observait avec un dégoût mêlé à une sorte de nostalgie pour le corps de la femme.

Angela revint le lendemain, se livra à la même provocation que la veille, et quitta don Giulio en l'abandonnant à ses plaintes. Elle ignorait que Lucrèce, depuis une pièce voisine, la vit sortir de la cellule.

Angela fit une troisième visite à don Giulio. Elle renouvela son jeu sordide puis s'aperçut avec terreur que le prisonnier n'était pas enchaîné. Elle frappa à la porte, appela le garde, qui ne vint pas. Alors don Giulio s'approcha d'elle, l'empoigna vigoureusement, retira ses chausses et la pénétra. Lorsqu'il eut pris son plaisir :

– Je vais te faire expier sur-le-champ tout le mal que tu m'as fait, lui dit-il tandis qu'elle se débattait. Tu m'entends, petite vermine ? Prépare-toi à mourir de mes mains.

Il l'étrangla en exhalant un rire de dément. Angela glissa le long de la porte, les yeux grands ouverts sur la mort.

Le meurtre d'Angela Borgia mit Alfonso dans une colère noire. Suivi de ses gardes et de Lucrèce, il traversa nerveusement les galeries du château qui conduisaient à la prison de don Giulio. Son frère se leva en le voyant entrer. On lui avait remis ses chaînes. Le duc s'approcha de lui, l'observa d'un regard chargé de dédain, puis le gifla. Don Giulio partit d'un rire moqueur :

– Un soufflet, ricana-t-il, il m'a donné un soufflet ! Le duc de Ferrare m'a puni d'un soufflet.

Il se tourna dans tous les sens pour rire de plus belle.

– Je suis plus coupable que lui, dit Lucrèce à Alfonso.

Elle ouvrit l'une de ses mains, laissant apercevoir la clef qui servait à ouvrir les chaînes du prisonnier.

– J'avais aussi donné au garde la consigne de ne pas porter secours à Angela, ajouta-t-elle.

Le duc ne proféra aucune parole. Il baissa les yeux puis partit dîner seul, s'engageant à pas frénétiques dans les couloirs du château.

DIARIUM IV

De la fin courageuse de César Borgia et comment sa dépouille est reconnue par son écuyer.

Jules II poursuivait cependant l'œuvre de Rodrigo et de César qui consistait à rassembler sous la domination de l'Église les territoires abandonnés depuis plusieurs siècles à des feudataires indisciplinés. Il venait d'arracher à Venise les terres que la République avait enlevées au duc de Valentinois au lendemain de sa chute, et à Florence les places fortes de Nepi, Sermoneta et Camerino. Dans le même temps, il s'aboucha avec plusieurs grandes maisons d'Italie, dont celle des Orsini. Il maria ainsi successivement sa fille Felicia avec Gian Giordano Orsini, puis son neveu Nicolas avec Laura, fille de Rodrigo Borgia et de Giulia Farnèse, veuve depuis 1500 d'un Orsini. Giulia Farnèse, précisément, avait à présent trente ans et était toujours aussi magnifique de force et de vie. Elle s'unit de son côté à un gentilhomme napolitain, Giovanni Capece Bozzato, dont on disait, pour se divertir, qu'elle l'épousait parce qu'il était bien membré.

Depuis Ferrare, César cherchait des ressources pour reprendre la Romagne et lever des troupes contre ce pape qui multipliait conquêtes et alliances. Mais Jules II s'était occupé de tarir méticuleusement toute source de revenus pouvant tomber entre les mains de son ennemi. Il avait entre autres restitué aux barons romains les biens considérables distribués par Rodrigo à ses enfants. Le plus clair de la fortune de César consistait en un maigre dépôt fait chez les banquiers de Gênes au moment de la mort de son père. Cependant, le duc n'oubliait pas qu'il était prince français, titulaire des revenus du grenier à sel d'Issoudun et pourvu des rentes attachées à son duché de Valentinois et à son comté de Diois. Louis XII ne lui avait toutefois pas encore réglé la dot de 100 000 livres promise à la veille de son mariage avec Charlotte d'Albret. Jean de Navarre, qu'il avait chargé de se faire remettre cette somme alors qu'il se trouvait derrière les murs de la forteresse de Chinchilla, avait échoué dans sa mission. César choisit de s'en remettre à la diplomatie de son majordome Requesens et lui écrivit pour le prier de se rendre en France pour soutenir ses réclamations auprès de Louis XII, et de demander au roi l'autorisation de venir prendre rang à sa cour.

Parvenu en France, Requesens apprit que Louis XII avait déjà fait revenir à la Couronne les biens concédés autrefois à César. Par lettres patentes, il lui avait retiré la seigneurie d'Issoudun et le grenier à sel. Il alléguait la trahison du duc, qui avait menacé Florence, accepté le protectorat de Pise, et tenté de chasser de Bologne son allié Bentivoglio. Le cardinal Briçonnet mit entre les mains de Requesens la déclaration écrite de son maître :

« Louis, par la grâce de Dieu, Roi de France, à tous ceux qui liront ces présentes lettres, salut.

Notre cousin don César de Borgia ayant eu l'intention de nous servir comme il nous l'avait promis, nous l'avions fait chevalier de notre ordre, et lui avions donné en outre notre duché de Valentinois et de Diois, notre seigneurie d'Issoudun, ainsi que le grenier et autres appartenances des dites seigneuries. Ayant reçu également la charge et la capitainerie de cent lances de nos ordonnances, ainsi qu'une pension, un appointement et autres bons traitements, plaisirs, gratuités, services et avantages, il était tenu et obligé, par honneur et devoir, de nous secourir, servir et aider contre tous nos ennemis.
Malheureusement, en usant envers nous d'une grande ingratitude et de méconnaissance desdits bénéfices et grâces que nous lui avions octroyés, aussitôt après le trépas du feu pape Alexandre, alors que nos gens et notre armée étaient près du royaume de Naples, il rentra dans le parti de nos adversaires, les servant, favorisant et aidant en armes contre nous et nos gens de guerre et armée, nous causant ainsi grand et irrécupérable dommage.
En considération de tout cela, et dûment informés et avertis d'autres mauvais tours qu'il nous a joués, et que ne voulons évoquer ici, Nous avons fait revenir et réunir à notre domaine du Dauphiné nos comtés de Valentinois et de Diois, qui sont à présent joints et unis tel qu'ils l'étaient auparavant. Nous faisons savoir que Nous, qui voulons que ladite réunion soit faite, pour les causes et considérations citées ci-dessus, ses appartenances par nous données et laissées au dit don César Borgia, notre cousin, et aux siens, avons repris, joint et réuni, prenons, joignons et réunissons à notre domaine de Berry.

LOUIS. »

Autrement dit, Louis XII annonçait à César qu'il n'était plus rien… Le duc n'aspira plus dès lors qu'à se venger de Ferdinand, de Jules II et de Louis XII. Le roi de Castille l'avait emprisonné deux années durant, le pape achevait sa ruine, et le roi de France, après avoir su si bien utiliser les Borgia pour envahir l'Italie et revendiquer ses droits sur le Milanais et le royaume de Naples, lui retirait à présent un à un tous ses biens et privilèges, allant même jusqu'à lui refuser de payer la dot qu'il avait si solennellement garantie. Avant d'entreprendre sa vengeance et pendant qu'elle mûrissait, César posa d'abord son regard sur les troubles intestins qui ravageaient le royaume de Navarre et dont il allait tirer profit pour prendre enfin le contrôle d'une armée.

Le roi Juan II d'Aragon avait autrefois usurpé le trône de Navarre. À sa mort, pour préserver sa succession, ses partisans s'étaient regroupés autour du comte d'Agramont pour disputer le trône aux héritiers légitimes de Navarre, conduits par le connétable Luis de Beaumonte y de Luza, comte de Lerins et alcade de Viana.

Depuis quelques années, ce dernier refusait cependant de se soumettre à toutes les décisions du conseil, empiétait sur ses voisins, s'annexait leurs terres. En 1505, il fit fouetter et emprisonner au château de Larraja un officier royal chargé par Jean de Navarre de lui réclamer la place forte de Viana, dont il s'était rendu maître. À cette nouvelle, le roi, indigné, l'appela à comparaître. Les délais passés, Beaumonte, ne s'étant pas rendu, fut accusé de lèse-majesté, condamné par contumace à perdre tous ses biens, titres, honneurs et offices, et décrété de peine de mort. Soutenu par Alonso Carillo de Peralta, comte de Saint-Sébastien, il se prépara à résister.

Pour tenter de réprimer la rébellion, César exhorta le roi à faire appel à l'empereur Maximilien d'Autriche et à lui demander son secours. De son côté, lui, César, ouvrirait à son beau-frère la route de la Castille et de l'Aragon à la tête de toutes les forces sur lesquelles la Navarre pouvait compter. Lorsqu'il reçut de Jean de Navarre son accord pour conduire l'entreprise et la nomination de capitaine général des troupes royales, le duc appela nombre de ses fidèles à le rejoindre. Puis il quitta Ferrare et reprit le chemin de Pampelune, en ignorant qu'il venait de voir Lucrèce pour la dernière fois.

Le comte de Beaumonte avait confié la place de Larraja à l'un de ses capitaines, tandis qu'il se tenait avec le reste de son armée à Mendavia, sur la route de Logroño, point stratégique lui permettant de surveiller en même temps Viana, Carcar et autres lieux où il comptait des partisans et pouvait toujours trouver un refuge. En mars 1507, César parvint sous les murs de Larraja et établit son camp près de deux portes de la ville. Son armée consistait en mille cavaliers, deux cents lances, une escorte de cent trente hommes d'armes et cinq mille fantassins, équipés aux couleurs du roi de Navarre et tous resplendissant de plumes et de dorures. En outre, il disposait d'une artillerie de position et des pièces de campagne. En dépit de sa jeunesse – il avait trente-deux ans – la route avait fatigué le duc, qui n'était plus accoutumé à la conduite de troupes et avait perdu des forces pendant deux années de captivité. Un peu de repos ranima sa vigueur et sa confiance. Il dormit quatre grandes heures sous sa tente dressée à l'ombre d'un olivier. Outre quelques fidèles condottieres, son écuyer Juanito l'avait rejoint en Espagne. À son réveil, il le fit venir et lui confia que, doutant de ses forces, il voulait essayer son harnais de bataille et chevaucher l'un de ses coursiers. Juanito l'arma de toutes pièces. Le duc ne parut pas souffrir du poids de la cuirasse, par-dessus laquelle il avait endossé une riche saie d'orfèvrerie où flamboyait la devise de la Navarre : *Jamais souillée.* Il enfourcha un coursier bai bardé de blanc et, dans un préau fermé, le poussa à la course, l'arrêta au galop, le fit ruer et sauter. Les assistants connaissaient son légendaire talent de cavalier mais s'étonnaient de le voir recouvrer une telle vigueur. Dès lors, ce fut une émulation générale pour se montrer en armes devant lui. Chacun tint à honneur d'imiter son capitaine. Même les souillons de cuisine s'armèrent de pied en cap et s'évertuèrent à brandir une lance.

Dans l'après-midi, César dressa ses batteries et commença l'investissement de Larraja. En face, six cents hommes d'armes, mille cinq cents chevau-légers et deux mille fantassins avaient juré de défendre la ville, dont la principale force consistait en formidables et redoutables fortifications : des barrières avancées, des fossés d'eau courante commandés par plusieurs bastions dont les caves étaient remplies de barils de poudre, des palissades et des glacis cachés par le mur d'enceinte, une tranchée large de seize brasses derrière la palissade, et un dernier rempart protégé d'un parapet. Deux assauts furent repoussés avec vigueur, et des prisonniers, que l'on promena dans la place avant de les renvoyer au camp, rapportèrent que derrière l'une des brèches ouvertes un large fossé, comblé de fagots et de poudre à canon, attendait les assaillants. Fort de cette information, César fixa à midi, le lendemain, au son du grand tambourin royal, la canonnade qui devait avoir raison de la résistance de l'ennemi et de l'assaut final. La canonnade dura jusqu'au soir. Plus de mille coups furent tirés, de sorte que toutes les brèches ouvertes la veille n'en formèrent plus qu'une, si large que mille hommes pouvaient aller de front à l'assaut. Elle donnait passage aux énormes boulets de pierre, que les mortiers lançaient à l'intérieur de la ville, effondrant maisons, monuments, édifices. De derniers combats aux avant-postes et des escarmouches dans la campagne tinrent encore quelque temps en haleine assiégeants et assiégés, tandis que la trahison se glissait dans les lignes des Navarrais. Plusieurs canonniers, qui en tenaient sans doute pour Beaumonte, braquaient leurs pièces sur le camp et non sur la ville. Ils furent liés à la gueule d'un canon auquel on mit le feu. Cependant, par la brèche, ouverte à présent de cinq cents pas, s'écoulait un prodigieux torrent humain qui, sur ordre de César, se répandait dans Larraja, dont il se rendit maître peu avant la nuit.

Le lendemain, résolu à aller arracher Beaumonte de son camp de Mendavia, sur la route de Logroño, César se reposa sur ses officiers du soin de couper toute communication avec l'extérieur. De nouvelles hostilités allaient débuter. Le comte de Casero, aidé de quelques gentilshommes et de leurs piétons, s'empara du passage d'Andosilla et d'une redoute qui le défendait. Abelardo Mancebo, l'un des lieutenants de César, fit une course avec ses estradiots jusqu'au bourg de Sesitia, à l'extrémité d'une proche vallée, pour reconnaître la route que l'armée devait emprunter entre deux montagnes, toutes couvertes de forts et de garnisons. Soigneux d'assurer les communications de l'armée et l'arrivage des vivres, César ne s'engagea pas dans ce défilé périlleux sans avoir placé çà et là des gens d'armes qui devaient escorter les vivandiers et les chevaucheurs d'écurie.

Ces précautions prises, l'armée royale s'apprêta à se mettre en campagne le jour suivant à l'aube. Juanito attendait César sous sa tente pour le revêtir de sa cotte d'armes blanche brochée d'or :

– Seigneur duc, lui dit-il en achevant de lui boucler la dernière sangle, pour l'amour de Dieu prenez bien garde à vous. À présent que je vous ai retrouvé, je ne voudrais point vous perdre.

– Moi non plus, mon bon Juanito, je ne voudrais point te perdre, répondit César en montant ensuite sur le destrier que lui présentait son écuyer.

L'armée s'ébranla vers Mendavia. Mancebo menait l'avant-garde, presque entièrement formée de gens de pied, et César l'arrière-garde. Entre l'avant-garde et la « bataille » étaient rangés l'artillerie, les charrois et les bêtes de somme. Trois cents chevau-légers, éclairant le pays sur les flancs de l'armée, la préservaient de toute embûche. César mit le siège devant Viana, où des troupes de Beaumonte organisèrent aussitôt la résistance dans le château. Mal approvisionnée en vivres, et la garnison, composée surtout de Castillans, étant peu apte à la défense, Viana ne pouvait résister à un investissement. Le 12 mars, Beaumonte, qui observait les mouvements des Navarrais depuis son camp de Mendavia, décida de tenter un coup hardi dans le but de ravitailler la place. L'entreprise ne pouvait réussir qu'à la condition d'avoir tout le caractère d'une surprise, et d'introduire des convois de vivres à la faveur de la nuit.

Une circonstance inattendue lui vint en aide : une tempête se leva, jetant le désarroi dans le camp de César. Habitué à ménager ses troupes, le duc fit retirer ses postes afin de leur épargner les fatigues de l'intempérie. Beaumonte partit de Mendavia avec deux cents lances et six cents fantassins armés d'espingardes qui couvraient la marche de ses vivandiers et de ses soixante chevaux chargés de farine. Parvenu à quelque distance du château de Viana, il cacha le gros de ses troupes dans un ravin afin de les avoir à sa portée, fit soutenir sa colonne de ravitaillement par quelques fantassins, puis, profitant de l'abandon des troupes royales de la garnison, parvint à introduire le convoi dans la place. Les soldats l'accueillirent aux cris de « Beaumonte ! Beaumonte ! », donnant ainsi l'alarme dans toute la ville. César sauta sur son destrier et sortit en hâte de l'enceinte par la porte de la Solana. Il se crut suivi de près et piqua droit sur l'arrière-garde de l'ennemi, massacra d'abord trois hommes, puis, sans se soucier de son isolement, s'élança en furieux. Le voyant s'avancer fougueusement sur la route, Beaumonte envoya un détachement avec ordre de se jeter sur lui. Les hommes attirèrent le duc dans un défilé des montagnes où une lutte terrible s'engagea.

Aux premiers feux de l'aurore, Jean de Navarre, avec ses troupes ralliées après l'alerte, avança sur la colline où s'élevait la petite ville de Viana. Les cavaliers ennemis battirent alors en retraite, entraînant avec eux quelques prisonniers, dont Juanito. L'écuyer fut conduit devant Beaumonte. On lui présenta la cuirasse étincelante et aux armes dorées d'un homme qui avait trouvé la mort dans le défilé des montagnes pendant la nuit.

– À n'en pas douter, l'interrogea Beaumonte en personne, il s'agit de la cuirasse d'un prince. Sais-tu qui il était ?

Juanito devint pâle et glacé. Il répondit d'une voix blanche, les larmes lui montant aux yeux :

– C'est la cuirasse de mon maître, César Borgia de France, duc de Valentinois et de Romagne. C'est moi-même qui l'ai armé hier au soir.

Au même instant, au fond du ravin où le fils d'Alexandre VI s'était heurté aux hommes de Beaumonte, le roi de Navarre descendait de son cheval pour s'agenouiller devant un cadavre nu, percé de coups de lance, couvert d'une grosse pierre et livré en pâture aux bêtes et aux oiseaux de proie. On l'avait dépouillé de ses armes, de son coursier et de son fourniment. Jean fit recouvrir le corps d'un manteau et ordonna de le transporter à Viana. Le corps fut déposé devant le grand autel de l'église paroissiale de Santa-Maria, à droite de l'Évangile. Sur sa sépulture fut gravée une orgueilleuse épitaphe :

Ici gît, sous un peu de terre,
Celui que la terre craignit,
Dont le nom, en paix comme en guerre,
Dans tout l'univers retentit.
Toi qui cherches à rendre hommage
À l'héroïsme, au vrai courage,
Pour bien t'acquitter de ce soin,
Jusques ici fais un voyage
Arrête et ne va pas plus loin.

Des messagers de la cour de Navarre se répandirent à travers l'Europe, chargés d'annoncer la mort de César. La nouvelle provoqua un soulagement presque unanime, particulièrement à la cour de Louis XII et de Jules II, qui se sentaient délivrés d'une menace toujours possible. En Italie, la disparition de son fils, en revanche, porta un coup terrible à Vannozza, chez qui l'amour de ses enfants venait toujours avant toute chose. C'était le quatrième qu'elle perdait, après ceux qu'elle avait eus de son premier mariage et Juan, duc de Gandie. Malgré cette sordide habitude, la blessure était toujours aussi douloureuse à supporter. Elle avait soixante-cinq ans. Des maux de tête et des vertiges qui l'avaient surprise quelques années plus tôt atteignirent leur comble en provoquant chez elle une attaque de paralysie. Elle fut d'abord privée de la raison, puis de la parole. Son mari fit venir son chirurgien, qui lui administra plusieurs saignées. Peu à peu son esprit s'éveilla et la parole lui revint. Elle partit pour les thermes de Viterbo, où la force naturelle de sa constitution acheva de guérir la lésion du cerveau.

Sancia était morte depuis 1504, à vingt-sept ans, peu après avoir été libérée du château Saint-Ange et peu avant le départ de César pour les prisons espagnoles. Établi désormais dans la principauté de Squillace, en Calabre, avec sa seconde épouse, Maria de Mila, Geoffrey pleura lui aussi à l'annonce du massacre de son frère. Il songea que le duc avait trouvé une mort stupide et entra en une furie qui supplanta rapidement son réel chagrin. Rodrigo lui ayant souvent répété qu'il était un médiocre capitaine, il pensait qu'il manquait simplement d'autorité et faisait parfois exécuter des domestiques pour des futilités. Ce jour-là, il fit empaler son cuisinier et s'estima pour un temps vengé de la mort de César.

– J'entends encore mon maître Johannes Burckard me dire : « Tu sais, *caro* Francesco, il y a du monstre en César ; j'ai cherché à savoir s'il avait quelque chose d'humain, mais ce fut en vain. » Mon ami Paolo Giovio écrit : « Ainsi périt cet homme, après avoir perdu tout ce qu'il avait acquis par tant de crimes et par une activité d'ambition si grande, si effrénée. Jamais autant que César Borgia on n'affecta plus de mépris pour tout ce qu'on appelle ici-bas vertus humaines ; jamais le sang ne fut plus traitreusement versé, jamais le poison ne se glissa avec plus de perfidie dans les veines de l'homme qui embarrassait par sa présence, qui entravait des pas ambitieux, et dont la mort pouvait, n'importe en quoi, être utile. » Quelques mois après l'inhumation de César à Santa-Maria de Viana, on lui érigea un tombeau monumental.

On a prétendu que la duchesse de Gandie n'était pas étrangère à cette mort troublante et mystérieuse. Il est vrai que lorsque l'ennemi est un prince, un soldat a la consigne de le capturer et non de le tuer. Beaumonte, qui était alors son amant, aurait accepté d'obéir à la veuve de Juan, qui lui demandait de l'aider à assouvir sa vieille vengeance contre son beau-frère.

Jules II n'avait pas attendu la mort de César pour faire arracher tous ses écussons qui trônaient dans les vicariats et confisquer sa garde-robe, dont il s'était attribué les pièces de choix. À Viana, Pedro de Aranda, évêque de Calahorra, fit détruire l'urne contenant la dépouille du duc de Valentinois, qui fut elle-même jetée dans une fosse commune proche du porche de l'église de Santa-Maria.

À la même époque, à Rome, Rodrigo subit le même sort que son fils, et même, quasiment point par point, celui de l'ancien pape Formose. Un matin d'avril 1507, accompagnés de marbriers, Jules II et quatre-vingts cardinaux se rendirent en procession à l'église de Santa-Maria delle Febbri. On ouvrit le sarcophage de marbre blanc portant l'effigie sculptée d'Alexandre VI. Quelques rayons de soleil, filtrant entre les blocs qui encombraient le ciel, vinrent expirer sur le drap mortuaire. On extirpa le cadavre de Rodrigo, revêtu des vêtements d'apparat pontificaux, et couché sur un lit de satin blanc relevé d'agréments violets. Les crépines éclatantes d'une riche étole lui retombaient sur les pieds, dont les pointes, redressées au milieu des plis du pallium, laissaient paraître deux petites mules de soie blanche bordées d'un liséré noir. Il fut placé sur une vulgaire chaise, où on lui arracha sa mitre, sa chasuble, sa croix pectorale. Les chairs putréfiées collant à ses os se détachèrent et volèrent tout autour des assistants dans une odeur insoutenable. Une foule affolée de curiosité se referma doucement sur eux. Lors de la cérémonie macabre qui suivit, Jules II, dans un silence glacé, compara Borgia à

Lucifer foudroyé par Dieu et le déclara indigne d'avoir pris place sur le trône de saint Pierre. D'un mouvement brusque, dégageant son bras droit des plis lourds de sa chape, il tendit sa main brûlante, désigna les os qui composaient la main de l'ancien pontife et articula d'une voix solennelle et sentencieuse :

– J'ordonne que soit tranché le doigt qui a retenu l'anneau pastoral.

Éperdu d'horreur, l'un des marbriers dut s'exécuter. Le cadavre de Rodrigo fut ensuite déposé dédaigneusement dans les Grottes Vaticanes[1].

1. Sa tombe fut détériorée en 1586 lors de la translation de l'obélisque qui devait orner la place Saint-Pierre. Le protonotaire apostolique de Játiva prit soin de ses restes en les abritant dans l'église Saint-Jacques-des-Espagnols. Ils émigrèrent par la suite dans l'église Sainte-Marie-de-Montserrat, où une simple caisse de bois les recueillit avec ceux de son oncle Calixte. L'exécration des Espagnols pour les Borgia poussa à graver cette inscription : « Les os de deux papes sont dans cette caisse ; ils étaient Espagnols. » Il faudra attendre l'avènement de Léon XIII, le pape reconnaissant, pour que Rodrigo Borgia repose enfin en paix et dignement dans un tombeau de marbre.

DIARIUM V

Où la duchesse de Ferrare voit son amant emprisonné, deux de ses protégés tués et son duché menacé par les troupes pontificales.

Charlotte d'Albret, duchesse de Valentinois, se retrouvait veuve à vingt-cinq ans. Elle résolut de vivre dans le deuil et dans la retraite les plus sévères, fit fermer et démeubler le château de la Motte-Feuilly, tous les appartements de réception, se réservant uniquement pour elle et Louise les pièces indispensables à leur existence, dont elle fit entièrement recouvrir les murs de noir. Le mobilier même devint funèbre : son lit fut tendu de damas noir, celui de Louise, de serge noire. Les sièges, les coffres, les bahuts furent dissimulés sous des housses noires portant ses armes. Elle n'allait plus faire que de rares apparitions en société, et sa seule occupation allait consister à diriger son importante fortune et l'administration des nombreux biens que César possédait encore en France.

L'écuyer du duc de Valentinois, Juanito Garcia, qui avait été relâché par Beaumonte, parvint à Ferrare le 20 avril. Il mit pied à terre dans la cour du château alors que Lucrèce, dans ses appartements, s'entretenait avec quelques familiers et parents, dont Ercole d'Este, cousin d'Alfonso. En l'absence de son époux, parti en voyage, elle administrait le gouvernement du duché au mépris d'Isabelle d'Este, qui n'admettait pas qu'une autre femme qu'elle-même soit reconnue capable de gérer l'État. Le frère Raphaël, son confesseur, parut soudain avec Juanito. Devant leur mine grave, Lucrèce, gagnée par l'angoisse, les somma de parler. Elle écouta alors le récit terrible de la mort de son frère et demeura longuement prostrée, sans proférer une plainte. Les crimes de César n'avaient pas ruiné son affection pour lui. Pour le repos de son âme, elle ordonna des messes dans les églises et monastères de la région, fit elle-même une retraite au couvent du Corpus Domini. Elle voulut qu'on installe à la cour Garcia, qui n'avait plus de maître, et Diego Fuente, le chapelain espagnol qui avait aidé César dans son évasion de Medina et se trouvait à présent seul, à errer à travers le monde.

Elle fit également venir de Rome une fille naturelle de son frère, Camilla, âgée de douze ans, dont on attribuait la maternité à une courtisane nommée Flaminia, rencontrée par le duc entre deux campagnes militaires. Elle fut confiée à une parente et devait jouir d'un traitement digne du rang de son père. Toujours vêtue de soie, de velours et de fourrures, elle reçut d'une gouvernante et des meilleurs précepteurs d'Italie l'éducation soignée d'une jeune princesse. Elle disposa d'une chapelle privée, tendue de satin, de taffetas, de damas, ornée de reliquaires en métaux précieux et sertis de pierres rares. On lui enseigna aussi bien les langues et les mathématiques que la broderie, la musique, le chant, la danse et la manière dont on doit entretenir son logis. Bientôt, la petite Camilla installerait elle-même son appartement avec un goût d'un raffinement peu commun.

Ercole Strozzi, dont elle n'était plus la maîtresse, restait le véritable confident de Lucrèce, le seul, en l'absence d'Alfonso, à être admis dans ses appartements privés. Au lendemain de la mort de César, le réconfort et les consolations du poète surent préserver la duchesse d'une mélancolie qui aurait pu lui être fatale. C'était pourtant l'époque où Strozzi, mourant d'amour pour une poétesse émilienne, Barbara Torelli, ne semblait avoir de pensée que pour elle. Il délaissait même la suite de sa *Borseide*, œuvre colossale entamée autrefois par son père Tito-Vespasiano qui voulait rendre hommage au duc Borso d'Este. Il fallait que la duchesse de Ferrare soit une amie bien peu ordinaire pour qu'il veuille un temps se détourner de son idylle à son profit.

Célèbre en Italie par ses poésies comme par sa beauté, mariée en premières noces au noble bolonais Ercole Bentivoglio, Barbara Torelli, comtesse de Guastalla, était la petite-fille de Caterina de Gonzague, et ainsi apparentée aux Gonzague de Mantoue. Elle était âgée de vingt-sept ans et son mariage avec Bentivoglio, dont elle avait deux filles, l'avait réduite, à Pise, à une vie humiliée et déchue par toutes sortes de brutalités morales. Son époux avait entre autres tenté de la vendre pour 1 000 ducats à un évêque. Ce n'est que la fuite de Barbara qui avait mis fin au répugnant marché. Sur la recommandation de la duchesse d'Urbin, elle s'était réfugiée à Ferrare, au couvent de San Rocco, avant de rencontrer Strozzi et de s'en faire tendrement aimer. Bentivoglio mourut en juin 1507 et Strozzi crut ne pouvoir mieux assurer son bonheur qu'en prenant pour épouse, en septembre suivant, celle à laquelle il s'était attaché. Le mariage, célébré seulement après quelques mois de veuvage de Barbara, fut accueilli par des murmures de désapprobation.

En début d'année 1508, Lucrèce arrivait au terme d'une nouvelle grossesse lorsque les Strozzi s'installèrent à la cour.

Ercole et Barbara conseillèrent la duchesse sur le choix du mobilier et des ornements qui agrémenteraient la chambre de l'enfant. Ainsi furent livrés au château d'antiques colonnes à chapiteau ioniques et un berceau savamment ciselé par Bernardino Veneziano, qui avait conçu une manière de temple grec où la place du nouveau-né était creusée dans du bois doré et semée de rameaux et de feuillages d'or battu. Lucrèce fit dresser une cheminée ornée de précieuses tapisseries de la famille d'Este et broder un baldaquin de satin cramoisi et rayé d'argent.

Dans l'attente de mettre au monde le futur héritier du duché, Lucrèce échafaudait avec les Strozzi les plans les plus fabuleux pouvant lui permettre de rencontrer à nouveau son beau-frère François de Gonzague, à l'insu d'Alfonso. Strozzi, sous le pseudonyme de Zilio, s'occupa d'écrire au marquis pour lui signifier les inquiétudes de Lucrèce :

> « Si vous veniez, elle aurait plaisir plus que de 25 000 ducats et même davantage. Je ne sais comment vous exprimer la passion qui la tient, tout à la fois parce qu'elle vous aurait vu volontiers, parce que vous n'avez jamais répondu, parce que vous l'avez mise en souci d'en connaître la cause. Si vous faisiez ce que je vous conseille en vrai serviteur que je suis. Je vous certifie que Lucrèce vous aime, votre tiédeur lui déplaît, mais, outre les mille choses qu'elle loue en vous, il lui plaît que vous soyez secret. Si seulement vous étiez venu ! Je vous ai souhaité mille fois la goutte. »

L'héritier du trône de Ferrare, le futur duc Ercole II, vit le jour le 3 avril. La veille, Alfonso avait quitté Ferrare pour Venise, appelé par les affaires de l'État. À son retour, il ne témoigna qu'une joie modérée en observant l'enfant au visage noueux qui vagissait dans son luxueux berceau. Certes, il était laid mais celui-ci semblait avoir suffisamment de vigueur pour vivre. Les ambassadeurs se bousculèrent par grappes bruyantes dans la chambre de Lucrèce pour la féliciter et vérifier d'une œillade discrète que le nouveau-né se portait bien. Les réjouissances se succédèrent et s'achevèrent par l'amnistie, dont Alfonso, plein d'orgueil et de rancune, ne songea pas à faire bénéficier ses deux frères emprisonnés au château même. Le duc repartit dès le lendemain, cette fois pour la France.

Lucrèce fut fâchée d'apprendre que son mari et son beau-frère Ippolito, dans le dessein évident d'offenser le marquis de Gonzague, n'avaient fait annoncer la naissance qu'à Isabelle d'Este. Elle partagea son indignation avec les Strozzi, venus offrir des présents à l'enfant. Au *Genethliacon*, poème glorifiant les futures actions d'éclat et hauts faits d'armes de l'héritier, Ercole, à l'attention de la jeune mère, joignit une lettre qu'il venait d'écrire à François :

> « Elle vous aime extrêmement et beaucoup plus que vous ne le pensez, car si vous jugiez qu'elle vous aime autant que je vous l'ai toujours dit, vous seriez plus chaud que vous ne l'êtes pour lui écrire et tenter de venir où elle est. Je vous affirme qu'elle vous aime beaucoup et si vous continuez de la manière que je vous indiquerai, si vous n'obtenez pas ce que vous désirez, alors je vous donne toute licence de vous plaindre de moi ; je ne voudrais pas pour tout au monde vous dire une chose pour une autre. Donc montrez que vous l'aimez chaudement, car elle ne veut rien d'autre de vous. Quand vous me répondrez, ne me répondez pas sur ce sujet ; je ne veux pas que vous sembliez avoir besoin d'être éperonné pour vous inciter à l'aimer, car je sais qu'il

lui semblerait que vous éprouvez bien peu d'amour. Mettez toute diligence à venir où elle est, vous comprendrez alors que je vous en dis moins qu'il n'y en a. Elle m'a fait retarder le message parce qu'elle voulait vous écrire de sa main, mais ses yeux ne peuvent encore se fixer à cause de la faiblesse de l'accouchement. Elle se recommande beaucoup à vous et dit qu'Alfonso, avant son départ, lui a dit qu'il aurait plaisir à se réconcilier avec vous, que vous tentiez de le faire, parce que vous pourrez venir aussitôt là où elle sera. Elle voudrait que j'allasse vers vous et puis ne sait pas me laisser quitter sa compagnie. De toute façon, écrivez-lui afin qu'il ne paraisse pas que vous êtes froid ; je me recommande à vous ; je vous écris une autre lettre que vous puissiez montrer. »

Ni la correspondance des deux amoureux, ni celle de leur entremetteur ne pouvaient être découvertes, car les lettres étaient remises à des gens de toute confiance, ayant toujours des motifs officiels pour franchir le Pô. Une fois parvenues, elles étaient gardées dans le plus grand secret, puis restituées à l'expéditeur, qui les brûlait lui-même. Cependant, Isabelle d'Este et son frère Alfonso entretinrent bientôt une correspondance simultanée à celle de Strozzi et François de Gonzague et non sans rapport avec la leur. Peu avant le début du mois de juin, la marquise sembla avoir en effet découvert le jeu combiné du poète et de Lucrèce auprès de son mari. Elle adressa à la même date un message laconique mais suffisamment éloquent au duc de Ferrare : « Messire Ercole, qui se fait passer pour un certain Zilio, est le plus grand ribaud que la terre ait porté ; il est mon ennemi, m'a offensée et s'applique à m'offenser, ainsi que je le ferai savoir de vive voix à Votre Seigneurie quand je pourrai lui parler. »

Peu de temps après, dans Ferrare, furent commis deux meurtres d'un caractère aussi occulte que ceux qui, autrefois à Rome, avaient touché les Borgia. La première victime d'un traquenard dont le ou les coupables ne devaient jamais être connus est ce personnage d'apparence secondaire de Diego Fuente, le chapelain et compagnon de César lors de son évasion de Medina. Recommandé par Lucrèce au monastère de San Paolo de Ferrare, il s'y consacrait à Dieu parmi les bénédictins et n'en sortait que sur la fréquente invitation de la duchesse, qui désirait l'avoir à sa table de banquet. Il fut misérablement égorgé le soir du 4 juin, à hauteur du corso Porta Reno, alors qu'il venait précisément de quitter le château de Castel Vecchio pour retourner au couvent. Une poignée d'assaillants l'avaient surpris sous les arcades et si promptement expédié qu'il n'avait pas exhalé le moindre cri.

On ne connaissait pas d'ennemis à Fuente, mais étant l'hôte de Lucrèce, il gravitait dans son entourage et dans une atmosphère que quelqu'un semblait vouloir épurer. Ercole Strozzi acheva d'écrire l'élégie du moine le surlendemain 6 juin. Il ignorait alors que le soir même il tomberait sous vingt-deux coups de dague, après avoir soupé avec Barbara qui, treize jours plus tôt, le 24 mai, avait donné naissance à Giulia Strozzi. Celui que l'Arioste comparait volontiers à Orphée fut retrouvé par les *bargelli*, tortueusement étendu à l'angle des rues Praisolo et Savonarole, face à l'église San Francesco et à la demeure sur laquelle Lucrèce fera bientôt construire le couvent de San Bernardino. Il avait trente-cinq ans. Il fut inhumé à l'église Santa-Maria in Vado, en présence de toute la noblesse et des plus beaux esprits de Ferrare. Dans son oraison funèbre, l'humaniste, savant et poète Celio Calcagnini distingua l'élégance et l'harmonie de ses poésies.

Ferrare tout entière s'émut de son assassinat car il était la gloire de la ville, un des plus spirituels poètes de son temps, l'ami de Bembo et d'Arioste. Seules de méchantes langues opinèrent qu'il n'avait rien fait d'autre qu'expier l'extrême sévérité qu'il avait montrée dans sa noble charge de président des douze sages, en méprisant les pauvres et les miséreux, en imposant de lourdes taxes à la citoyenneté. Toujours est-il que l'histoire a toujours ignoré le nom du véritable auteur de cette tragédie environnée de mystère. Comme au lendemain de la mort de Juan Borgia, duc de Gandie, ou d'Alfonso de Bisceglia, second époux de Lucrèce, on murmura à la cour les noms de potentiels assassins de Strozzi. On répandit celui d'Alfonso, car l'infidélité de la duchesse avait fini par être connue de tous, tout comme l'auteur des lettres qu'elle faisait parvenir à son amant et qu'Isabelle d'Este avait dénoncé à son frère. C'était lui, Strozzi, ce maudit intermédiaire, qu'il fallait supprimer. Des rumeurs frivoles prétendirent que le mobile du duc était sa jalousie envers Strozzi. Épris de Barbara Torelli, il aurait fait éliminer l'obstacle du mari pour arriver à ses fins.

Alléguant le passé des Borgia, des ennemis de Lucrèce, parmi lesquels le poète Jacopo Sannazaro, la désignèrent comme ayant fait perpétrer cet assassinat. Elle aurait craint que Strozzi ne trahisse les relations qu'elle poursuivait avec Bembo, d'autant que ce dernier avait récemment eu l'espérance d'obtenir la pourpre de cardinal grâce à l'influence de la duchesse et avait été trompé par elle à cet égard. Personne n'accorda de crédit à cette accusation insensée.

En recherchant l'identité des ennemis les plus obstinés du couple qu'elle formait avec Ercole, Barbara dut convenir que l'homicide avait sans doute été perpétré par les Bentivoglio. Sa belle-famille, qui voyait dans Strozzi l'habile revendicateur du patrimoine de son épouse et de sa confortable dot de 10 000 florins d'or, aurait voulu mettre un terme à sa prétendue avidité effrénée. En outre, et c'était pour elle un mobile encore plus plausible, depuis qu'elle avait fui son premier mari, Ercole Bentivoglio, qui avait conçu d'odieux projets la concernant, Barbara pensait fermement que les Bentivoglio voulaient la réduire à la misère. Elle venait de marier l'une de ses filles à Galeazzo Sforza, frère de Giovanni, seigneur de Pesaro. Isabelle d'Este avait d'ailleurs été témoin au mariage. Selon Barbara, les deux puissantes familles, Sforza et Bentivoglio, s'étaient abouchées contre elle. Trois ans plus tôt, elle avait écrit aux Gonzague, leur lançant comme un appel : « Je me trouve harcelée et persécutée plus que jamais. » Elle n'avait mentionné aucun nom.

Une lettre plus concise venait éclairer ceux qui disaient la jeune veuve Strozzi en proie aux chimères. Cette lettre, adressée de Bologne à Ippolito, émanait de l'un des informateurs du cardinal, Giacomo Mugiasca, qui rapportait qu'à Bologne on tenait pour commanditaire du meurtre d'Ercole Strozzi le mari d'Angela Borgia, Alessandro Pio, dont la mère, Éléonore, était une Bentivoglio. Un affidé originaire de Modène, Masino del Forno, aurait été l'exécuteur.

Tout cela n'expliquait en rien le meurtre déjà oublié de Diego Fuente, deux jours seulement avant celui de Strozzi. S'il ne s'agissait pas d'une coïncidence, peut-être fallait-il croire que l'ancien chapelain de César, entre son couvent et le château de Ferrare, menait une existence moins anodine qu'on ne l'imaginait et qu'une implication quelconque de sa part l'aurait condamné à mort.

Toujours est-il que Lucrèce chercha un nouvel intermédiaire pour correspondre avec François de Gonzague et le trouva en la personne du comte Lorenzo Strozzi, frère d'Ercole. Elle le fit bientôt partir à Mantoue, chargé d'un message à transmettre de vive voix au marquis, trop important, disait-elle, pour être écrit. Elle n'eut aucune réponse et se sentit négligée. Lorenzo lui apprit bientôt qu'Isabelle d'Este avait plus que des soupçons. Elle avait compris que les mystérieux mots « fauconnier » et « faucon » mentionnés à outrance sur les lettres envoyées à son mari désignaient respectivement ce dernier et sa belle-sœur la duchesse. Gonzague, la mort dans l'âme, se contraignait depuis à demeurer prudemment loin de Ferrare et s'interdisait toute correspondance avec son *faucon*.

Un autre événement devait d'ailleurs bientôt retenir les deux amants loin l'un de l'autre. Le 10 décembre 1508, à Cambrai, fut conclu un traité qui créa une ligue contre Venise regroupant Louis XII, Maximilien, Ferdinand II d'Aragon. En mars 1509, Jules II, n'ayant pas obtenu de la Sérénissime République la restitution à l'Église des places de Romagne autrefois conquises par César, se joignit à la Ligue de Cambrai. Il entraîna avec lui Alfonso d'Este, soucieux de tirer profit de la guerre pour reconquérir le Polésine de Rovigo, et François de Gonzague, auquel on avait autrefois enlevé Peschiera, Lunato et Asola.

Dès que la campagne fut ouverte, Jules II publia une bulle énumérant les usurpations des Vénitiens sur le domaine et l'autorité de l'Église et les admonestant de rendre, sous vingt-cinq jours, les villes enlevées au patrimoine de Saint-Pierre. Lorsqu'il obtint ainsi la reddition des places de Romagne, il se retira traîtreusement de la Ligue et épousa la cause de Venise.

Les deux nouveaux alliés s'accordèrent pour occuper et diviser les forces de l'empereur Maximilien. Les Vénitiens envoyèrent une escadre sur les côtes du Frioul et de l'Istrie, s'emparèrent de Fiume et donnèrent deux assauts à la garnison de Trieste. Ils ne purent renouveler ces succès devant le poste important de Legnago, où ils furent surpris par des détachements de l'armée française. La fortune sembla vouloir les dédommager par une prise inespérée. Le gouverneur vénitien de Legnago, La Crotte, apprit que François de Gonzague s'était mis en marche pour aller rejoindre les Français à Vérone. Mû par l'un de ses élans irréfléchis, le marquis s'était aveuglément avancé à quelques lieues de Legnago et campait assez négligemment à Isola della Scala, sur le Tartaro. Les hommes du gouverneur fondirent nuitamment sur sa troupe, la mirent en désordre, pénétrèrent dans le camp et firent de nombreux prisonniers. Seul François, caché dans un champ de blé, échappa à toutes les recherches. Cependant, au point du jour, lorsqu'il eut besoin d'un guide pour aller à Vérone, il s'adressa à un paysan, qui le livra à la garnison de Legnago.

Il fit le voyage vers Venise à fond de cale d'une galère. Sur la place Saint-Marc, au milieu des colombes et des sons de cloche, il fut enveloppé par une foule nombreuse. On le couvrit de quolibets et d'injures. Un homme lui lança avec ironie :

– Bienvenue au traître, marquis de Mantoue !

– J'ignore de qui tu parles, répondit François ; celui que tu vois ici est François de Gonzague, non le marquis de Mantoue qui, lui, est à Mantoue.

Cette réplique cinglante rappelait que son fils Frédéric était lui aussi marquis de Mantoue et que quoi qu'il advienne la maison de Gonzague se perpétuerait après lui.

La prison des Puits, dressée non loin du palais des Doges, n'en était séparée que par le Rio della Paglia. À chaque crue de l'Adriatique, ses cachots, insalubres, étaient envahis d'eau nauséabonde. Sa porte se referma sur François. En apprenant la capture de son mari, Isabelle d'Este parut éprouver une joie indécente. Elle réunit un conseil civique et annonça avec éloquence qu'elle allait se mettre à l'œuvre pour le salut de l'État. Elle fit chevaucher son jeune fils Frédéric à travers les rues de Mantoue, sous les acclamations du peuple, auquel elle semblait présenter le tout nouveau marquis régnant.

À Ferrare, en l'absence d'Alfonso parti en campagne, Lucrèce gouvernait à la tête d'un conseil de dix citadins choisis parmi les plus autorisés. Elle avait à ses côtés Ippolito, qui n'attendait que l'occasion d'aller rejoindre l'état-major de son frère. L'annonce de l'incarcération de François lui porta un coup terrible. Elle se rendit au couvent du Corpus Domini pour s'abîmer en prières jusqu'au soir. La mère abbesse la trouva inanimée dans l'oratoire. Transportée au château, la duchesse se sentit d'abord si souffrante que l'on craignit pour sa vie. Mais elle se ressaisit, refusant de déserter la vie active alors que les Este lui avaient confié l'État tandis qu'ils guerroyaient contre Venise.

Un soir, au retour des vêpres, célébrées au couvent, elle fit venir le comte Lorenzo et, plutôt que de le commander, s'en remit à ses avis. Une transformation, qu'il devait à l'ouvrage ingrat de l'amour, s'était opérée en lui depuis peu de temps. Il n'avait jamais été aussi rêveur ni mélancolique, mais il restait actif et décidé jusque dans les plus petites choses, pourvu que l'on ne prenne pas garde qu'il aimait aussi profondément que secrètement… la duchesse de Ferrare.

– Conseillez-moi, comte Lorenzo, lui dit celle-ci en posant sur lui un regard éperdu ; je vous en prie, que dois-je faire ? Si le marquis m'aime encore, il ne manquera pas de répondre à mes lettres. Là où il se trouve malheureusement, la marquise ne peut plus surprendre ses correspondances.

– Écrivez-lui, l'engagea-t-il, je me chargerai de me rendre à Venise.

– Comment vous y prendrez-vous pour lui remettre ma lettre ? Savez-vous seulement si cela vous sera possible ?

– Je l'ignore, Votre Seigneurie, mais je m'engage à vous satisfaire autant que faire se peut.

– Vous dites cela tristement, observa Lucrèce.

– Je ne suis point triste, Votre Seigneurie. Comment le serais-je sachant que vous aurez peut-être bientôt des nouvelles du marquis.

– Dites-moi un peu ce que nous lui écrirons.

– Que vous l'aimez, que vous ne pensez qu'à lui…

– Que je ne puis respirer sans lui.

– En effet, Votre Seigneurie, que vous ne pouvez respirer sans lui.

– Qu'il m'est indispensable.

– Oui, qu'il vous est indispensable.

Elle s'approcha de lui et le pria de lui baiser la main. Il s'exécuta en y posant longuement ses lèvres. Lorsqu'il releva la tête, elle remarqua une larme dans ses yeux.

– Qu'avez-vous donc, comte Lorenzo ? l'interrogea-t-elle avec une réelle et touchante affection en tenant sa main encore étendue vers lui. Ne vous l'ai-je pas dit que vous sembliez triste ?

– Triste, en effet, je le suis. Je pense à celui qui reçoit tous les mots tendres que lui adresse Votre Seigneurie, et songe que c'est une bonne fortune d'être aimé de Votre Seigneurie. Triste, en effet, car je ne suis pas celui qui a cette bonne fortune.

La duchesse retira subitement sa main comme si elle lui brûlait.

– Bien, dit-elle en feignant de n'avoir rien entendu, écrivons cette lettre et portez-la… Si vous le voulez toujours, ajouta-t-elle en baissant les yeux.

Lorenzo prit le chemin de Venise tandis que la guerre se poursuivait. Autant ami de Louis XII, que l'allié du roi Ferdinand, Alfonso avait été nommé gonfalonier de l'Église par le pape, qui le tenait en haute estime. Bientôt, comme il l'avait fait avec les Vénitiens, Jules II lui chercha querelle, prétextant un bureau de douane que le duc avait établi sur le Pô pour faire payer ses droits aux bâtiments. En qualité de seigneur suzerain de Ferrare, il exigea qu'il le retire, étant établi sans une autorité suffisante et préjudiciable au commerce des sujets du Saint-Siège. Il demanda également à Alfonso de s'abstenir de mettre en valeur les salines de Commachio, dont les revenus ancestraux étaient considérables. Il allégua qu'il pouvait l'empêcher de faire fabriquer du sel à Commachio parce que l'Église était entrée aux droits des Vénitiens par la cession qu'ils lui avaient faite de Cervia. Enfin, il accusa le duc de détenir illégalement ses frères don Giulio et don Ferrante. Il fit publier un monitoire que l'on placarda sur le portail de la cathédrale de Bologne, sommant Alfonso à comparaître à Rome dans un délai de douze jours sous peine d'excommunication.

Le duc envoya une protestation au Saint-Père, qui considéra insatisfaisantes toutes les justifications qu'il avançait et le menaça d'excommunication s'il n'obéissait pas. Pour l'heure, il chargea son jeune neveu Francesco-Maria della Rovere, duc d'Urbin, d'aller mettre le Ferrarais à feu et à sang à la tête de l'armée pontificale. Alfonso fit appel au roi de France.

Ceux qui s'étonnaient de la haine du pontife pour la France cherchaient à l'expliquer par le mépris qu'il vouait au cardinal d'Amboise, son ancien rival à l'élection de pape et qui le menaçait de le faire déposer comme simoniaque, empoisonneur, voleur, adultère, incestueux et sodomite, tout ce que, naguère, l'on reprochait violemment à Rodrigo

Borgia. Fourbe, retors, sournois, il espérait que si Louis XII abandonnait Alfonso, il pourrait le discréditer. À l'inverse, si le souverain soutenait le duc de Ferrare, il mettrait le pape en droit de nuire ouvertement à la France. Louis XII se rangea du côté d'Alfonso.

L'intervention de Maximilien, qui fit représenter à Rome que le pape devait sa protection au duc de Ferrare parce que la plus grande partie de ses États appartenait à l'empire, ne parvint pas à détourner Sa Sainteté de son projet de dépouiller Alfonso, dont il voulait réunir le duché au Saint-Siège. Jules II considéra même le duc comme un vassal tombé en félonie, le déclara fils rebelle, enfant d'iniquité et de perdition.

Début juillet, l'armée pontificale enleva les petites places de Sascolo, de Concordia et de Formigine puis parvint aux portes de Ferrare. Le maréchal Charles d'Amboise, seigneur de Chaumont, neveu du cardinal d'Amboise et éphémère mécène de Léonard de Vinci quelque temps après son départ du service de César, venait de commander brillamment l'avant-garde de l'armée royale à la bataille d'Agnadel lorsque, sur l'ordre de Louis XII, il envoya un détachement au secours du duc Alfonso. Bien que supérieures en nombre à leurs ennemis, les troupes papales se retirèrent, abandonnant sur place une partie de leur artillerie. Néanmoins elles pénétrèrent dans Modène. Les Rangoni, aussi puissants dans la ville que le roi lui-même, leur ouvrirent les portes, dans l'espoir de bénéficier de grands avantages de Sa Sainteté.

Cependant, à Venise, Lorenzo apprenait que François, de la prison du Puits, avait été transféré dans l'un des cachots que l'on nommait « les Plombs » par allusion à leur toit construit avec des plaques de plomb. Le palais des Doges abritait ces cachots. Ils se trouvaient dans une aile où grouillait toute une administration politique secrète. Toutefois, les étrangers au gouvernement n'auraient su indiquer précisément leur emplacement. Lorenzo s'apprêta à faire tout ce qui était en son pouvoir pour parvenir jusqu'à François de Gonzague. Deux jours après son arrivée, son attitude suspecte attira l'attention des autorités de la République. Il fut arrêté au pied du palais des Doges et soumis à la torture. Par habitude, mais aussi par une fâcheuse négligence, Lucrèce lui avait suggéré les mots codés de « faucon » et de « fauconnier », alors qu'il n'était plus nécessaire de les utiliser. En période de guerre, une telle maladresse pouvait être fatale.

– Qui est ce faucon ? lui demanda le prévôt de la ville, et qui est ce fauconnier ?

– Je vous dis que vous avez sous les yeux une lettre d'amour, répéta Lorenzo aux réponses duquel on ne voulait accorder aucun crédit.

– Alors dans ce cas à qui est-elle adressée et qui l'a écrite ?

Lorenzo comprenait que s'il citait le nom des correspondants, ceux-ci pouvaient être confondus comme espions. Le marquis de Mantoue serait immédiatement en danger.

– Je ne puis vous en dire davantage, préféra-t-il répondre.

Il fut condamné le jour même à être pendu. Au confesseur qui vint le trouver dans sa cellule, il avoua :

– Mon père, mourir le plus tôt possible fut mon premier vœu en arrivant dans cette ville. J'aime une femme, voyez-vous, mais elle en aime un autre.

Puis il marcha au supplice.

Ne voyant plus revenir Lorenzo, Lucrèce pressentit qu'un malheur était arrivé. Son gentilhomme de chambre, Pietro Giorgio da Lampugnano, accepta la périlleuse mission de se rendre à Venise. Il y eut vent de l'exécution du comte. Son séjour lui apprit également que François était enfermé dans un cachot des Plombs et il parvint à communiquer indirectement avec lui, grâce à de mystérieuses intelligences qu'il entretenait dans la Sérénissime République. Le marquis put tout savoir des inquiétudes de Lucrèce à son égard et dès lors se fit régulièrement remettre par Lampugnano des lettres qu'elle lui adressait.

François de Gonzague supportait sa captivité avec beaucoup d'impatience. Louis XII, Jules II et l'empereur Maximilien s'accordèrent pour négocier sa libération. Comme gage de sa loyauté, ils envisagèrent de retenir en otage l'héritier Frédéric. Si celui-ci venait en France, on trouverait le moyen de faire relâcher son père. François de Gonzague ordonna à sa femme d'envoyer l'enfant à Venise. Isabelle refusa de se séparer de son fils et imagina tous les prétextes possibles qui mirent les souverains hors d'eux-mêmes. Le pape proposa de prendre Frédéric au Vatican, où il demeurerait sous la surveillance des ducs d'Urbin, Francesco-Maria et son épouse Éléonore de Gonzague, fille aînée du marquis de Mantoue et, par conséquent, sœur de Frédéric.

C'est Machiavel qui fut chargé d'instruire Isabelle de ce compromis. La marquise refusa à nouveau. Pour gagner du temps et dans l'espoir d'une solution meilleure, elle se tourna vers le sultan de Constantinople, avec qui son mari entretenait depuis toujours une correspondance réglée en vue de se procurer sa protection contre les Vénitiens, voisins redoutables du Mantouan. Bajazet II, vieille connaissance des Borgia, demanda son ambassadeur de la République à la Porte. Il se répandit en jurons et exigea de lui la promesse que le marquis serait libéré. Venise n'osa pas démentir la parole de son envoyé, mais fit croire qu'elle accordait à l'intervention du pape ce qu'elle faisait en effet par déférence pour le sultan.

Pendant ce temps, devant l'obstination d'Isabelle, le pape, furieux, déclara à l'ambassadeur mantouan que c'était elle, « cette ribaude de marquise », comme il la nommait, qui prolongeait l'incarcération de son mari pour satisfaire sa volonté personnelle de rester régente de ses États. François n'hésita pas à écrire à sa femme que si elle n'envoyait pas sous peu leur fils à Rome, il l'étranglerait de ses propres mains. Bien que nullement impressionnée par les manifestations d'indignation de son époux, Isabelle finit par capituler.

Frédéric, enfant aux grands yeux étonnés, coiffé comme un ange, la bouche encore en forme de cœur, arriva dans la Ville éternelle en juillet 1510, accompagné de précepteurs et de majordomes. Des railleurs écrivirent : « La marquise envoie son fils aider Sa Sainteté à lire l'office de Sodome. » L'héritier des Gonzague fut installé au Belvédère, que Bramante venait de relier au Vatican et qui abritait les collections d'œuvres d'art de Jules II. Le pape lui rendait visite chaque soir et jouait au trictrac avec lui. Dans la journée, ils partaient ensemble chevaucher hors de Rome. Quelques mois après l'arrivée de Frédéric, Raphaël le représenta dans un petit portrait qu'il destinait à l'École d'Athènes.

La détention de son fils rendit donc la liberté à François, un an après sa capture. Il fit son retour à Mantoue, où Isabelle fit pompeusement célébrer sa libération pendant plusieurs jours. Il était persuadé que Ferrare finirait par tomber aux mains de Jules II si celui-ci poursuivait la guerre. Son premier geste fut de réclamer d'avance sa part du butin qui consistait en de petites villes qu'on avait reconquises en son nom. De son côté, Lucrèce avait si peu confiance en l'efficacité militaire de son duc de mari qu'elle s'apprêta à quitter Ferrare pour échapper au déshonneur d'être en territoire conquis. Elle rassembla en hâte son argenterie, ses tapisseries, ses objets précieux dans l'idée de gagner Parme ou Milan, sous la protection française. Mais le peuple ferrarais, ayant été informé de ces préparatifs, fit savoir à la cour que si la duchesse les abandonnait, chacun ne consulterait plus que son intérêt personnel. Lucrèce resta donc.

Par l'intermédiaire de son chancelier Venanzio, François lui fit parvenir des cédrats, des citrons, toutes sortes de fruits du lac de Garde, des carpes de Mantoue et des livres de chevalerie française. Il la pria de lui adresser quelques lignes tendres de sa propre main pour qu'il ait le bonheur et la consolation de contempler son écriture. Malgré l'obstacle que représentait Isabelle d'Este, les deux amants, qui avaient un besoin trop ardent de se livrer l'un à l'autre, reprirent leur correspondance comme à l'époque du pauvre Ercole Strozzi, n'utilisant même plus leur ancien langage codé. Lucrèce fit avertir François qu'elle lui écrirait de sa main dès qu'il le lui demanderait par une lettre autographe. Le marquis commença à se divertir en composant des vers pour elle.

À cette époque, Lucrèce venait de fonder le couvent de San Bernardino et d'en prendre possession. Bâti sur l'emplacement de la maison Romei, à l'endroit même où Ercole Strozzi avait perdu la vie, le couvent était un lieu où elle puisait plus de ressources et de paix que dans celui du Corpus Domini. Son repos y était d'une inviolabilité parfaite. Afin de distraire Alfonso de tout soupçon, elle avait chargé Lampugnano d'y venir lui remettre, à une heure bien précise de la journée, et dans sa petite chapelle privée, toutes les lettres que lui faisait parvenir François. Devenu son nouveau confident, le gentilhomme de chambre promenait ses pas avec elle dans le cloître arrosé de chants d'oiseaux et recueillait sa joie chaque jour plus intense d'avoir spirituellement retrouvé son amant.

Le couvent de San Bernardino, du nom de son saint patron, conservait l'aspect familier de feu la maison Romei. Dans la délicieuse cour du Quattrocento, située face à l'entrée, resplendissait une grande rosace flamboyante. Lucrèce avait soigneusement choisi l'abbesse en la personne de Laura Boiardo, qui avait quitté le Corpus Domini avec quelques compagnes. Quant aux novices, elle avait tenu que la première soit Camilla Borgia, fille naturelle de son frère César, âgée à présent de quinze ans. Après avoir prononcé ses vœux, Camilla avait pris le nom de Sœur Lucrèce.

C'est de ce couvent que la duchesse écrivit désormais ses mots d'amour à François. Après les quartiers d'hiver, la campagne ayant repris, c'est avec amertume que le marquis partit à la rencontre de sa nouvelle armée.

À peine avait-il pris possession de ses troupes qu'il les abandonna à leur sort et s'en retourna à Mantoue, feignant une maladie. Les Vénitiens en furent quittes pour considérer qu'il demeurerait désormais neutre et songèrent que s'il n'était pas un ami de plus, il était un ennemi de moins. Il en fut de même pour Jules II, que l'abandon peut-être prévisible de François ne détourna pas un seul instant du théâtre de la guerre. Le pontife pouvait aussi bien porter le casque et la cuirasse sur les champs de bataille que la chape et la tiare à la basilique Saint-Pierre. Les Romains le surnommaient *Il Pontifice Terribile* et lui faisaient dire : « Ne dépose dans Nos mains aucun livre stupide, mais une épée nue. » Après la défaite de ses troupes, sans considération pour ses soixante-sept ans, sans respect pour sa dignité, il partit de Rome pour assiéger Ferrare en personne, à la tête de ses forces et de celles des Vénitiens, et en compagnie du grand architecte Bramante d'Urbin. La garnison de la ville était nombreuse, composée de troupes ultramontaines, et les Vénitiens n'étaient plus les maîtres absolus du Pô, depuis que le duc s'était avisé d'armer des navires. Les Ferrarais s'étaient adonnés avec ardeur à la guerre pratique qu'ils apprenaient en la faisant, et leurs bâtiments hasardaient même d'aller faire des prises jusque dans les ports des lagunes.

Lorsque l'armée vénitienne entreprit de franchir le Pô pour rejoindre les troupes du pape près de Bologne, des contingents français incendièrent tout l'attirail du pont qu'elle utilisait. La réparation de cette perte demanda plusieurs semaines. À la même période, Jules II tomba si gravement malade que sa mort se répandit dans toute l'Europe. Sa vigueur et la force de son tempérament l'emportèrent cependant sur son mal. Mais la saison était avancée, rendant vaine toute tentative de siège, d'autant que Chaumont d'Amboise venait de jeter du renfort dans Ferrare et menaçait même d'attaquer Modène.

Jules II rentra à Rome. Alfonso n'ayant pas comparu devant lui dans le délai de douze jours qui lui avaient été assignés par la citation apostolique, le pape promulgua contre lui une sentence excommunicatoire le privant du duché de Ferrare et de tous les biens qu'il tenait en fief du Saint-Siège.

Lucrèce, dont la religion était une foi aveugle entièrement soumise à son confesseur, avait vu avec chagrin poindre la mauvaise intelligence de son époux et du pape. Elle s'efforça de mettre un terme aux progrès de ce désaccord schismatique, et, comme sa dévote intervention ne parvenait pas à raccommoder le duc avec le chef de l'Église, elle désira, du moins, rester neutre dans une lutte qu'elle jugeait impie. Pleine d'anxiété, et pendant que les hommes guerroyaient, elle ne trouva de consolation et de plaisir qu'au milieu de ses dames et de ses poètes. Le goût très vif qu'elle avait pour la poésie était du reste partagé par toutes les princesses de son temps. Elle acquittait en dons et en charges ce qu'on lui prêtait en épîtres, en ballades ou en rondeaux. Entourée de ses filles d'honneur et de son bouffon qui faisait sonner ses grelots et secouait des pois secs dans une vessie, elle accueillait souvent un livre et son auteur dans une atmosphère plus allègre et bon enfant que solennelle. Vêtu du costume doctoral, robe noire à larges manches, le chaperon fourré sur l'épaule, le poète mettait un genou à terre devant elle pour lui présenter son manuscrit et débiter ses derniers vers qui, autant que possible, faisaient rejaillir de l'éclat sur sa protectrice et sa patrie.

Dans le même temps, Lucrèce se consacrait aux affaires de l'État chaque fois qu'Alfonso lui en confiait le soin. Son père Rodrigo ne s'était pas trompé dans l'idée qu'il avait de son intelligence. Elle se fit reconnaître en qualité de régente de Ferrare. C'était une femme prudente dont Alde Manuce, l'éditeur des poésies de Strozzi, disait que le jugement sagace et l'esprit pénétrant émerveillaient ses sujets. L'une des mesures les plus importantes qu'elle prit fut relative aux Juifs de Ferrare, longtemps persécutés, et pour lesquels elle édicta une loi ordonnant que les coupables soient sévèrement punis.

Louis XII s'occupait cependant de raisonner le Saint-Père, ou plutôt en chargea Chaumont d'Amboise, qui tenta dès lors de chercher l'absolution pour Alfonso et tous ceux qui encouraient l'anathème comme partisans d'un excommunié. Le roi, lui, était retenu par des conférences entamées à Florence. Le 20 mars 1510, il y reçut une lettre d'Anne de Bretagne, son épouse. La reine avait tout lieu de croire qu'elle était enceinte. Pour ne pas avoir à subir de fausse couche, elle fit un vœu à saint René, ancien évêque d'Angers, patron des femmes en mal d'enfants. Louis clama la nouvelle aux pères célestins de Paris et leur demanda de prier Dieu qu'il lui plaise de lui envoyer un fils, et de lui donner la paix en son royaume. Comme la peste sévissait dans le Blésois, il craignit pour la santé de la reine et de Claude, leur première fille, et les fit veiller jour et nuit.

Le 25 octobre, Anne étant sur le point d'accoucher, ses dames durent improviser des tentures, sous lesquelles elle mit au monde une fille. Le soir même, Madame du Bouchage, la gouvernante de Claude, engagea une nourrice, du nom de Michèle de Soubise, et quelques heures plus tard, à la lueur de deux cents torches, Madame de Bourbon porta l'enfant dans la chapelle Saint-Calais. Un baldaquin de damas blanc, fleurdelisé, tendait les fonts baptismaux. La nouveau-née fut prénommée Renée, par allusion à saint René, que sa mère avait invoqué. Les espérances du roi s'évanouirent à l'annonce qu'il avait encore une fille. Louis XII, dont la santé était incertaine, et qui conservait de sa dernière maladie une langueur inquiétante, semblait se préparer à une fin prochaine. N'ayant pas d'héritier mâle, il voyait déjà son successeur dans le jeune François d'Angoulême, qu'il avait apanagé du duché de Valois en attendant de le marier à sa fille Claude. Il le tenait à l'écart au château d'Amboise, où Louise de Savoie, sa mère, surveillait son éducation. À seize ans, Monseigneur annonçait ce qu'il devait être par ce qu'il était déjà : ardent au plaisir, impétueux et turbulent dans ses jeux, ami du luxe et généreux jusqu'à la prodigalité, insouciant du danger, avide de gloire, propre à tous les exercices du corps et de l'esprit. Parmi ses compagnons, tous gentilshommes, s'en trouvaient quatre sur lesquels se fixèrent plus particulièrement son affection et sa protection : Montmorency, Monchenu, Brion et Robert de La Marck, seigneur de Fleuranges. Ce dernier s'intitulait « le jeune Aventureux », à l'imitation des chevaliers de la Table ronde, et serait un jour l'un des plus éloquents témoins du règne fabuleux de Monseigneur, devenu alors François Ier.

Les divertissements de ces adolescents étaient à l'image de la guerre, et toujours François d'Angoulême se montrait le plus adroit, le plus robuste, le plus téméraire. Ils apprenaient l'équitation et le métier des armes, maniaient des épées, des piques et des frondes, soulevaient et portaient des fardeaux, s'accoutumaient à la fatigue, se familiarisaient avec la vie militaire. Monseigneur excellait à jouter au vent et à « la selle dessanglée » avant de connaître la grammaire, le latin et les mathématiques.

Loin de cette agitation bien masculine, Lucrèce ignorait que son fils Ercole épouserait bientôt cette Renée qui venait de naître, et serait le beau-frère du futur François Ier.

DIARIUM VI

Où la fille de César, Louise,
convole en justes noces en France,
tandis que sa tante Lucrèce meurt à Ferrare.

– Mon maître Burckard connaissait mes ambitions politiques et diplomatiques mais disparut de ce monde avant que je fusse envoyé à la cour de Ferdinand II le Catholique en qualité d'ambassadeur de la République florentine. J'y parvins en 1511. Le 11 avril de cette année-là, à Ravenne, les Français et les troupes de la Sainte Ligue de Raymond de Cardona, vice-roi de Naples, combattirent les troupes espagnoles, qui soutenaient la cause du pape. L'artillerie d'Alfonso d'Este fut d'une aide décisive. La bombarde « Giulia », fondue avec le bronze de la statue de Jules II, œuvre de Michel-Ange abattue pendant la rébellion de Bologne, était toute caparaçonnée de brocarts. À plusieurs reprises, le duc de Ferrare la pointa indistinctement sur les Français ou les Espagnols en criant à ses hommes : « Tirez sans crainte de vous tromper, ce sont tous nos ennemis ! » Les Espagnols furent vaincus. Le jeune Gaston de Foix, comte de Nemours, périt au terme de la bataille en se lançant à leur poursuite. Je l'avais rencontré quelques semaines plus tôt lors d'une mission à Bologne et il m'avait fort impressionné par sa fougueuse intrépidité. Le jour de Ravenne, en l'honneur de Lucrèce, il avait ceint une écharpe à ses couleurs. J'avais également des relations avec *messer* Pierre du Terrail, seigneur de Bayard, qui s'illustra lui aussi brillamment à Ravenne. Comme tous les hommes de son temps il vouait une admiration sincère à l'épouse d'Alfonso d'Este. Il la rencontra à Ferrare, au lendemain du combat de la Bastide, quelque temps après Ravenne. Je ne puis passer sous silence l'éloge qu'il fit d'elle : « Bien ose dire que de son temps ne s'est point trouvé de plus triomphante princesse, car elle était belle, bonne, douce et courtoise à toutes gens. Elle parlait espagnol, grec, italien, français et quelque peu très bon latin, et composait en toutes ces langues. Et rien n'est plus certain que, combien son mari fut sage et hardi prince, ladite dame, par sa bonne grâce, lui a rendu de grands et bons services. » Évoquant également le combat à outrance de deux Espagnols en champ clos, en présence des chevaliers français et de la noblesse de Ferrare, le chevalier explique que l'un des combattants étant sur le point d'être frappé à mort parce qu'il refusait de s'avouer vaincu, « la bonne duchesse priait à mains jointes le gentil duc de Nemours qu'il les fît départir ».

Jules II mourut le 21 février 1513. Enfin libérés du cauchemar de la guerre, et bien que le duc ait recommandé une sage modération dans les manifestations de joie, les Ferrarais, et Lucrèce elle-même, allèrent d'une église à l'autre pour remercier Dieu d'avoir délivré l'Italie. Au printemps, François de Gonzague releva d'une grave maladie. Par l'intermédiaire de Frère Anselme, du couvent Santa-Maria delle Grazie, la duchesse de Ferrare s'empressa de lui envoyer une lettre pleine de confiance et d'amitié dans laquelle elle se réjouissait de la santé recouvrée de son beau-frère, exprimant comme de coutume l'amour qu'elle portait à « son très honoré frère ». Cependant, la correspondance suivie entre Lucrèce et François s'acheva avec la mort de Frère Anselme, leur dernier intermédiaire, en cette même année 1513. Sans doute leur amour réciproque s'était-il déjà éteint quelque temps plus tôt, victime du temps, de la lassitude et de l'éloignement. Mais il n'y eut plus d'allusion aux fauconniers, aux faucons, plus de déclarations, de galanteries, de propositions, d'invitations.

Le nouveau pape, Giovanni de Médicis, élu sous le nom de Léon X, était un ami des Este. Il annula les mesures d'excommunication dont Jules II avait frappé Ferrare et renvoya aux Gonzague leur fils Frédéric. Comme son père Laurent le Magnifique, il devait bientôt attacher son nom à une époque de splendeur humaniste, particulièrement en recueillant l'héritage de Jules II. Pietro Bembo, appelé auprès du Saint-Siège à la fonction de secrétaire pontifical, fit confirmer à Lucrèce le droit à toutes les indulgences publiées autrefois par Rodrigo Borgia. Pour la confirmation du petit Ercole, l'héritier, il lui procura la faveur de recevoir le parrainage du pape, qui envoya à l'enfant une médaille représentant l'hydre vaincue par Hercule.

La cour de Ferrare avait perdu beaucoup de son éclat pendant la guerre mais demeurait encore l'une des plus brillantes d'Italie. Dès son retour de campagne, Alfonso mit tout en œuvre pour conserver la grandeur de la culture des arts. Au château de Ferrare ou dans celui de Belriguardo, il engagea de grands maîtres de la région : le Mantouan Giovanni di Niccolò de Lutero, dit Dosso Dossi, et Il Garofalo. Il accueillit régulièrement Le Titien, fit des commandes de tableaux à Raphaël, établit un muséum d'antiquités à Ferrare. Lucrèce possédait dans son cabinet un Cupidon sculpté par Michel-Ange mais n'éprouvait pas de penchant très vif pour les œuvres d'art. À cet égard, elle ne pouvait soutenir la comparaison avec Isabelle d'Este, qui était en relation permanente avec tous les grands artistes de son temps et entretenait dans les principales villes d'Italie des agents qui la renseignaient sur leurs dernières acquisitions. À partir de 1513, l'extravagance du mécénat de Léon X, son fanatisme artistique nuisirent considérablement à la cour de Ferrare au point de l'éclipser tout à fait. Comme tous les Médicis, le pape était élevé dans l'amour des lettres et des arts. Il attira à Rome les plus grands talents d'Italie, tels Raphaël et Bramante, arrachant particulièrement à la cour de Ferrare deux secrétaires particuliers de Lucrèce, l'humaniste Jacopo Sadoleto et le poète Antonio Teobaldo, qui, à l'imitation de l'Arioste, s'étaient faits les thuriféraires officiels de la duchesse. Bembo quitta également Ferrare pour se mettre à son service et devenir son secrétaire intime. Son départ affligea Lucrèce qui reprit avec son ancien confident une correspondance où l'amour fit place à l'amitié la plus tendre et la plus respectueuse. Lorsque Bembo, en 1516, rencontra Morosina, la femme de sa vie, cette correspondance fut rompue cette fois pour de bon.

Bembo allait d'ailleurs bientôt se distinguer au nom de son maître du Saint-Siège. En avril 1514, Lucrèce mit au monde un troisième fils, Alexandre, cependant que la France perdait sa reine Anne de Bretagne et que Louis XII préparait les cérémonies de son troisième mariage, avec Marie Tudor, fille du roi d'Angleterre Henri VII, âgée de dix-huit ans. Maximilien et le roi d'Espagne poussaient alors vivement les opérations de guerre contre Venise, et celle-ci étant réputée comme étant le boulevard de l'Europe contre les Turcs, qui venaient d'obtenir de grands succès, Léon X s'efforça de réconcilier les puissances belligérantes. Il n'ignorait pas que s'il pouvait détacher les Vénitiens de l'alliance de Louis XII, il ferait échouer toute tentative contre Milan. Il nomma Bembo son légat près de la République de Venise en lui recommandant d'employer tous ses efforts pour engager ses compatriotes à recevoir les propositions de paix. Bembo, cherchant à démontrer que Venise ne pourrait retirer aucun avantage de son alliance avec la France, déclara devant le Sénat de la Sérénissime, recourant à des arguments singuliers :

– Nous devons croire que le roi de France a renoncé à toute entreprise sur l'Italie. Il s'est écoulé quelques mois depuis qu'il a traité avec le roi d'Angleterre. C'était l'époque de son expédition, expédition au succès de laquelle auraient contribué et l'alliance qu'il venait de contracter et la bienveillance du pape. D'ailleurs ses ennemis étaient sans défense. S'il n'a pas profité de ses avantages, comment peut-on supposer qu'il voudra tenter une attaque, lorsque les Suisses, les Espagnols, l'empereur, les États de Milan, de Florence et de Gênes se sont réunis à Sa Sainteté pour repousser les Français ? Le mariage qu'il vient de contracter doit le détourner de plus en plus de se livrer aux soins de la guerre. Certains, considérant qu'il est déjà avancé en âge, qu'il n'est point cité pour sa continence, et qu'il idolâtre une épouse qui n'a pas plus de dix-huit ans, présument que ce mariage abrégera ses jours. Enfin, on prétend qu'il a contracté des infirmités qui ne tarderont pas à le mettre au tombeau. Par conséquent, je crois nécessaire pour Venise de concilier ses différends avec l'empereur et le roi d'Espagne, et de renoncer à l'alliance avec le roi de France.

Non seulement l'ambassade de Bembo n'eut pas les résultats espérés par Léon X mais elle nuisit au Saint-Père dans l'esprit du roi de France, qui entra dans de nouvelles négociations avec le roi d'Espagne. Cependant, de cette négociation, Louis XII ne connut jamais l'issue. La prophétie de Bembo à son égard se vérifia très rapidement par la mort du monarque, survenue le 1er janvier 1515, quatre-vingts jours seulement après ses troisièmes noces. Le 25 janvier suivant, François Ier fut sacré roi de France à Reims.

Entre-temps, un an plus tôt, Charlotte d'Albret avait rédigé son testament. Elle demandait que sa dépouille soit ensevelie au monastère de Bourges, auprès de la duchesse Jeanne, et que son cœur et ses entrailles demeurent en l'humble église de La Motte-Feuilly. Elle instituait Louise Borgia, fille de César, son héritière unique et universelle et ordonnait qu'elle soit conduite à la cour de sa cousine germaine la duchesse d'Angoulême Louise de Savoie, mère de François, héritier désigné du trône royal, qui prendrait possession de tous ses biens et les lui garderait en toute sécurité. Elle désignait l'aumônier et les dames qui constitueraient la maison de l'orpheline et fixait d'avance leurs gages. Puis le 11 mars 1514, consumée de chagrin, elle s'éteignit, âgée de trente-deux ans. Elle fut inhumée le surlendemain à l'église de Notre-Dame de l'Annonciade, près de Jeanne de France. Le 12 mai, maître Jacques Dorsanne, conseiller du roi et lieutenant au siège d'Issoudun, procéda, à la requête et en présence de Louise, à l'inventaire de la défunte.

À la fin du mois, une escorte conduite par Geoffroy Jacquet, orfèvre à la cour de France, emmena la fille de César Borgia à Amboise. Louise de Savoie y menait un beau train princier. Sa maison comprenait quinze gentilshommes, douze demoiselles et femmes, soixante-dix-huit officiers, deux tapissiers, un tambourin, un veneur, un fauconnier et un secrétaire, François Charbonnier, compagnon de son fils. Louise

Borgia y entra en qualité de fille d'honneur et y demeura jusqu'à la mort de Louis XII, non sans avoir conçu dès son arrivée une nostalgie éphémère pour sa solitude et son bucolique Berry, qu'elle avait abandonnés au profit d'une société remuante et bavarde. À son avènement, François Ier la réclama pour le service de son épouse, Claude de France. Elle y conserva le même rang et était entretenue par la Couronne.

Le nombre de dames et demoiselles d'honneur qui gravitaient autour de la nouvelle reine s'élevait à plus de soixante. Jeanne d'Assigné, vicomtesse de Coëtmen gouvernait ce petit monde féminin dans lequel évoluaient des filles issues des familles les plus nobles et les plus puissantes de France. Elles avaient pour nom Charlotte d'Aragon, princesse de Tarente, Anne de Bourbon, dame de Montpensier, Anne de Foix, dame de Candalle, les demoiselles de Tournon, de Graville, de Rohan-Guéménée, Jeanne de Chabot, dame de Montsoreau, Blanche de Montberon. La plupart étaient d'origine bretonne et avaient été attirées à la cour du vivant d'Anne de Bretagne. À l'instar de sa mère – la même Anne de Bretagne –, la reine Claude, férue d'éducation, de religion et de morale, se sentait investie d'une mission de surveillance et de protection à l'égard des jeunes femmes de grande lignée que les titres de leurs parents rendaient dignes de sa cour. Sa maison féminine devait ainsi répondre à la discipline, la pudeur et la correction, et Madame d'Assigné ne devait admettre ni la débauche, ni l'indécence. Cependant, la vigueur du roi la contraignait parfois à se montrer complaisante. Personne n'ignorait que l'une des distractions favorites de François d'Angoulême avait autrefois consisté à attendre le coucher de Louis XII et le retrait de ses courtisans pour sauter sur son cheval et aller battre le pavé sur les ponts et dans les ruelles en quête d'aventures avec quelque ribaude.

Devenu roi, le fils de Louise de Savoie ne changeait guère sa conduite. Ses appartements se trouvaient au-dessus de ceux de la reine, qui, par conséquent, ne partageait pas son lit. Le soir, la nuit, il pouvait ainsi quitter sa chambre à son gré. Avide de passions féminines, conquérant de tous les cœurs, on disait de lui que tout lui était bon, servante, indigente ou princesse, pourvu qu'elle fût belle. On le soupçonnait même d'avoir engrossé Marie Tudor, dernière épouse de Louis XII. Il puisait ses maîtresses dans l'essaim de jeunes filles d'honneur de la reine et, depuis quelque temps, témoignait une attention plus particulièrement pressante à Jeanne de Popincourt.

Cette jeune Française était au service de la cour d'Angleterre depuis cinq ans et avait accompagné Marie Tudor à Blois à la veille de son mariage avec Louis XII. Elle avait pour amant le duc de Longueville, rencontré lors du séjour londonien de celui-ci auprès des négociateurs d'Henri VIII. Elle était élégante dans tout son maintien et d'une beauté qui ne passait pas inaperçue. Demeurée à la cour après le retour de Marie à Londres, elle était la fille d'honneur favorite de la reine Claude, avec qui elle partageait les mêmes centres d'intérêt. Pleine d'esprit, d'un caractère bien trempé, elle avait la considération de ses compagnes, dont elle était rapidement devenue la chef de file. Louise se crut d'abord isolée, écartée de toutes. Mais elle se fit une véritable confidente en la personne d'Anne Boleyn, la future reine d'Angleterre, dont on connaît la tragique destinée. Arrivée elle aussi avec l'escorte princière de Marie Tudor, elle était la seule à montrer autant de bonté d'âme et de douceur pour Louise. À neuf ans, elle était déjà fine, délicate, souple, mais encore insouciante et effrontée. Elle était la petite-fille du lord-maire de Londres et la fille de Thomas Boleyn, diplomate et ambassadeur, membre du Conseil de la Couronne et conservateur du Sceau. Le passé de Louise l'avait profondément touchée et émue, et elle se sentait si proche d'elle qu'elle éprouvait à son égard davantage d'attirance que d'attachement et d'amitié pour sa propre maîtresse royale. Malgré la différence d'âge, Louise l'avait également prise en amitié et se plaisait infiniment en sa compagnie, d'autant qu'elle était déjà réfléchie dans la conversation. Elle parlait et comprenait suffisamment le français, qu'on lui avait enseigné en Angleterre au même titre que l'italien et l'espagnol.

À l'été 1515, dans le pavillon des filles d'honneur, on murmurait que Jeanne de Popincourt était devenue la maîtresse du roi. Pour entretenir la jalousie de ses compagnes, la jeune femme environnait sa liaison de mystère tout en y faisant parfois de claires allusions. Le soir, Madame d'Assigné la laissait quitter les appartements et poussait la complaisance jusqu'à l'accompagner elle-même à la porte de la chambre royale. Un matin où le roi se promenait dans les jardins, vêtu d'un costume en toile d'argent et incrusté de joyaux, il se tourna vers Jeanne et ses compagnes, qui s'inclinaient sur son passage, et offrit un sourire discret à sa nouvelle conquête. Lorsqu'il eut disparu :

– Ne vous éloignez pas si vite, Mademoiselle, dit Jeanne à l'adresse de Louise qui emboîtait le pas d'Anne Boleyn.

Blanche de Montberon se pencha vers elle pour lui glisser quelques mots à l'oreille.

– On me rappelle à l'instant que vous êtes la fille de ce *Cesare Borgia*, reprit-elle alors en prononçant le nom du duc avec l'accent italien. Avez-vous remarqué, ma chère Mademoiselle Borgia, comme Sa Majesté m'a regardée ? Manifestement, je suis la plus belle.

Elle observait Louise avec une pitié méprisante tandis que ses plus fidèles compagnes gloussaient avec insolence.

– Lorsqu'on vous regarde, poursuivit-elle, on comprend pourquoi votre père n'a jamais cherché à vous revoir. Vous n'êtes pas laide, ma chère, vous êtes repoussante.

Il est vrai que Louise n'avait pas un visage avenant. Elle portait même plusieurs stigmates physiques de la dégénérescence. Cela n'échappait à personne et surtout pas à Jeanne de Popincourt, qui semblait vouloir s'en divertir.

– Mon père ne m'a pas même vue une seule fois, Mademoiselle, rectifia Louise avec calme. D'autre part, j'aimerais vous faire remarquer que ma mère appartenait à l'une des plus puissantes familles de France, apparentée, qui plus est, à Madame la Régente, mère de notre roi.

– Et alors, serait-ce peu ordinaire ? Connaissez-vous quelqu'un parmi nous qui soit fille d'indigent ? Avoir été élevée au cul des vaches vous fait manquer d'esprit, Mademoiselle Borgia. Voyons, quel âge avez-vous ?

– J'ai quinze ans, et ce n'est point pour vous servir.

– Quinze ans ? Mon Dieu, qu'elle est jeune ! J'en ai dix-sept. Pour cette seule raison, ma fille, vous n'êtes plus autorisée à m'adresser la parole.

Elle s'éloigna en souriant, affectant une allure démesurément hautaine.

Confinée pendant quatorze ans au château de la Motte-Feuilly, Louise avait ignoré qu'un jour la société des femmes lui aurait appris qu'elle n'était pas d'une beauté généreuse, une beauté sur laquelle se posent tous les regards masculins, une beauté à laquelle on rend hommage, qu'elle n'était pas une jeune fille à qui l'on offre des fleurs, que l'on courtise, et pour qui on compose des vers. L'altière Jeanne de Popincourt s'était chargée de le lui faire savoir et, en l'absence de Madame d'Assigné, poursuivit sur la fille de César, chaque jour un peu plus, une œuvre que celle-ci ressentait comme destructrice, faisant d'elle un souffre-douleur inconsolable, la traitant avec une dureté cynique et un troublant mépris, l'abreuvant d'insinuations de plus en plus cruelles. Affectée, blessée, humiliée par les railleries furieuses, impitoyables et incessantes de Jeanne, dont on ne savait de qui elle détenait cette méchanceté cependant si répandue, Louise finit par s'en ouvrir, non pas à Madame d'Assigné, comme il se devait, mais à sa marraine la régente, à qui elle demanda audience pour en outre réclamer justice contre Jeanne.

– Écoutez ma fille, lui répondit la reine mère impatiente et d'un ton exaspéré, ce ne sont que de petites misères dont je vous prie de vous défaire vous-même. Nous avons dès demain une longue route à faire. Veuillez, je vous prie, ne pas me rompre la tête avec cette Popincourt.

L'impérieuse et féroce Louise de Savoie venait de montrer sa rudesse habituelle avec sa pupille. Comme si elle se souvenait brusquement qu'elle était la tutrice de cette enfant malheureuse, sensible et vulnérable, elle se ravisa.

– Revenez, mon enfant, dit-elle avec douceur à Louise qui s'en retournait le front plissé par une angoisse naissante.

Elle lui prit tendrement les mains, en porta une à ses lèvres pour l'embrasser. Louise n'écouta pas les paroles rassurantes qu'elle lui adressa. Elle était soudain apeurée par cette mégère. Lorsqu'elle sortit des appartements de sa marraine, elle partit se jeter dans les bras d'Anne Boleyn. Du haut de ses neuf ans, la jeune Anglaise lui apporta la consolation d'une mère, achevant, avec son délicieux accent du Norfolk, par des paroles pleines d'une surprenante maturité :

– Quand un homme vous dira qu'il vous aime, et qu'il vous aime pour votre beauté, le regard du roi et les paroles de la Popincourt n'auront plus l'importance que vous lui accordez.

Comme la régente l'avait rappelé à Louise, la cour devait se mettre en route le lendemain 20 octobre. La reine avait décidé de partir à la rencontre de François Ier, qui revenait de Marignan, vainqueur des Suisses. Elle avait préparé son départ sans manquer à ses devoirs de souveraine et emmenait avec elle toute sa suite. Pas moins de cinquante chariots, escortés par deux cents cavaliers, transportaient les planches, les tapis, les mâts, les nattes, les tapisseries. Les coffres étaient garnis de linge, les litières tendues de velours, de soie, de satin.

Renée de France, sœur puînée de la reine, faisait partie du voyage, et était accompagnée de sa gouvernante, Gilette de Coctmers, dame d'Augné. Le roi affectionnait tout particulièrement sa jeune belle-sœur. Il disait qu'il la considérait comme sa propre fille et autant que s'il l'avait engendrée. En l'absence de Marguerite de Navarre, le protocole lui assignait le troisième rang. Après l'union de François avec sa fille Claude, union qu'elle n'avait jamais désirée, Anne de Bretagne, comme pour se dédommager, n'avait songé qu'à marier Renée tour à tour à Gaston de Foix, le prince d'Espagne et Ferdinand de Habsbourg. Chaque fois, Louis XII avait résisté avec beaucoup de patience. Puis la mort de la reine avait définitivement fait obstacle à ces projets matrimoniaux. À présent, François Ier négociait l'alliance de Renée avec l'archiduc Charles de Habsbourg, bientôt Charles Quint. Ce mariage n'aura jamais lieu, et nous verrons qu'elle épousera Ercole II d'Este, le fils de Lucrèce et cousin germain de Louise.

Pendant que les grandes dames de la cour montaient des mules couvertes de housses, Louise partageait sa litière avec Anne Boleyn. Le long et riche convoi traversa le centre puis le sud-est de la France. Le parcours avait été étudié avec soin.

Depuis des semaines, les conseils des villes-étapes, prévenus par lettres patentes, préparaient les entrées solennelles de la cour. La nuit, l'escorte logeait dans des auberges, tandis que la reine était invitée à demeurer dans les castels seigneuriaux ou les hôtels de ville. Louise de Savoie faisait repartir le cortège dès l'aube, tant son impatience était grande de retrouver le roi. Cependant, Claude fut prise de fatigue et de langueur en arrivant à Montluçon. Le convoi dut y séjourner une longue semaine, le temps qu'elle se repose. La veille de son départ, elle reçut en audience un envoyé des consuls de Lyon, qui lui apporta douze boîtes de dragées et deux coffrets de raisins de Damas. Elle fut sensible à cette offrande mais fit savoir qu'elle ne désirait pas d'entrée à Lyon, par crainte que la ville n'engage trop de frais. La ville, qui avait déjà vu longuement séjourner le roi avant son départ pour l'Italie, avait vidé une grande partie de son trésor. En guise d'accueil dispendieux, et puisque le cortège s'apprêtait à franchir la Saône, le conseil de Lyon fit malgré tout décorer un pont de bateaux de tapisseries à ramages. Et comme la route avait été défoncée par les pluies, on la fit reconstruire en hâte, de la tour de Salvagny à la porte Saint-Georges.

À Tarascon, Claude reçut en cadeau douze images d'or représentant sainte Marthe, dont elle visita le tombeau. Puis, en dépit des frimas, on s'engagea sur les chemins conduisant aux radieux paysages de Provence, les bois d'oliviers, les cyprès, la plaisante ville de Beaucaire. Une partie du voyage se poursuivit en chaland, sur le Rhône, jusqu'à Arles, où Marguerite de Navarre, sœur du roi rejoignit le cortège.

C'est dans un superbe château que la reine et la régente furent reçues à Salon-de-Provence. On leur présenta les reliques de saint Antoine. Les rues étaient tapissées de verdure, de myrrhe, de branches de chêne vert, en cerceaux, en guirlandes, en arceaux, piqués d'oranges et de pommes de pin. La plus opulente entrée fut celle de Marseille, le 3 janvier 1516, par un temps étrangement doux pour la saison. Bernardin des Baux, chevalier de l'ordre de Jérusalem, fit tirer toute l'artillerie des galères. À la tombée du jour, la cour assista à la représentation de joutes et d'un combat naval. Des sirènes, des hommes sauvages et des girafes défilèrent une grande partie de la nuit. Le lendemain, peu avant le départ, la reine reçut en cadeau un étrange animal, nommé rhinocéros, adressé par le roi du Portugal.

Le 8 janvier, à la suite de nombreuses lettres pressantes de Louise de Savoie, François Ier quitta Milan avec les principaux seigneurs de l'armée et franchit les Alpes par le mont Genèvre. Le 13, vers les six heures du soir, à Sisteron, il rencontra enfin sa femme et sa mère. Le 22, le cortège fit une seconde entrée à Marseille. Le conseil avait fait décorer la ville de rameaux de myrte, préparer des tableaux vivants, fait venir les tambourinaires de la ville d'Aix et sorti les reliques de saint Lazare. Sur le parcours royal, des tableaux mythologiques représentant Mars, Vulcain, Neptune et les danses moresques se succédèrent. Le soir, on organisa une gigantesque bataille d'oranges, à laquelle le roi participa.

Tandis que son époux visitait les galères, la reine accueillit deux mille jeunes filles, avec lesquelles François monta ensuite pieusement à la chapelle de Notre-Dame-de-la-Garde. La nuit commençant à tomber, deux mille jeunes filles vêtues de blanc, les cheveux flottants, allèrent à sa rencontre avec vingt-quatre torches de cire éclairées pour l'accompagner à son palais.

Le retour vers le Val de Loire se poursuivit par la vallée du Rhône. Tandis qu'après sept mois de voyage, la cour regagnait Amboise, le roi, escorté de quelques chevaliers, se transporta dans le Poitou, au château de Thouars, ancestrale résidence des ducs de La Trémoille. Il rendait visite à Louis II de La Trémoille, son chambellan et l'un de ses meilleurs capitaines, qui venait de s'illustrer avec lui en Italie. Ancien familier de la régente Anne de Beaujeu, Louis de La Trémoille était au service de la France depuis le règne de Louis XI. Âgé de cinquante-cinq ans, ses nombreux hauts faits d'armes lui avaient valu le glorieux surnom de « chevalier sans reproche ».

Avec l'autorisation royale, il était rentré en France dès la fin du mois de septembre pour annoncer à son épouse, Gabrielle de Bourbon-Montpensier, la mort héroïque de leur unique fils, Charles, prince de Talmont, tué à ses côtés à Marignan, de soixante-deux coups d'arquebuse.

Le château de Thouars dominait un méandre sinueux du Thouet dans lequel se reflétait son élégante façade. La Trémoille vint accueillir le roi au sortir du pont-levis. C'était un homme robuste, un peu voûté, au visage délicatement parcheminé, aux yeux francs et vifs. Il entraîna son hôte dans la salle princière, où Gabrielle, vêtue d'un surcot de brocart bordé de fourrure, se leva pour faire la révérence à François Ier.

– Madame, lui dit le roi en observant qu'elle réprimait sa douleur en sa présence, je sais votre force. Il faut que vous en usiez plus que jamais, ainsi que de votre patience. Je vous assure que, hormis votre maternelle affection, votre regret et votre chagrin ne sont pas plus grands que les miens. Je vous prie, chère Madame, je vous supplie, pour l'honneur de Dieu et l'amour que vous aviez pour mon cousin votre fils, de prendre cette irréparable perte en patience et de vous consoler avec votre jeune petit-fils François.

– Sire, répondit Gabrielle, je vous rends d'humbles grâces pour la consolation qu'il vous plaît de me donner dans l'infortune qu'il m'advient en la mort de mon fils. À savoir qu'il a eu l'honneur de mourir en votre compagnie et à votre service en une juste guerre, mon deuil n'est pas si grand.

– Sire, ajouta La Trémoille, ma vie et la sienne vous appartenaient. J'aurais dû mourir le premier, mais puisque Dieu ne l'a pas voulu, il ne me reste plus qu'à prier pour l'âme de mon fils et à employer le reste de ma vie à votre service.

En 1516, grâce aux victoires de François Ier, la France et l'Europe entière vécurent en paix. Le 4 juillet 1515, Lucrèce avait donné le jour à une nouvelle fille, Éléonora. Quelque temps après ses relevailles, Alfonso invita Le Titien au Castello Estense, le palais ducal de Ferrare. Le peintre ne pouvait se libérer avant plusieurs mois et fut l'hôte du duc et de la duchesse du 13 février à la fin mars 1516. Avec l'aide de deux collaborateurs, il exécuta *Les trois histoires de Bacchus* pour les cabinets d'albâtre que Dosso avait déjà peints à fresque, et plusieurs paysages représentant les montagnes du pays de Cadore, sa patrie. Il acheva une *Bacchanale* de son défunt maître Giovanni Bellini et en entreprit trois autres. Il fit le portrait du duc et celui de Lucrèce, la fameuse *Esclavonne* qui pose une main protectrice sur la tête de son bouffon noir. Plus tard, il devait se plaindre de n'avoir été nourri, pendant son séjour à Ferrare, que de salade, de viande salée et de châtaignes.

À la fin du printemps, Lucrèce sut qu'elle était à nouveau enceinte. Si un fils venait au monde, il s'appellerait Francesco. À l'occasion de cette nouvelle grossesse, le peintre florentin Fra Bartolomeo lui offrit une Vierge et une tête de Christ. Depuis le début de l'année, la prévention qu'avait contre elle Isabelle d'Este commençait à tourner en sympathie. Les deux femmes s'écrivaient même sur le ton de l'amitié. Lorsque la marquise venait séjourner à Ferrare, Lucrèce s'ingéniait à la divertir, exécutait pour elle des danses espagnoles, organisait des joutes musicales et d'étonnants spectacles mis en scène par l'habile architecte-ingénieur Biagio Rossetti, auteur du Palazzo Costabili et du Palazzo dei Diamanti. Isabelle et François avaient pour secrétaire Stazio Gadio, qui voyageait beaucoup en France. Il apporta un soir à Lucrèce des nouvelles de la cour de François Ier :

– Ce dimanche, lui dit-il, le roi a donné une fête et fait revêtir quatorze demoiselles à la mode italienne, avec de somptueux habits que Sa Majesté avait fait venir d'Italie. Douze jeunes filles étaient à la reine, et deux à Madame de Bourbon. Parmi celles de la reine se trouvait Madame de Châteaubriant, sœur de monseigneur de Lautrec, vêtue d'une robe de velours moiré cramoisi, entièrement parée de chaînettes d'or entrelacées d'argent.

Le roi venait de rencontrer celle dont il allait faire sa première grande favorite et prendre place pour si longtemps dans sa vie. Elle se nommait Françoise de Foix. Issue de la noble maison de Foix, elle était devenue Madame de Châteaubriant en épousant Jean de Laval, comte de Châteaubriant. La reine, dont elle était la dame de compagnie, ne traitait cette rivale ni avec considération ni avec dédain ou hostilité. Dans un sursaut d'orgueil, elle tentait de lui prouver qu'il existait entre une souveraine et une maîtresse une distance qui restait inchangée et infranchissable. Elle restait silencieuse, semblait accepter son sort d'épouse outragée.

Jeanne de Popincourt avait été disgraciée et priée par Louise de Savoie de regagner la cour des Tudor. La comtesse de Châteaubriant allait devenir la reine de toutes les fêtes. François Ier avait décidé d'afficher ouvertement sa liaison et de la faire connaître à toute la cour. Il choisit le jour du banquet à L'Arbresle, en juillet 1516, pour placer la comtesse à ses côtés. Elle fit une forte impression avec ses superbes atours. On servit des pâtés de venaison, des perdreaux, des paons. Un phénix qui battait des ailes allumait lui-même le feu pour se brûler. Des trompettes escortaient les valets de cuisine et sonnaient la fanfare chaque fois qu'un plat nouveau paraissait sur les tables.

Louis de La Trémoille faisait partie des convives. Gabrielle demeurait au château de Thouars, où elle l'avait exhorté à aller se divertir avec la cour pour oublier un temps la mort de leur fils. Ce jour-là il remarqua Louise Borgia, assise à côté d'Anne Boleyn. La fille de celui qu'il avait autrefois tantôt combattu, tantôt servi, était resplendissante de gaieté. Par instants, elle laissait échapper de petits rires adorables auxquels le vieux militaire n'était pas insensible. À la fin du banquet, la reine donna un navire d'argent aux hérauts et aux musiciens. Lorsque les invités se retirèrent, La Trémoille prit plaisir à contempler la démarche de Louise pendant qu'elle s'éloignait. La jeune femme surprit son regard, en fut fortement incommodée et en glissa même deux mots à Anne Boleyn.

Le lendemain, s'en retournant en Bourgogne, La Trémoille s'apprêtait à monter en selle lorsqu'il aperçut Louise, qui l'observait derrière la fenêtre de sa chambre à coucher. Il inclina la tête pour la saluer, mais elle préféra disparaître plutôt que de lui rendre la politesse.

– Cette petite sauvageonne, dit-il à ses valets, a tout ce qu'il faut là où il faut.

– Elle est même splendidement charpentée, ajouta son écuyer. Si toutefois, mon seigneur, vous me permettez de vous donner mon avis.

– Justement, je ne te permets pas. Bien, hâtons-nous, ordonna-t-il en levant les yeux vers le ciel, je crains qu'il pleuve d'ici une heure.

À quelques lieues d'Amboise, comme il pleuvait en effet, il s'arrêta à la première auberge. Il commanda à boire puis rédigea un message qu'il remit à l'un de ses valets en lui disant :

– Retourne au château et fais porter cela à Madame la duchesse d'Angoulême.

Il demandait à la reine mère la faveur de l'aider à rencontrer Louise, et ajoutait qu'il serait à Amboise dans l'après-midi. Il fut au château alors qu'il tombait des trombes d'eau. La régente le reçut et fit donner l'ordre à Madame d'Assigné de l'introduire auprès de Louise. Il se présenta à la jeune femme trempé jusqu'aux os.

– Messire, vous allez prendre mal, dit-elle un peu sèchement.

Tandis qu'elle se munissait d'un linge, elle reprocha vivement à son visiteur d'avoir utilisé sa marraine pour parvenir jusqu'à elle.

– Parbleu, vous n'êtes point la reine et d'une manière ou d'une autre j'aurais fini par vous approcher. Cela aurait peut-être été plus long ; or j'avais hâte de vous revoir.

– À quel sentiment dois-je votre visite, messire ? interrogea Louise en lui frottant les cheveux. Viendriez-vous pour me plaindre ?

– Vous plaindre ? Je n'y songeais pas. Et de quoi donc ?

– Madame la duchesse vous a peut-être parlé.

– Nous nous sommes dit deux ou trois mots, en effet.

– Messire, je préfère le mépris à la pitié.

– Je n'ai ni l'un ni l'autre.

– Vous ne seriez point le premier à vous jouer de moi. Lorsqu'un homme me parle, il a déjà dans l'idée de railler ma laideur auprès de ses amis.

– Vous vous méprenez, Mademoiselle.

– Je n'en suis point sûre. Vous ne reviendrez plus me voir, n'est-ce pas ? Faites-m'en la promesse.

– Mademoiselle, vous exercez un grand empire sur moi.

– Je vous en prie, messire, dites-moi que vous ne reviendrez plus me voir. Vous avez une jolie épouse qui vous attend dans le Poitou.

La Trémoille ignorait que sa femme Gabrielle de Bourbon venait, en son absence, de connaître les premières fièvres de la maladie de langueur qui devait l'emporter.

– En effet, Mademoiselle, confirma-t-il, j'ai une épouse qui m'attend chez moi. Vous savez cela ?

– J'ai eu le temps de prendre mes renseignements.

– Si vous vous êtes renseignée sur ma personne, c'est que je ne vous suis point indifférent.

– Vous vous trompez, messire, je me suis renseignée lorsque j'ai su que le roi allait vous visiter en votre château. Je voulais savoir qui vous étiez.

– Vous avez raison : j'ai une femme qui m'attend. J'ai aussi la cinquantaine bien passée, et vous tout juste ou pas encore seize ans.

Louise fit deux pas en arrière.

– Ôtez votre pourpoint que je le mette près de la cheminée.

– Non, Mademoiselle, je dois partir. Ce serait inconvenant de me mettre ne serait-ce qu'en chemise et en bas devant vous. Il est préférable que je vous laisse en paix. Je vous promets de ne pas revenir. C'est ce que vous désiriez, n'est-ce pas ?

Louise resta muette.

– Adieu, Mademoiselle Borgia.

Lorsqu'il fut sur le pas de la porte, il s'immobilisa pour ajouter :

– C'est saisissant ce que vous ressemblez à votre père. Et je puis vous assurer qu'il n'était point laid. Adieu !

La porte se referma et Louise se mordit les lèvres jusqu'au sang.

En novembre, au château de Thouars, La Trémoille demeura sans répit au chevet de sa femme, dont le mal, causé par la douleur d'avoir perdu son unique enfant, empirait de jour en jour :

– Monsieur, lui dit-elle, il y a trente-trois ans que la loi du mariage nous unit et je ne vous ai donné qu'un seul fils, dont la mort m'a mise dans l'état où vous me voyez. Le jour de paraître devant Dieu approche. Considérant qu'il est tout-puissant, j'espère que de par sa charité il aura pitié de moi, sa pauvre créature, dont il connaît la fragilité. Je n'ai point souvenir de vous avoir mécontenté, ni d'être allée contre vos volontés. Par obéissance, je me suis toujours efforcée de vous plaire. Si j'ai pu faillir en quelque chose, je vous supplie de me pardonner. Je vous laisse l'image de notre petit-fils, notre jeune enfant François. Toutefois, je m'estimerais heureuse si je vous laissais un plus grand fruit de notre sang. Après ma mort, prenez une autre épouse, qui vous donnera une plus nombreuse lignée, afin que votre nom redoutable et estimé soit perpétué. Et pour le dernier adieu, je vous recommande mon âme.

Gabrielle mourut le 30, un an et demi après son fils à Marignan. Le chevalier sans reproche en conçut un chagrin immense et songea à se retirer de l'armée. Il partit toutefois pour la campagne de 1517, d'où il ne cessa d'adresser des lettres à Louise, à la grande surprise de celle-ci. À son retour, il lui écrivit à nouveau. Il s'agissait cette fois d'une demande en mariage, à laquelle la jeune fille répondit :

« Madame la Régente, mère du roi, qui, de sa grâce, tient lieu de mes feus père et mère, a ma volonté entre ses mains, et c'est de son simple commandement que viendra mon obéissance. »

Il fallait donc l'accord de la reine mère pour épouser Louise. La Trémoille devait lui représenter que la duchesse de Valentinois était fille unique et seule héritière de César Borgia et d'une femme de la très noble et illustre maison d'Albret. Il n'envisageait pas d'autre union, même avec une autre femme aussi jeune que Louise. Il ne désirait pas non plus épouser une veuve. Il signifia à la duchesse d'Angoulême qu'il était épris de la plus belle courtisane de France, et qu'il connaissait l'honneur, la chasteté et la pudeur des Albret. Il gagna Romorantin, capitale de la Sologne, au sud d'Amboise. Cette petite cité était le lieu de villégiature de Louise de Savoie, qui y entretenait l'un des autres castels des comtes d'Angoulême. Les bras de la Sauldre s'insinuaient avec charme dans les vieux quartiers. Lorsqu'en 1516, le roi l'invita à s'installer au manoir du Cloux, à Amboise, l'un des premiers projets de Léonard de Vinci fut d'assécher les marais avoisinants. Le maître que nous avons connu au service de César Borgia, parvenait à présent au soir de sa vie. En dépit de la paralysie partielle qui gagnait peu à peu l'une de ses mains, il achevait à Amboise les œuvres auxquelles il avait fait passer les Alpes à dos de mulet, dans des sacoches de cuir, et transformait avec génie le château en une élégante demeure d'agrément.

Louise de Savoie avait reçu sa demande d'audience et l'attendait dans ses appartements. La dame en noir, qui porta toute sa vie le deuil de son mari, le fit prendre place près d'elle. Louis de La Trémoille prononça alors solennellement :

– Madame, par la longue et honnête fréquentation que j'ai eue avec cette jeune duchesse de Valentinois, je sais qu'elle est grave et sans orgueil, bénigne, affable, sans grande familiarité, dévote sans hypocrisie, joyeuse sans folie, bien parlant sans fard de langage, libérale sans trop de prodigalité, humble sans rusticité, et prudente sans présomption. Elle a l'âge pour avoir lignée, ce qui est l'un de mes plus grands désirs, car je n'ai qu'un seul et unique héritier. Et même si j'ai plus de cinquante ans, il me semble bien n'en avoir que quarante-cinq. Je vous saurai gré, Madame, de m'accorder votre parente et pupille, qui, du jugement des hommes, est si bien disposée et organisée de tous ses membres. Et moi, je suis en disposition convenable pour lui faire des enfants.

Le 7 avril 1517, à Paris, il épousa Louise. Outre ses terres, la fille de César apportait 82 000 livres tournois, toute sa vaisselle d'or, qu'elle mit en gage afin de prêter 6 000 livres au roi pour sa prochaine campagne, et son argenterie. La plupart de ces pièces magnifiques de grande orfèvrerie, provenant d'Italie ou d'Espagne, constituaient le trésor dont s'était enorgueilli son père César, et que ses mulets avaient autrefois porté sur leurs dos bariolés lors de son entrée à Chinon. Elles étaient armoriées aux armes de France et des Borgia, d'or au bœuf passant de gueules sur une terrasse de sinople à la bordure de même chargée de trois flammes de champ.

Louise partit s'établir avec son mari au château de Thouars. Elle emmena avec elle un autre trésor, celui qu'elle avait hérité de sa mère. Son argenterie était conservée dans des coffres de bois recouverts de cuir : pièces en or massif, en cristal de roche monté, en argent ou en vermeil, façon de Hongrie ou d'Espagne, des drageoirs admirables, des coupes superbes, tasses, assiettes, vastes plateaux à découper les viandes, saucières, flûtes et trompes d'argent, des pommes pour tendre les garnitures de lit, des chandeliers en façon de tourelle, cuillers en quantité, clochettes, fermoirs de livres, encensoirs, croix, crucifix. Sa garde-robe, son linge, ses toilettes, ses joyaux consistaient en diamants et pierres précieuses, en robes et cottes d'étoffes tissées d'or, en housses de selle, pièces de velours, de satin, de drap d'or frisé, de damas, de taffetas, en couvertures, draps de toile de Troyes et de Hollande, oreillers fins, tapisseries de Felletin et de Normandie, en ciels de lits et rideaux d'une extrême richesse, en courtepointes de damas d'or broché, doublé de taffetas, coussins de velours frangé de fil d'or et de soie violette, en une foule de tentures de satin broché d'or, en tapis de Turquie. Enfin, cent trente pièces aux armes des Albret étaient destinées au service journalier.

En septembre, elle sut qu'elle était enceinte, et en février 1518 sentit les premières douleurs de l'accouchement. Louis fit tendre la chambre du futur nouveau-né de tapisseries à verdure, et fit natter les parquets. Le lit, surmonté d'un ciel à franges d'or, était flanqué de rideaux de soie cramoisie ornée d'antilopes et recouvert de couvertures fourrées de menu vair.

Le 6 mars, à quelques jours de sa délivrance, Louise dut laisser son époux se rendre à Paris, en tant que chambellan de la cour. Le concordat de Bologne, qui devait régler les relations entre Rome et la France, avait été signé et approuvé en 1516, mais son enregistrement était retardé par l'opposition des universités à l'autorité du pape. Le roi, par la voix de Louis, exigeait du Parlement qu'il en finisse avec les menaces et lui demandait d'entériner enfin le concordat. De Paris, Louis écrivit chaque jour à son épouse pour lui recommander de bien veiller sur le futur enfant : « Je vous baise mille fois les mains, amour de ma vie, et préservez bien la santé de l'enfant qui va nous naître. À mon retour, vous serez peut-être délivrée. » Le 22 mars, il parvint à faire enregistrer le concordat. À la fin du mois, il revint à Thouars après être passé à Amboise. Louise avait entre-temps mis un garçon au monde. Il fut baptisé avec beaucoup d'éclat, mais mourut le 3 avril. Louis ne désespéra pas pour autant d'avoir bientôt un héritier.

À peine relevée de ses couches, Louise accompagna son mari à Amboise, pour assister au baptême du dauphin François. Le roi entendait que la cérémonie soit grandiose, tant religieusement que diplomatiquement, d'autant qu'il n'y avait pas eu de baptême de dauphin en France pendant le règne précédent. Il voulut un parrain des plus illustres et dépêcha à Rome un gentilhomme de sa chambre, Monsieur de Sainte-Mesme, avec mission d'émouvoir Léon X en personne afin qu'il accepte de tenir l'enfant sur les fonts. Léon X fut très honoré mais se contenta d'envoyer à la cour son neveu, Laurent II de Médicis, duc d'Urbin, pour le représenter. Léonard de Vinci avait tendu la cour du château de tapisseries illustrant la destruction de Troie, la prise de Jérusalem, et autres innombrables sujets empruntés à l'histoire antique. Il avait également construit un pont servant à relier la salle d'honneur à l'église.

À neuf heures du soir, à la clarté d'un grand nombre de torches portées par les gentilshommes de la maison du roi, Laurent de Médicis entra le premier dans l'église collégiale Saint-Florentin d'Amboise, resplendissante de tout l'éclat des plus somptueuses solennités. Il arborait le collier de l'ordre du roi et portait dans ses bras son filleul. Un dais de toile d'argent flottait au-dessus du dauphin, enveloppé d'un drap d'argent fourré d'hermine. La traîne était soigneusement maintenue par le duc d'Albany, le prince d'Orange, le comte de Guise et le marquis de Mantoue, Frédéric, fils de François et d'Isabelle. Le comte de Saint-Paul portait les bassins, le comte de Genève l'aiguière, Charles de Bourbon, comte de Vendôme, le *cresmeau*, le connétable Charles de Bourbon le cierge et le chandelier, et le prince Louis de Bourbon-Montpensier, une serviette damassée posée sur un oreiller de riche drap d'or. L'héritier du royaume fut présenté au cardinal de Boisy. La reine Claude s'avança, suivie de sa fille et de sa sœur, les princesses Charlotte et Renée, de la régente, de Jean d'Albret et autres grands du royaume. Le baptême s'acheva au bout de trois heures.

La présence de Laurent de Médicis à Amboise donna l'occasion de célébrer son mariage avec Madeleine de La Tour d'Auvergne, nièce de Louis de La Trémoille par son alliance avec Gabrielle. De cette union allait naître Catherine de Médicis. Laurent de Médicis était arrivé à Amboise avec de précieux cadeaux, parmi lesquels un bois de lit incrusté d'écaille et de perles destiné à son filleul, et, pour le couple royal, deux magnifiques peintures exécutées tout récemment par Raphaël : *Saint Georges terrassant le dragon* pour François Ier, et *La Sainte Famille* pour l'oratoire de Claude. Le 28 avril, peu avant la cérémonie nuptiale, sous la tente revêtue de tapisseries armoriées et dressée dans la cour intérieure du château, le roi remit au duc le collier de l'ordre de Saint-Michel et lui octroya une pension de 10 000 écus sur le comté de Lavaur. La bénédiction des mariés eut lieu le 2 mai. Le soir, un banquet fut organisé dans la grande cour, sous le vélum tendu pour le baptême du dauphin François.

À Ferrare, Lucrèce s'occupait d'élever ses enfants avec leur gouvernante. Cependant, les chagrins, les deuils l'incitaient désormais à passer le plus clair de son temps dans son couvent de San Bernardino, où elle suivait les recommandations de son directeur de conscience, Frère Lodovico della Torre. Elle s'adonnait aux lectures ascétiques, faisait ses dévotions trois fois par jour devant l'autel que plusieurs flambeaux dispensaient d'une lumière solennelle. Elle faisait le partage de ses péchés, priait, souffrait, expiait, était sujette à des visions, voyait lui apparaître l'archange saint Michel, avait renoncé aux robes décolletées pour enfiler une gorgerette et s'habiller avec autant d'austérité qu'une vieille bigote. Elle pensait être la Vierge Marie, et les dames de sa suite, qu'elle tentait incessamment de convertir, la trouvaient parfois ahurie. À l'imitation de François, elle se fit bientôt tertiaire franciscaine, choisit de porter un cilice sous ses vêtements princiers, se livra à la mortification, aux pénitences, aux jeûnes, aux prières. Elle devint la mère du peuple, auprès de laquelle tous les malheureux trouvèrent accueil et protection. La guerre ayant entraîné la famine, l'augmentation des prix, l'épuisement des finances, elle alla jusqu'à se priver de ses bijoux et de son argenterie pour les mettre en gage afin de renflouer le Trésor. Elle remplaça sa vaisselle plate par de la majolique qu'elle décorait de ses mains. La table du duc de Ferrare fut la première table princière à être garnie de terre cuite.

Celle que l'on accusait autrefois d'être d'une grande dépravation de mœurs, que l'on ne considérait guère que comme fille incestueuse d'Alexandre VI Borgia, se consacrait à présent tout entière aux bonnes œuvres, à l'exemple de sa mère. À Rome, depuis quelques années, Vannozza faisait en effet parvenir des offrandes aux églises et aux hôpitaux, particulièrement celui de la Consolation, pour en remercier les religieuses qui avaient accepté de conserver un buste en argent massif de son fils César. Vannozza employait des artistes qui exécutaient pour elle des objets religieux. Elle avait commandé à Andrea Bregno un tabernacle de métal en argent, enrichi de perles, de diamants et de turquoises, destiné à l'église Saint-Jean de Latran. Fervente, entièrement dévouée à Dieu, elle le demeura jusqu'à sa mort, survenue une nuit de novembre 1518, quelques mois après celle de Geoffrey Borgia, prince de Squillace. Des camériers pontificaux présidèrent ses funérailles solennelles à Santa-Maria del Popolo. Sur la dalle dont on recouvrit son tombeau fut gravée une inscription la déclarant « vénérable en tant que mère du duc de Valentinois, du duc de Gandie, du prince de Squillace, de la duchesse de Ferrare et hautement illustre par sa piété, son honnêteté, sa sagesse et sa vieillesse ».

En janvier suivant, à Ferrare, Lucrèce écrivit pour la dernière fois à François de Gonzague. Le marquis mourut le 20 mars, consumé par le mal de Naples. La duchesse de Ferrare adressa ses condoléances à Isabelle. La marquise de Mantoue lui répondit en début juin, pour lui apprendre une nouvelle qui la consternait : Léonard de Vinci était mort le 2 mai, à Amboise. Lucrèce était alors enceinte et en très mauvaise santé. Devant les complications de sa grossesse, maîtres Palmarino et Lodovico Bonaciolo, ses chirurgiens, hâtèrent sa délivrance. Le 14 juin, elle mit au monde une fille prénommée Isabelle-Marie, que l'on baptisa le jour même. Elle demanda l'évêque d'Adria, Niccolò-Maria d'Este, auquel elle dicta une lettre pour Léon X, lettre qui fut la dernière de sa vie :

> « Très Saint Père et mon Seigneur vénérable. J'embrasse avec tout le respect possible les pieds sacrés de Votre Béatitude et je me recommande humblement à Votre Sainte Grâce. Ayant éprouvé de grandes souffrances pendant plus de deux mois par l'effet d'une grossesse pénible, je suis accouchée d'une fille, comme il a plu à Dieu, le 14 de ce mois au matin, et j'espérais que ma délivrance me causerait en même temps du

soulagement ; mais le contraire a eu lieu et je dois payer mon tribut à la nature. Et si grande est la faveur que m'accorde le Créateur très clément que je sais que la fin de ma vie approche et me rends compte que dans quelques heures elle aura cessé, non sans que j'aie reçu préalablement les saints sacrements de l'Église. Arrivée à ce point, je me suis rappelée en chrétienne, quoique pécheresse, de demander à Votre Béatitude qu'elle daigne puiser dans sa bonté au trésor spirituel afin de pouvoir offrir quelque soulagement à mon âme par sa sainte bénédiction. Je l'en supplie dévotement et je recommande à Sa Sainte Grâce mon époux et mes enfants qui sont tous les serviteurs de Votre Sainteté.

De Votre Sainteté l'humble servante,

Lucrèce d'Este. »

Elle dépêcha un cavalier à Rome, qui remit la missive à l'ambassadeur ferrarais, Alfonso Paolucci. Ce dernier se fit recevoir par Léon X et lui dit :

– La Sérénissime duchesse, qui est malade et relève de couche, prie Votre Sainteté de l'excuser si elle n'a pu Lui écrire de sa propre main.

Sans même prendre la peine de lire la lettre qui lui était adressée, le Saint-Père répondit :

– Elle relève de couche ? Elle est malade ? Plaise à Dieu de la conserver.

Dieu ne conserva pas longtemps Lucrèce. Le soir du 23 juin, après une semaine de fièvre intense, la duchesse fut privée de la vue. Elle se confessa, communia, acheva de dicter son testament par lequel elle léguait une partie de ses biens aux monastères, puis perdit connaissance. Elle mourut le 24, à l'âge de trente-neuf ans, en présence d'Alfonso, et fut inhumée, revêtue de sa robe franciscaine, dans la chapelle du couvent des sœurs du Corpus Domini, où se trouvait le tombeau de sa belle-mère Éléonore d'Aragon.

Alfonso était d'âge et de tempérament à se consoler dans les bras d'une maîtresse. Dès le mois suivant, il installa à la place de Lucrèce Laura Dianti, fille d'un bonnetier de Ferrare, qu'il surnomma Eustachia et pour laquelle il fit construire un palais près de l'église Santa-Maria in Vado. À l'automne, Le Titien vint à Ferrare exécuter son portrait.

DIARIUM VII

De l'avènement d'un nouveau pape qui souhaite réhabiliter Rodrigo Borgia et de la séduction opérée par Louise Borgia à la cour de François Ier.

La bataille de Pavie fut le plus grand désastre militaire de François Ier. En dépit de ses récentes défaites, le roi de France demeurait au milieu de son mirage italien. En fin d'année 1524, il franchit à nouveau les Alpes et enleva Milan. Mû par l'exaltation du succès, il s'obstina à vouloir s'emparer de Pavie, antique capitale des rois lombards, solidement défendue. Sa première erreur stratégique fut d'immobiliser ses troupes sous les murs de la ville pendant quatre mois. Le connétable de Bourbon eut le temps de marcher au secours de la ville à la tête de 30 000 hommes et Charles Quint d'organiser d'astucieux subterfuges. Le 23 février, les sapeurs de l'empereur ouvrirent une brèche dans l'enceinte française, se donnant les moyens de surprendre les assiégeants. La Trémoille et La Palice prescrivirent la retraite. Bonnivet s'égara en injures contre ses collègues, puis signifia au roi que l'assaut pouvait être donné sans autre crainte que d'être victorieux.

– Sire, nous irions à une mort certaine, assura alors La Trémoille.

– Aucun roi de France, répondit François Ier, n'a établi le siège d'une ville sans la prendre.

Le soir, sous sa tente, La Trémoille prit la plume et écrivit à Louise : « Ma chère épouse, amour de ma vie. Notre roi, hier au soir, est entré en une colère folle après nous autres ses généraux. Cet animal de Bonnivet refusait de croire que nous ne pouvions point entrer dans la ville ; il a fort gesticulé et s'est tant démené en protestations contre nous auprès de Sa Majesté que le roi, contre nos avis, donnera l'assaut demain. Un assaut qui va nous conduire assurément à la mort, mon cher ange. C'est de la folie pure mais Sa Majesté est un entêté. Je t'embrasse mille fois les mains. »

– J'avais été nommé par Léon X gouverneur de Modène et de Reggio, ce qui me permettait d'entretenir des rapports étroits avec la maison d'Este. La nouvelle de la bataille de Pavie me fut annoncée le 1er mars. Quelques jours plus tard, je reçus une invitation du duc Alfonso de me rendre à Ferrare. J'y parvins le 8 ou 9 mars. J'appris que don Giulio et don Ferrante venaient d'être transférés dans les oubliettes du château. Tous deux portaient encore les habits dont ils étaient vêtus le jour où ils furent emprisonnés, près de dix-neuf ans plus tôt. Leur pourpoint, leur surcot, tout était devenu tout à fait démodé. Ercole, le fils de Lucrèce, était à présent un petit homme de dix-sept ans : « *Messer* Guicciardini, c'est moi qui désirais vous voir, me dit-il. Je me souviens que ma mère regrettait toujours de ne point connaître sa nièce Louise. Elle lui écrivait, ainsi qu'à sa mère. Allez lui porter les condoléances de son cousin et offrez-lui de venir s'établir à la cour. » Louise Borgia me reçut avec beaucoup d'affabilité. Elle parlait parfaitement l'italien qu'on lui avait enseigné à la Motte-Feuilly. Je la trouvais du reste diablement belle. Son biographe, ou plutôt celui de son mari, Jehan Bouchet, m'écrivait un jour que j'étais animé d'une passion anti-Borgia qui transparaissait à chaque page de mon ouvrage. Je lui répondrai un jour que l'analyse de l'histoire d'Italie repose sur une question de goût puisqu'il est capable d'écrire que Louise est laide lorsqu'elle est d'une beauté admirable. Je m'étais fié à son témoignage en toute confiance. Toujours est-il que Louise observa tout de suite mon embarras : « Je vais vous faciliter les choses, me dit-elle. Vous venez sans doute m'apprendre la mort de Louis ? Et vous n'avez pas préparé votre discours ? – Je viens vous transmettre les condoléances de la cour de Ferrare, plus précisément de votre jeune cousin germain Ercole, qui vous offre, avec le consentement de son père, de venir vous établir à la cour. – Ses condoléances ? Je ne me trompais donc point. La dernière lettre de Louis me laissait présager le pire. Puis lorsqu'un messager de la cour est venu me remettre celle-ci qui n'est pas de lui, ajouta-t-elle en la désignant sur une table de chêne, mes doutes ont commencé à faire place à la réalité. – Que vous dit cette lettre ? – Je l'ignore, j'ai eu trop peur de l'ouvrir, dit-elle en me la présentant. Lisez-la, vous, *messer* Guicciardini, vous m'obligeriez. » Je m'exécutai : « Madame. Le seigneur de La Trémoille, votre époux, déploya une valeur digne d'un meilleur sort. Combattant auprès du roi et, dès le commencement de l'action, blessé au visage un peu au-dessous de l'œil, il étonnait les siens et les ennemis par la vigueur de son bras. Plus de deux cents hommes d'armes tombèrent sous les coups de l'escorte royale qu'il commandait. Rencontré dans la mêlée par Louis Bonnin, chevalier, seigneur du Cluzeau, il fut presque contraint par lui de quitter son cheval blessé à mort pour en prendre un autre, tant il craignait de s'arrêter même un instant. Il rejoignit promptement le roi, qu'il trouva environné d'ennemis, et dans ses efforts pour percer jusqu'à lui, il tomba mortellement frappé d'une balle d'arquebuse. Autour de lui succombèrent les principaux gentilshommes de sa compagnie : Jean de Jaucourt, seigneur de Villarnoul, son porte-enseigne, Jacques de Salezard, Jean Jousserand, seigneur de... – Merci, Monsieur, m'interrompit vigoureusement Louise, aux yeux de qui montaient les larmes. Je vous sais gré, reprit-elle d'une voix blanche après un instant de silence, de m'avoir transmis les condoléances du duc mon cousin. Dites-lui en retour que je suis fort honorée de son invitation, mais que je n'ai encore rien décidé. »

François Ier avait été capturé par l'ennemi à Pavie et était prisonnier en Espagne. Louise attendit sa remise en liberté, en 1526, pour solliciter son retour à la cour. Le roi lui restitua l'argent qu'elle lui avait prêté pour sa campagne militaire après avoir mis sa vaisselle d'or en gage. Elle rentra bientôt au service de Françoise de Châteaubriant mais n'y demeura qu'un an, au terme duquel la maîtresse du roi fut répudiée au profit d'Anne d'Heilly de Pisseleu, femme ornée de grands yeux, élancée, élégante dans son maintien, réfléchie dans la conversation. Devenue sa dame de compagnie, Louise, l'hiver venu, demeurait longuement auprès d'elle et assistait certains soirs à l'entrée impromptue de François Ier dans les appartements de la favorite. Elle se retirait alors avec discrétion, après avoir fait une profonde révérence à Sa Majesté.

La cour habitait les plus belles résidences du monde. François Ier, dans son amour des arts, avait mis la main à toutes les œuvres. Le château de Chenonceau, auquel

Catherine de Médicis devait ajouter les splendides galeries arc-boutées sur le Cher, venait d'être achevé par Thomas Bohier. Celui de Chambord, dont l'architecture accusait l'influence de Léonard de Vinci, était entouré d'un parc de sept lieues, dressait ses premiers chapiteaux au cœur d'une immense forêt giboyeuse mais ne servait encore que de pavillon de chasse. Rambouillet, Blois, Amboise, Saint-Germain avaient été embellis comme par un enchantement capricieux.

Dans cette cour brillante et courtoise qui allait de château en château au gré des saisons, Louise rencontra bientôt Nicolas d'Estouteville, fils de Guyon d'Estouteville, seigneur de Moyon. Éperdument éprise du jeune homme, elle repoussait ostensiblement les avances du grand maître et maréchal de France Anne de Montmorency, le futur connétable, qui lui faisait une cour discrète mais ardente. Elle avait beau tenter d'attirer sur elle les regards de Nicolas, celui-ci ne lui montrait qu'une troublante aversion qu'elle ne s'expliquait pas. Montmorency s'imposait auprès d'elle en consolateur. Un soir, dans la salle des bals du château de Rambouillet, la traitant de bonne et gentille enfant – elle avait vingt-six ans – il prit place à ses côtés à la table du dîner. Tandis que le cardinal Duprat et le duc d'Aumale bavardaient avec animation, Anne mit les meilleurs morceaux de volailles dans l'assiette de Louise, qui lui caressa sa main ornée de bagues. En partant, il l'entraîna dans une galerie voisine et l'attira avec force contre lui pour l'embrasser. À peine rentré dans ses appartements, il ordonna, tel un souverain, qu'on porte à la jeune veuve, dès le lendemain matin, un collier de diamants.

Pour se distraire de l'indifférence de Nicolas d'Estouteville, Louise accepta désormais les étreintes de Montmorency et séjourna à l'été 1528 dans son château d'Écouen. L'année suivante, à Saint-Germain, elle entretint une liaison avec Philippe de Bourbon, seigneur de Bourbon-Busset, qui l'épousa en février 1530. Elle n'avait jamais pu donner d'héritier vivant à La Trémoille, elle allait mettre au monde six enfants de son nouvel époux.

Philippe de Bourbon, officier dans l'armée, resta un mari distant, s'inquiétant davantage de la politique de son pays que de la santé de sa femme, à qui il n'envoyait que très rarement des lettres lorsqu'il se trouvait en campagne. Écrivant à Madeleine de Savoie, épouse d'Anne de Montmorency, dont elle s'était fait une amie, Louise lui confia : « Je suis malheureuse de toutes manières. » En 1536, blessé lors de la défense de la Provence contre Charles Quint, Philippe, de retour au château de Busset, où demeurait le couple, se montra plus amoureux que jamais avec Louise. Mais elle ne pouvait plus répondre à ce sentiment. Seule l'amitié avait survécu à l'amour. Elle confia à Madeleine : « À présent qu'il m'aime, je suis tout entière à un autre. » *À un autre* : elle ne citait pas le nom de son amant. Anne de Montmorency songea à Nicolas d'Estouteville et ne se trompait pas. Pendant les absences de Philippe, Louise s'occupait de faire aménager le château. Au rez-de-chaussée du corps d'habitation, elle fit établir un promenoir aux arcades en plein cintre, et au premier étage une galerie peinte à fresque. Elle recevait aussi Nicolas d'Estouteville, qui finit par se rapprocher d'elle en s'installant non loin de Busset, dans un manoir situé sur l'Allier. Au bout de quelques semaines, ils furent en proie à leur première querelle. Nicolas repartit pour Rambouillet, d'où il envoya une lettre pleine de mesquinerie à Louise. Meurtrie par les reproches, elle lui répondit : « Il y a des endroits dans votre lettre qui m'ont fait bien du mal, mais je continue à vous aimer. »

À son tour, Nicolas devint distant, au grand bonheur de Montmorency, qui, en secret de Madeleine, vint rendre visite à Louise pour la soigner d'un « vilain mal de foie ». Le grand maître espérait bien en retour, un jour ou l'autre, quelque place dans son cœur. Les soins du soupirant n'y firent rien. Ce n'est que l'annonce du retour de Nicolas à Busset qui guérit miraculeusement Louise. Mais l'amant se montra avec elle injuste, hautain, odieux jusqu'au sang, avant de repartir à nouveau. Elle tenta tant bien que mal de supporter l'impitoyable indifférence de celui qui lui écrivait à présent juste pour lui dire qu'il voulait reprendre sa liberté, sans vouloir rompre pour autant. Dès lors, elle commença à souffrir de n'avoir jamais su s'attacher à un homme pour la vie, à un homme et à un seul.

Nicolas ne sortait pas de sa vie. Elle y pensait chaque jour intensément. À chaque voyage qu'elle entreprenait, elle n'oubliait pas de lui écrire. Il lui répondait toujours tardivement et de manière vague. Dans les années qui suivirent, lorsqu'il vint à Busset, c'était presque toujours pour dissimuler ou justifier des escapades plus ou moins mystérieuses. Puis il mourut subitement, en 1540. Louise ne devait jamais s'en remettre.

– Ma rencontre avec Louise Borgia au château de Thouars, son accueil chaleureux, en dépit des circonstances, m'avaient fait concevoir une grande émotion. Je devais absolument me distraire des sentiments naissants que j'éprouvais soudain pour la fille de César Borgia. Comme j'envisageais d'évoquer deux de ses parents, je jugeais le moment opportun de me plonger dans la suite de mon ouvrage sans lever la tête, sans songer à Louise. Selon la volonté de François Ier, le fils de Lucrèce, Ercole, allait épouser Renée de France, fille de

Louis XII et d'Anne de Bretagne. En Espagne, la veuve de Juan de Gandie, Maria Enriquez, avait pour petit-fils Francisco Borgia. Nommé par Charles Quint, dont il était le confident, il devait bientôt occuper les fonctions de vice-roi de Catalogne et devenir troisième général de la Compagnie de Jésus sous l'impulsion d'Ignace de Loyola. Ercole et Francisco étaient respectivement petit-fils et arrière-petit-fils de Rodrigo Borgia. Un événement imprévu me contraignit à différer mon travail de narrateur.

L'avènement de Clément VII au trône de saint Pierre avait donné un nouvel essor à ma carrière politique et diplomate. Je venais de déjouer les projets de conquête d'Alfonso d'Este sur Modène, en récompense de quoi le pontife m'avait nommé pour la seconde fois gouverneur de la ville et président de Romagne, avec une autorité supérieure à celle de tous les officiers qui commandaient dans ces contrées. Mon pouvoir s'étendait sur Modène, Parme, Plaisance, Imola, Faenza, Forli et Cesena. Je succédais ainsi à César Borgia. Cette province était une des plus remuantes des États de l'Église. Malgré les terribles exécutions du duc de Valentinois, et la sévérité qu'y avaient déployée Jules II et Léon X contre les rebelles, le pays, partagé entre l'influence de plusieurs familles prépondérantes, était encore en proie aux démêlés sans cesse renaissants des Guelfes et des Gibelins. Sous le pontificat d'Adrien VI, Giovanni de Sassatello, chef des Guelfes, en avait été chassé mais il y était revenu à la sollicitation des Français, sous prétexte d'accabler la faction opposée. Le calme s'était rétabli sous la répression que j'avais exercée. Mes moyens, je le confesse, avaient été violents, mais le Saint-Siège m'avait félicité à maintes reprises. Une fois le pays tranquille, j'avais signalé mon commandement par des travaux d'utilité publique, construisant en divers endroits des édifices pour embellir les villes, ou traçant des routes pour faciliter les communications, mesure à la fois favorable au commerce et à mon autorité que je pouvais plus facilement faire respecter. Parfois on me retrouvait à Rome, dirigeant les conseils du pape, dont je blâmais les hésitations et les défaillances. C'est lors de l'un de mes séjours dans la Ville éternelle que j'appris de la bouche de Goro Gheri, agent du pape à Florence, que Clément VII envisageait d'annuler à titre posthume tous les ordres autrefois conférés au cardinal Adriano de Corneto, qu'il accusait d'avoir empoisonné Rodrigo. Je le soupçonnais de vouloir assouvir une vengeance contre le cardinal : en 1517, Corneto avait été impliqué dans la tentative d'assassinat contre Léon X, qui n'était autre que le cousin de Sa Sainteté. Il déclarait vouloir lui faire subir le même sort qu'Alexandre VI en exhumant son cadavre. Corneto étant mort à Constantinople, il attendrait une prochaine croisade pour procéder à sa sentence. Ce pape était fou ! Cela ne lui suffisait pas. Sa seconde volonté était de réhabiliter Rodrigo, de lui faire élever un monument en lieu et place où Jules II avait fait jeter ses restes, et de le placer au rang des martyrs pour avoir été empoisonné dans ses exercices pontificaux. Cette idée me fit bondir ! Je regagnai Cesena, résolu à rédiger un mémoire qui tenterait de démontrer que non seulement Rodrigo n'avait pas été victime d'un poison quelconque administré par Corneto mais encore qu'il était le plus grand meurtrier d'Italie depuis Tibère et Néron. Je réunis des comptes rendus de 1503 relatifs au fameux banquet donné chez Corneto, j'accumulai des indices prélevés à l'époque, je rassemblai des documents rédigés alors par mon maître Johannes Burckard. Je parvins même à obtenir de Gisberto Remolines un témoignage troublant laissé par son oncle Francisco Remolines. Je rédigeai mon mémoire et l'adressai à

Clément VII non sans lui rappeler par ailleurs que Corneto avait déjà été privé de sa pourpre cardinalice par Léon X pour le seul crime que l'on pouvait objectivement lui imputer, celui que j'évoque plus haut. En guise de réponse, Sa Sainteté me destitua de toutes les charges et tous les honneurs qu'il m'avait octroyés, bien décidé à écraser toute personne voulant entraver sa démarche. Voici en substance les arguments séditieux qui m'ont condamné.

On se souvient que la malaria sévissait dans Rome et sa région lorsque Rodrigo fut pris du mal qui lui fut fatal. De tous les convives qui partagèrent le repas, le 5 août 1503, plus aucun n'était vivant. Francisco Remolines, ami d'enfance de César Borgia, s'était trouvé parmi les invités et avait dit, à l'époque, combien il avait été malade à l'issue de la soirée : « Mon oncle, se souvenait Gisberto Remolines, but une coupe mortelle et se sentit tellement échauffé par un feu soudain dans les entrailles que son cerveau s'obnubila et qu'il perdit connaissance. Un peu plus tard, il fut atteint de fièvre. » Mon ami et confrère Paolo Giovio affirmait que Corneto lui-même, ayant également bu, avait ressenti les mêmes effets et qu'il avait été contraint de se plonger dans un bain d'eau glacée. Giovio était également médecin et homme de science. Il ajoutait que la fièvre n'accompagne jamais l'empoisonnement mais peut, au contraire, être l'une des conséquences de la malaria.

La rapide décomposition de son cadavre avait toujours été une preuve accablante que Rodrigo avait été empoisonné. Je me souvenais de ce qu'avait écrit Johannes Burckard, qui procéda lui-même à sa toilette mortuaire : « Son visage devint de plus en plus horrible et noir ; au point que, quand je le vis à la vingt-troisième heure, il avait la couleur d'un drap tout noir ou encore d'un Maure. La figure était boursouflée ainsi que le nez. La bouche était grande ouverte et la langue, qui avait doublé de volume, remplissait la bouche tout entière. Chacun disait qu'on n'avait jamais rien vu de si horrible. » Burckard n'avait pas pour autant soupçonné le poison, jugeant sans doute que cette prétendue « preuve accablante » n'en était pas une. Bon nombre savaient en effet que l'état de décomposition dans lequel était tombée la dépouille du pape était dû à un pacte qu'il avait fait avec le Diable. François de Gonzague, comme bien d'autres qui avaient pu approcher le corps de Rodrigo, écrivait, le 22 septembre 1503 : « Tandis qu'il était malade, il commença à parler de telle sorte que ceux qui ne comprenaient pas ce qu'il disait pensaient qu'il délirait, bien qu'il fût tout à fait lucide, il disait : "Je vais venir, c'est juste, mais attends encore un peu." Et il fut découvert par ceux qui étaient dans le secret que, après la mort d'Innocent, pendant le conclave, il avait fait un pacte avec le Diable, achetant la papauté moyennant son âme. Entre autres conditions il fut stipulé qu'il devait vivre pour profiter du trône de Saint-Pierre pendant douze ans, comme il fit avec addition de quatre jours. Les uns disent qu'il vit sept diables dans la chambre quand il fut sur le point de mourir. Quand il fut mort, le corps commença à bouillir et la bouche à écumer, comme un chaudron sur le feu, et cela dura aussi longtemps qu'il fut hors de terre. Il gonfla aussi de façon extraordinaire, cessant d'avoir forme humaine, et il n'y avait aucune différence entre la longueur et la largeur du cadavre. »

Plusieurs convives assuraient au contraire que c'est Rodrigo, fidèle à son habitude, qui avait tenté ce soir du 5 août 1503 d'empoisonner Corneto et d'autres cardinaux. L'ambassadeur Giustiniani rapportait notamment ceci : « Après le mariage de Lucrèce, le pontife s'occupa des moyens de réunir de l'argent pour le couronnement de César. Ce n'était pas chose facile, car toutes ses ressources commençaient à s'épuiser. La vente des bénéfices, des privilèges, des charges, ne rapportait presque rien. Les croisades contre les Turcs ne produisaient pas davantage ; les peuples ne voulaient plus acheter ni absolutions ni indulgences. Il ne restait donc qu'un seul parti à prendre, celui d'empoisonner les riches ecclésiastiques de la cour pontificale, afin d'hériter de leurs biens. Ce projet ne laissait pas d'être une exécution difficile, car depuis longtemps les prélats redoutaient les soupers du Vatican. Le pape comprit que la plupart des cardinaux trouveraient des prétextes pour ne pas se trouver à son invitation s'il leur proposait de souper dans son palais. Il prit alors un détour et pria le cardinal Corneto de lui prêter sa vigne pour un grand festin qu'il désirait donner à ses amis, le priant de se charger lui-même des apprêts du repas et de lui en réserver seulement la dépense. La chose réussit à merveille et les invitations furent toutes acceptées.

« Dès le matin du jour choisi par le festin, Alexandre envoya son maître d'hôtel à la vigne du cardinal Corneto pour ordonner le service ; et en même temps il lui remit deux bouteilles d'un vin parfumé qu'on appelait dans l'Italie le vin des Borgia. Il lui recommanda très expressément de les mettre à part afin qu'il pût facilement les prendre lorsqu'il lui ferait signe de verser à boire à ses convives. Aucun ne manqua à l'appel du pape, et quand Sa Sainteté arriva à la vigne avec son fils, Elle put calculer déjà ce que lui rapportait le souper qu'Elle offrait si généreusement. On était alors au mois d'août et il faisait une chaleur extrême. Alexandre et César, qui étaient venus à pied, se plaignirent de la fatigue et demandèrent quelque rafraîchissement. Aussitôt un domestique courut à l'office, et comme le maître d'hôtel était absent, il prit une bouteille de vin et vint offrir à boire à Sa Sainteté. Alexandre, suivant son habitude, vida son verre d'un seul trait. César versa de l'eau dans son vin et but également le verre entier. À peine avaient-ils remis les verres sur le plateau que tous deux se sentirent pris de douleurs d'entrailles ; ils étaient empoisonnés ! L'officier de bouche leur avait servi du vin que le maître d'hôtel avait mis à l'écart. Bientôt après, le Saint-Père fut pris de convulsions épouvantables, et l'on fut obligé de le transporter au palais, où il expira plus tard, sans que les médecins pussent trouver aucun remède pour adoucir ses souffrances. Quant à César Borgia, soit que le poison mélangé d'eau eût perdu une grande partie de son énergie, soit que la vigueur de son tempérament fût plus forte que le mal, il échappa à la mort, et il en fut quitte pour une maladie de dix mois. »

Rodrigo et César n'en étaient pas à leur première tentative d'assassinat. En cela les témoignages ne manquaient pas : « Sa Sainteté, assurait mon confrère Marino Sanudo, s'occupa en même temps de réparer le mauvais état de ses finances, et elle procéda avec son second fils, le cardinal César, d'une façon qui fit voir combien était grand le génie des Borgia, puisqu'ils venaient de surpasser tous les prédécesseurs d'Alexandre en inventant un nouveau moyen de remplir les trésors du Vatican. Ils publièrent une loi qui rendait le Saint-Siège héritier de droit des membres du Sacré Collège ; puis ils vendirent le cardinalat aux plus riches Romains, et ils les empoisonnèrent pour en hériter. Alexandre fit en outre un commerce en grand de crucifix, de reliques et d'indulgences qui lui rapportèrent des sommes considérables ; et il fit vendre également par le dataire Gianbatista Ferreri, cardinal de Modène, les dignités, les charges et les bénéfices ecclésiastiques, sans s'inquiéter qu'ils fussent vacants ou occupés par des titulaires ; seulement, dans ce dernier cas, le poison ou le poignard faisait justice du prélat qui refusait de donner sa place à celui qui l'avait achetée. À son tour Gianbatista Ferreri, le ministre d'iniquités, l'instrument du despotisme pontifical, reçut le châtiment de ses crimes et fut empoisonné par Rodrigo Borgia, qui convoitait les immenses richesses qu'il avait amassées dans l'exercice de sa charge. »

L'empoisonnement du cardinal Giovanni Michieli était sans doute le plus célèbre. Il rapporta 150 000 ducats à Rodrigo. Tout fut saisi dans son palais, et le lendemain Giustiniani se vit refuser audience, car Sa Sainteté, m'avait-il dit, passait une heureuse journée à compter ses gains. En 1504, le secrétaire de Michieli, Asquinio de Collorado, fut jugé. Mis à la torture, il confessa qu'il avait administré le poison. Condamné à être décapité sur le Capitole, il interrompit à maintes reprises la lecture de sa sentence pour déclarer qu'il avait agi par ordre du père et du fils Borgia.

Je citais à Sa Sainteté d'autres noms de prélats qui avaient péri sous la main des Borgia. L'historien Onufrio Panvinio ajoutait ceux des cardinaux Orsini, Ferrari, Zeno, celui de l'évêque Duerkop, des noms que j'avais moi-même entendu prononcer par Johannes Burckard. Panvinio citait même Giovanni Borgia, que César, son propre cousin, s'était chargé d'expédier : « Il est probable, achevait-il, qu'en ce temps-là peu de riches prélats mouraient à Rome sans que leur mort fît naître des soupçons de ce genre. Même de paisibles savants, retirés dans quelque ville de province, étaient atteints par l'inexorable poison. Les endroits fréquentés par le pape commencèrent à n'être plus sûrs ; déjà autrefois il avait été effrayé par des coups de foudre et des tempêtes qui avaient renversé des murs et dévasté des appartements entiers ; lorsqu'en 1500 ces phénomènes se reproduisirent, on y trouva *cosa diabolica.* Grâce au jubilé de 1500, qui attira tant de monde, le bruit de cet état de choses se répandit au loin, paraît-il ; le scandaleux trafic auquel donnait lieu la vente des indulgences et sans doute le reste finirent par attirer sur Rome les regards de tous les peuples. » Onufrio Panvinio disait encore : « Alexandre VI Borgia faisait mourir les riches cardinaux et prélats qui vivaient encore, afin d'hériter de leurs dépouilles, et aurait poursuivi ses sinistres agissements s'il n'avait pas été enlevé au milieu des grands projets qu'il faisait pour l'avenir de son fils. »

Moins affirmatif il est vrai, Giovio écrivait dans son *Historiarum sui temporis* : « Alexandre VI passe pour avoir donné à Djem, fils de Bajazet, une poudre mortelle ressemblant assez bien à du sucre, d'une extraordinaire blancheur, non désagréable au goût, qui ne tuait pas d'emblée, mais qui empoisonnait graduellement et avec laquelle, dit-on, il aurait supprimé des cardinaux. »

Les Borgia utilisaient leur célèbre *cantarella* pour empoisonner leurs victimes. Maître Burckard, sans doute en avez-vous le souvenir, m'avait évoqué cette *cantarella* ; je n'ai donc pas à y revenir. En revanche je n'épargnais pas Clément VII des explications et des détails qui devaient lui faire mesurer la dangerosité de cette poudre à base d'arsenic. Je citais en outre l'ambassadeur de Venise, Paolo Capello, qui affirmait : « Toutes les nuits on trouve à Rome quatre ou cinq personnes tuées. Ce sont des évêques, des prélats et d'autres individus ; aussi tous les habitants de la ville tremblent-ils d'être assassinés par le duc César. La nuit, il parcourait lui-même avec ses gardes la ville effrayée, et l'on a tout lieu de croire qu'il le faisait, non parce qu'il ne voulait plus montrer au grand jour son visage devenu horrible, mais parce qu'il avait besoin d'assouvir sa soif de meurtre, même sur des inconnus. Dès 1499 l'indignation générale était devenue si grande que le peuple attaqua et mit à mort un grand nombre de gardes pontificaux. Ceux que les Borgia ne frappaient pas de leur poignard périssaient par leur poison. Dans les cas où la discrétion semblait nécessaire, on employait cette poudre blanche comme la neige, qui ne foudroyait pas, mais qui agissait lentement et qui pouvait se mêler, sans qu'on s'en aperçût, à tous les aliments et à toutes les boissons. »

Ainsi donc ces sinistres constatations semblaient ne pas faire l'affaire de Sa Sainteté Clément VII, qui voulait faire un saint de Rodrigo Borgia. Je vivais en pleine disette et n'avais plus qu'à attendre le trépas du Saint-Père pour espérer un retour en grâce auprès du Vatican. Ce trépas ne devait survenir que neuf ans plus tard, en 1534. Neuf ans pendant lesquels la vie des descendants de Rodrigo et César continua à éveiller ma curiosité.

DIARIUM VIII

Où Ercole d'Este épouse Renée de France,
fille de Louis XII et d'Anne de Bretagne,
puis succède à son père le duc de Ferrare.

Capturé lors de la bataille de Pavie, François Ier fut emprisonné au palais de l'Alcazar, à Madrid. En échange de sa liberté, il accepta de livrer à Charles Quint ses fils Henri et François. Très jeunes lors de leur incarcération, les deux otages oublièrent vite leur langue maternelle, le français. À leur libération, en 1529, ils ne parlaient plus que l'espagnol. Entre-temps, François Ier maria sa sœur Marguerite, veuve du duc d'Alençon, à Henri d'Albret, roi de Navarre. Elle allait bientôt donner naissance à la mère du futur Henri IV, Jeanne d'Albret. L'année suivante, en 1528, le roi négocia ensuite l'union de sa belle-sœur Renée, dix-sept ans, avec Ercole, fils de Lucrèce, âgé de vingt ans. Il s'agissait naturellement d'un mariage calculé. Le roi de France, qui s'apprêtait à faire à nouveau campagne en Italie, jugeait l'alliance de Ferrare indispensable pour déjouer les menées de Charles Quint dans le nord de la Péninsule. En outre, grâce à sa redoutable artillerie qui s'était plus particulièrement distinguée à Ravenne, et à la richesse de ses États, Alfonso d'Este était un parti à ne pas négliger. François Ier et Charles Quint se disputaient son alliance. Lors de la Sainte Ligue conclue à Cognac entre le roi de France et les Florentins, l'empereur, sentant son triomphe de Pavie compromis, lui avait offert la main de l'une de ses filles naturelles. Mais le duc pouvait se permettre d'avoir de plus hautes ambitions, l'avenir de son fils paraissant des plus brillants. Futur souverain d'un puissant duché, il pouvait en effet, avec l'appui de la France, devenir duc de Milan et peut-être roi de l'Italie septentrionale. Son père n'hésita pas et accueillit favorablement la proposition de mariage de François Ier. Francesco Cantelmo, l'envoyé de Ferrare, reçut à Plaisance l'émissaire royal Odet de Foix, comte de Lautrec, accompagné d'une forte escorte de lansquenets qui ne manqua pas de l'impressionner. Il put demander et obtenir ce qu'il voulait du roi, notamment le double d'une dot de fille de France, soit 200 000 écus d'or au soleil.

Ercole était d'une haute et forte stature, le visage plein qui ne manquait pas de distinction. À vingt ans, il portait déjà une barbe, épaisse et frisée, qui lui montait jusqu'aux yeux. Il avait hérité des Borgia beaucoup de leur astuce et de leur finesse. Comme eux, il était attaché à l'Église et pieux autant par stratégie politique que par penchant. En outre, prince accompli, il aimait et cultivait les lettres et la musique, maniait remarquablement l'épée et la lance et montrait des qualités de cavalier hors du commun. Pour achever de lui former l'esprit, Alfonso l'avait chargé, à l'âge de quinze ans, d'aller le représenter au sacre du pape Adrien VI, une mission dont il s'était tiré à souhait et qui avait été très remarquée de la cour pontificale.

Le 5 avril 1528, accompagné d'une suite de cent cinquante-cinq personnes, de cent chevaux et de trente mules, l'héritier de Ferrare prit le chemin de la France pour aller chercher sa fiancée, accomplissant le même voyage qu'Alfonso lorsque celui-ci, autrefois, était parti à la rencontre de Lucrèce. Cependant les étapes ne furent pas les mêmes. Son père, prévoyant que Charles Quint pourrait se saisir de son fils, choisit de lui faire éviter la proximité de la Lombardie. L'escorte se porta vers le sud, descendit la vallée de Serchio, s'embarqua à La Spezzia pour Savone, et relâcha à Gênes. Elle franchit le col du Mont-Cenis, où le duc de Savoie, frère de la régente, le reçut avec honneur à Chambéry.

Le 11 mai, au son des cloches et d'un grand concours de peuple, Ercole fit son entrée à Lyon puis progressa solennellement vers Tarare, où l'attendait une députation française conduite par le marquis de Castelmorant. Le 22, après avoir traversé Paris, il se rendit à la forteresse de Saint-Germain, accrochée aux coteaux du petit bourg de Laye. Il fut accueilli en haut de l'escalier d'honneur par François Ier, vêtu d'un habit gris cendre bordé de fourrure.

Quelques jours plus tard, il écrivit à son père, qui lui avait recommandé de lui adresser des nouvelles de son voyage : « Arrivé à la cour, je trouvai Monseigneur Anne de Montmorency, grand maître de France, Monseigneur de Longueville, le fils du Bâtard de Savoie, le fils du seigneur Robert de La Marck, d'autres gentilshommes avec lesquels je gravis les marches du palais, et rencontrai le roi avec le Révérendissime cardinal de Lorraine et d'autres familiers. Après la révérence d'usage, je fus embrassé et accueilli affectueusement avec quelques phrases. Sa Majesté voulut que chacun m'embrassât et autres baisemains. De là je fus conduit à Madame qui m'attendait debout et me caressa plus encore que le roi. Je saluai ensuite la reine de Navarre, sœur du roi, et Madame Renée. » Puis il ajouta : « Madame Renée n'est point belle mais elle a des qualités qui compensent. » Si la fille d'Anne de Bretagne était quelque peu disgraciée par la nature, elle était d'une grâce éclatante.

Ercole fut logé dans l'aile du château qui abritait les appartements royaux. Le soir, le souper fut suivi d'un bal où l'on dansa à l'italienne en son honneur. Le lendemain, on le combla de présents et le roi l'emmena chasser le cerf en forêt de Fontainebleau, qu'il prononcera toute sa vie *Fontaine bleue*. La cérémonie des fiançailles fut célébrée le 28 mai dans le cabinet même du roi. Le 24 juin, le roi fit allumer le feu de la Saint-Jean au milieu de l'allégresse populaire. Ainsi Ercole avait-il participé aux principales distractions de la cour de François Ier : la danse, la chasse et les réjouissances. Il en partagea même les honneurs puisque le roi lui remit le collier de l'ordre de Saint-Michel.

Le 28 juin eut lieu la cérémonie nuptiale, dans la Sainte-Chapelle du palais de la Cité, à Paris. Renée, conduite par le roi, était coiffée d'un chapeau de pierreries et vêtue d'une robe de velours cramoisi arborant l'hermine bretonne. Anne de Montmorency et Marguerite de Navarre tenaient sa traîne. Les enfants du roi, Madeleine, Marguerite et Charles, précédaient Charles de Bourbon, duc de Vendôme, son frère François, comte de Saint-Pol, Claude de Guise, le comte de Laval à la tête d'une délégation de seigneurs bretons, les archevêques de Rouen et de Toulouse, l'abbé de Saint-Denis, les seigneurs et dames de la cour, les conseillers du Parlement et de la Chambre des comptes. Ercole, escorté par les orateurs de Ferrare, portait une robe avec de larges bords. Le chancelier Duprat, archevêque de Sens, reçut Renée à la porte de l'église, puis le trésorier de la Sainte-Chapelle chanta une messe basse. Le nonce, le cardinal Giovanni Salviati, assisté des cardinaux de Bourbon, de Lorraine et Duprat, célébra le mariage.

La grande salle gothique où Philippe le Bel réunissait autrefois son Parlement, accueillit le banquet. L'immense table était dressée sur une estrade élevée de trois gradins et surmontée d'un dais d'or. Renée prit place à côté du roi. Sur les deux côtés de la salle avaient été disposées de longues tables réservées aux seigneurs bretons et aux dames de la cour. Une canne ornée d'or à la main, Anne de Montmorency, avec plusieurs maîtres d'hôtel, faisait mener les plats au son des trompettes. Clément Marot, valet de chambre du roi, avait composé *Chant nuptial de Madame Renée de France avec le duc de Ferrare*, pièce de neuf dizains qu'il déclama.

Ercole et Renée prirent le chemin de Ferrare en septembre. Le roi les accompagna aux portes de Paris puis le cortège se rendit à Montargis, où Renée souhaitait se montrer à ses nouveaux sujets. Alfonso vint à la rencontre des époux à Reggio et célébra leur arrivée à Modène. Ils furent accueillis par les détonations des couleuvrines, les éclats de trompettes, le carillon des cloches, le sifflement des fifres, le roulement des tambours. Le duc avait réuni tant de monde et d'invités, accumulé tant de provisions, que son voisin l'évêque de Bologne, s'imaginant qu'il préparait sous main quelque entreprise contre sa ville, en fit fermer les portes et garder nuit et jour les murailles. Par mesure de précaution, le gouverneur de Modène fit trancher la tête à un vieux prisonnier afin que Renée ne se laisse pas induire à demander sa grâce. Celle-ci franchit les portes de la ville portée dans une litière par une délégation de sacristains et accompagnée de ses demoiselles d'honneur montées sur des haquenées. À quelques lieues de Ferrare, Ercole rentra au palais avec son père tandis que

Renée était conviée à embarquer sur le *Bucentaure*, que la ville, émule de Venise, se piquait de posséder.

Ferrare était devenue triste depuis que la peste avait ravagé la cité des ducs d'Este quelques mois plus tôt. Plus de vingt mille personnes avaient péri, le reste de la population s'était enfui, bon nombre de boutiques restaient encore fermées, les marchés étaient déserts, on ne voyait partout que vêtements de deuil. Pour l'entrée de Renée, Alfonso avait ordonné à ses sujets d'adopter une attitude de fête. Sous peine de cinq écus d'amende, ils devaient se rendre en habits colorés sur la rive du Pô pour acclamer le cortège. Une proclamation avait obligé les commerces à rouvrir et l'université à reprendre ses cours. On avait tapissé les maisons de tentures et dressé des arcs de triomphe, donnant à Ferrare l'illusion d'une ville joyeuse.

Au terme d'un voyage de trois mois, Renée fit son entrée dans la ville. Le duc et Ercole l'attendaient à la porte Saint-Paul, à cheval, entourés d'ambassadeurs et de prélats, arborant tous deux le collier de Saint-Michel. Renée parut avec ses dames sous un baldaquin de soie, escortée d'une centaine de gardes vêtus de satin noir, portant bas et toques écarlates. Un cortège d'enfants était précédé d'un dromadaire sur lequel était juché Diego, le bouffon espagnol d'Alfonso. À la cathédrale, l'épousée reçut la bénédiction de l'évêque de Comacchio et les clés de la ville, présentées dans une barquette d'argent.

Isabelle d'Este, qui approchait à présent des cinquante ans, la reçut à la porte du palais et l'introduisit dans les appartements où elle allait passer trente ans de sa vie. Là, le 16 novembre 1531, elle y mit au monde une fille, qui fut prénommée Anne, en souvenir de sa grand-mère Anne de Bretagne.

– Ce n'est autre que Francesco Guicciardini, que nous nommons en France François Guichardin, qui tint l'enfant de Renée sur les fonts baptismaux. Bénéficiant d'un regain de faveur de la part de Clément VII, il représenta le Saint-Siège lors du baptême. Il ignorait qu'Anne d'Este donnerait bientôt naissance au célèbre Henri de Guise, dit le Balafré, assassiné à Blois en 1588. Le duc de Guise était par conséquent l'arrière-petit-fils de Lucrèce Borgia. Ce fut l'une des dernières apparitions de Guicciardini dans une cérémonie. Il se retira par la suite dans son château de Poppiano, où il acheva sa colossale *Histoire d'Italie*. Il s'y éteignit en 1540... Je suis Filippo Cavriana, médecin ordinaire de Louis de Gonzague, duc de Nevers. Avant d'être établi à la cour de France, j'étudiais à Mantoue. J'étais alors l'hôte régulier d'Ercole et de Renée, à Ferrare. Peu avant la naissance d'Anne, je leur apportai la nouvelle de la mort de Louise de Savoie, survenue le 22 septembre 1531, dans le petit village de Gretz-sur-Loing. Son seul regret avait été de ne plus revoir son fils. Après la conclusion de la paix des Dames, deux ans plus tôt, elle avait dû se résigner à être écartée du pouvoir par le roi.

Pour en revenir à Guicciardini, je l'ai connu à la fin de sa vie. Connaissant ma réputation de médecin, lorsqu'il fut atteint du mal qui devait l'emporter, il fit appel à mes remèdes. Il fut le premier à nous apprendre qu'Ercole aurait dû épouser Catherine de Médicis. Alfonso avait accepté le mariage puis s'était ravisé lorsque François Ier lui avait proposé pour son fils la main de Renée. Si l'union entre Ercole et Catherine de Médicis avait été conclue, elle aurait changé la face de l'histoire.

Clément VII mourut le 25 septembre 1534. Le cardinal Alexandre Farnèse lui succéda sous le nom de Paul III. Issu d'une ambitieuse famille de condottieres du Latium qui s'étaient distingués par leur indéfectible fidélité au Saint-

Siège, son élection mettait fin à dix-neuf années de règne des Médicis. Le duc s'empressa de mettre sur pied une ambassade dont Ercole prendrait la tête, afin d'aller présenter au nouveau pape les devoirs d'un vassal dévoué et de régler les affaires politiques demeurées en souffrance. Tout était prêt lorsque Alfonso mourut subitement, le 28 octobre 1534, victime d'une maladie foudroyante. Selon la tradition, il fut exposé plusieurs jours à ses sujets, sous le portique de la grande cour du palais, à la lumière des flambeaux. Vêtu de brocart d'or et coiffé d'un béret fourré de vair et orné de bijoux, il avait à ses côtés son épée et sa dague, devant lui son sceptre, et portait le collier de l'ordre français de Saint-Michel dont les coquilles d'or de Compostelle retenaient un médaillon ovale où l'archange terrassait le dragon.

Ercole fut intronisé sans délai afin de parer à la vacance du pouvoir. Il entra dans le Dôme au son des trompes et des buccins, y entendit un service divin et reçut le serment de fidélité du juge de la commune qui représentait le peuple. Il revint au palais, marchant sous un dais frangé d'or que la foule, suivant la coutume, mit en pièces et se partagea dès qu'il l'eut quitté. Le jour de la Toussaint, proclamé officiellement duc par le Grand Conseil des douze sages qui lui remit le sceptre et l'épée, il parcourut la cité à cheval avant d'assister à une messe solennelle.

Trois jours plus tard eurent lieu les funérailles d'Alfonso. Suivie par ses fidèles revêtus d'une longue cape noire de deuil, la dépouille fut transportée à travers les rues jusqu'à l'église du couvent du Corpus Domini où reposaient sa mère, Éléonore d'Aragon, et son épouse, Lucrèce Borgia.

Dès son avènement, le nouveau duc, Ercole II, distribua force aumônes et accorda plusieurs amnisties. Il abolit particulièrement l'impôt de *la Datea* qui rapportait 5 000 écus, mais refusa de libérer ses deux oncles, prisonniers dans les souterrains du palais depuis plus de vingt-cinq ans. De son côté, Renée créa un petit cénacle baptisé académie, une institution déjà présente en Italie mais jusqu'alors peu fréquentée par les grandes femmes. Depuis sa réouverture, au lendemain de la peste de 1528, l'université de Ferrare s'était enrichie d'un grand nombre de professeurs ou d'artistes venus de divers horizons, donnant aux réunions de la duchesse un ton plus élevé. Certains arrivaient d'Allemagne, apportant avec eux des textes de Luther, qui, au cours des dix années précédentes, s'était engagé dans la deuxième phase de son apostolat. Le calvinisme s'organisait dans le royaume comme une réformation et une résistance dans l'État. À Paris, des assemblées se formaient, et, le soir, les huguenots se réunissaient dans le Pré aux Clercs pour chanter les psaumes de Théodore de Bèze. À la cour même, les nouvelles opinions faisaient des progrès.

Bientôt, les salons de Renée furent envahis d'esprits imbus des nouvelles opinions du réformateur Calvin et débattirent du péché originel, du libre arbitre et de la prédestination, de la justification par la foi, des thèmes qui, aux yeux des Italiens, apparaissaient aussi comme un prolongement des disputes du siècle précédent, nées de leur propre culture. Clément Marot, le poète qui, à Paris, avait déclamé ses dizains composés en l'honneur du mariage du duc et de la duchesse de Ferrare, était un peu réservé dans ses propos et frondait ouvertement les observances ecclésiastiques. Il vint bientôt s'immiscer dans la petite société hérétique qui gravitait autour de Renée. En 1525, ses sympathies marquées pour la Réforme et pour Luther l'avaient conduit dans les prisons du Châtelet. Dans la nuit du 17 au 18 octobre 1534, des affidés du pasteur français Antoine de Marcourt placardèrent dans Paris, Amboise, Orléans et jusque sur la porte de la chambre royale, à Blois, des affiches sacrilèges portant le titre séditieux de *Articles véritables sur les horribles, grands et insupportables abus de la messe papiste, inventée directement contre la sainte Cène de Notre Seigneur, seul médiateur et sauveur Jésus-Christ*. Alors que François Ier ripostait par une répression sanglante, Marot n'avait trouvé son salut que dans la fuite, abandonnant ses coreligionnaires aux bûchers parisiens. Il avait cherché refuge dans le Béarn avant de venir à Ferrare se présenter à Renée qu'il avait fréquentée à la cour de France dix ans plus tôt. Ensemble, ils s'étaient penchés sur le *Roman de la Rose*, s'essayant à mettre au goût du jour les rimes vieillissantes de cette épopée toujours populaire.

En janvier 1536, la cour de France s'apprêta à séjourner à Lyon. François Ier en profita pour prier Renée de lui rendre visite. Peu après, il adressa à Ercole une lettre lui exprimant son désir de revoir la duchesse, et lui annonçant le prochain départ d'un gentilhomme chargé de l'escorter, Monsieur de Thiais. Le duc refusa de laisser partir son épouse, invoquant l'usage italien qui veut que la femme reste auprès de son mari pour lui donner des enfants. En réalité, l'attrait qu'exerçait la cour de France sur son entourage lui devenait de plus en plus insupportable. Son jeune frère Francesco venait de partir rejoindre les armées du roi, et on proposait à son autre frère, Ippolito, l'évêché de Lyon. Ercole concevait de l'amertume de voir s'éloigner sa proche famille et comprenait que le mariage contracté avec Renée ne servait que les intérêts du souverain français. Renée pouvait devenir l'otage de François Ier et il n'était pas question de la laisser passer les Alpes.

En revanche, la présence au palais de Clément Marot, dont il n'ignorait rien du passé, ne semblait pas perturber l'esprit du duc. Ercole se souciait davantage d'organiser le carnaval qui, après une année de deuil, devait marquer le retour à la tradition des fêtes somptueuses. Il demanda sa tante Isabelle d'Este pour le seconder dans les préparatifs des réjouissances. La marquise de Mantoue arriva à Ferrare le 30 janvier, à minuit, et gagna le Castel Vecchio à la lueur des torches. Festins, bals, comédies, défilés de chars et autres tournois se succédèrent avec un succès qui désabusa Renée. La duchesse s'irritait des dépenses et de la joie que procurait le carnaval alors qu'en France les bûchers s'élevaient pour purger le pays des hérétiques.

DIARIUM IX

Où le réformateur Calvin est accueilli par Renée de France à la cour de Ferrare, au grand dam d'Ercole.

Ercole avait fait promettre à Clément Marot de vivre en bon chrétien et l'ami du poète, Léon Jamet, était même devenu son homme de confiance. Mais cela ne suffisait pas au Saint-Siège. Paul III adressa des recommandations au duc afin qu'il prenne garde à ne pas compromettre ses relations avec Rome en tolérant des sectaires. Il lui écrivit : « On a dit qu'à la cour de Votre Excellence et de Madame se trouvent des luthériens. On me demande si vous vous en accommodez. J'ai répondu que, sans doute, non. Leurs Seigneuries les cardinaux m'ont dit que, pour l'amour de Dieu, Votre Excellence veuille s'intéresser à ce cas et ne tolère pas semblable peste dans sa ville. »

De son côté, l'ambassadeur ferrarais à Venise, Matteo Tebaldi, lui adressa ces mots : « Je crois devoir avertir votre Excellence qu'un Français, du nom de Clément, est venu récemment s'établir auprès de notre sérénissime duchesse, après avoir été banni de tout le royaume de France, comme luthérien. C'est un homme très capable d'introduire cette peste à la cour, ce dont la bonté divine veuille nous préserver. »

Ercole risquait d'attirer sur lui les foudres du Saint-Siège, sans doute même l'excommunication. Il ignorait tout des conversations qui roulaient dans les salons de son épouse mais commençait à imputer à Marot la responsabilité de répandre peu à peu à sa cour les idées nouvelles de Luther. Comme Marguerite de Navarre, avec laquelle elle avait beaucoup d'analogie, Renée restait encore extérieurement en conformité avec l'Église romaine. Bonne catholique, se faisant envoyer de Chartres des chemises semblables à celle de la Vierge, elle portait le cordon dont le pieux François de Paule ceignait ses reins. Elle se disait la très humble et très dévote fille de Sa Sainteté. Cependant, Marot savait, par ses entretiens quotidiens avec elle, qu'elle commençait depuis quelque temps à refuser toute obéissance à l'Église catholique, et que si elle assistait encore aux cérémonies du culte c'est qu'elle y était contrainte par les convenances de sa haute position. Il écrivit à Jean Calvin, qui se trouvait alors à Bâle, et aux environs de la mi-carême 1536, le célèbre réformateur français arriva à Ferrare, sous le nom de Charles d'Espeville, réminiscence évidente de la localité d'où il avait tiré une partie de ses revenus ecclésiastiques de Noyon. Il se disait recommandé à la duchesse par Marguerite de Navarre, la sœur de François Ier, convaincue elle-même de fanatisme, accusée de boire dans la coupe des religionnaires, d'être amie de la Réforme, qu'elle protégeait en la personne de Lefèvre d'Étaples, son précepteur et celui de Renée. Étant donné les dispositions qui régnaient à la cour de Ferrare, Calvin pouvait légitimement espérer que le mouvement réformateur y rencontrerait un accueil favorable.

Un discours composé en 1533 pour le recteur de l'université de Paris, et qui fut taxé d'hérésie par la Sorbonne, avait contraint Calvin à prendre la fuite. Il s'était retiré à Angoulême et avait été reçu chez le chanoine Louis du Tillet. Il était déjà occupé par son grand ouvrage *Institution de la religion chrétienne*, qui, selon lui, devait lui valoir ou une gloire immortelle ou le martyre. Il avait semé les doctrines de la Réforme dans le Poitou et la Saintonge avant de s'établir quelque temps à Bâle, la cité de refuge des Français, et où, parmi les lettrés et les savants, régnaient Érasme et son imprimeur Froben. C'est là qu'il avait achevé son ouvrage sur la religion chrétienne et qu'il avait aussitôt décidé de gagner Ferrare puis d'autres contrées pour s'y rendre compte de l'effet produit par ses écrits.

Calvin se présenta à Renée en compagnie de du Tillet, qui se cachait sous le pseudonyme de Louis d'Haulmont. Le réformateur était coiffé d'une toque de velours noir et portait une collerette blanche. Il s'excusa de venir troubler la tranquillité de la duchesse :

– Je considère qu'en Italie, répondit celle-ci, ma mission est de défendre les intérêts de la France, même au prix de querelles sans cesse renaissantes avec mon mari. Je réserve un bienveillant accueil à tout Français qui vient réclamer mon appui. Beaucoup critiquent cette façon d'agir. Mais que voulez-vous, ce sont de pauvres Français de ma nation, lesquels, si Dieu m'avait fait homme, seraient maintenant tous mes sujets. Cette maudite loi salique est trop rigoureuse.

Renée installa Calvin au Castel Vecchio, que les Este, pour se garantir contre les surprises des révolutions, avaient fait relier au palais par celui dit « des Cardinaux ». Ils pouvaient ainsi se rendre de l'une à l'autre des résidences sans être aperçus, et, en cas de sédition populaire, sans être arrêtés. Calvin pouvait ainsi se soustraire aux regards des courtisans. Il demeurait avec Tillet dans la pièce des Camerini, décorée d'élégantes figures et de subtiles arabesques, et faisait ses dévotions dans la petite chapelle attenante.

Calvin entreprit de faire de Renée une complète adepte des vues nouvelles, et s'employa hardiment à la détourner de son goût pour la divination. L'étude du cours des astres restait une science estimable, mais les sorts, les horoscopes étaient condamnés sans appel. Selon lui, la duchesse devait cesser de croire au purgatoire, véritable réservoir de fantômes, et se séparer des représentations peintes et sculptées de la Divinité. Lorsque Renée lui montra la cordelière de saint François que sa mère Anne de Bretagne lui avait ceinte autour de la taille à sa naissance, son hôte s'écria :

– C'est de la magie, tout cela ! Nous ne voulons pas des fringots et des fredons de la papisterie. Nul homme ne peut honnêtement offrir aux ordres de Dieu, exprimés par sa Parole, autre chose qu'une obéissance consciencieuse. Il est spécialement interdit de prendre part au sacrilège de la messe, de se découvrir devant une image ou d'encourager aucune superstition qui puisse obscurcir la gloire de Dieu, profaner sa religion, ou corrompre sa vérité.

L'un des fréquents sujets d'entretien de Calvin avec Renée, pendant son court séjour à Ferrare, fut l'attitude qu'il convenait de prendre à l'égard du culte catholique. Il lui tint le langage le plus violent concernant la foi, nia l'autorité de l'Église et la suprématie du pape, affirma que les hommes ne possédaient pas le franc arbitre, si ce n'est pour faire le mal.

Calvin aurait voulu triompher de Ferrare tout entière. Un événement inattendu le força à quitter la ville plus tôt que prévu, même s'il avait dit à Renée qu'il n'était entré en Italie que pour en sortir. La situation des réfugiés français à Ferrare avait empiré. La méfiance avec laquelle ils étaient regardés par les autorités ecclésiastiques fut justifiée par un acte d'un des compagnons de Clément Marot, un jeune chantre français du nom de Jehannet, qu'on appelait Zanetto à la cour. Depuis onze mois, il était au service de Renée, par ordre du duc, qui voulait complaire à sa femme. Il lui avait imposé, comme condition, de vivre d'une façon honnête et chrétienne, parce qu'on avait appris qu'il s'était enfui de France sous inculpation de luthéranisme. Il figurait même sur la fameuse liste des suspects établie par François Ier. Le jour du Vendredi saint, il sortit de l'église au moment de l'adoration de la croix, et en vociférant des blasphèmes, affichant ainsi sa désapprobation pour ce culte. Arrêté et mis à la torture, il déclara que beaucoup des protégés de Renée étaient des adeptes de la nouvelle doctrine. La plupart de ceux qui se trouvaient ainsi mis en cause quittèrent promptement Ferrare. Mais Ercole fit procéder à de nombreuses perquisitions et ordonna l'arrestation d'un autre Français, protégé de son épouse, Jean de Bouchefort, clerc du diocèse de Tournai, suspect de « perfide et damnée hérésie luthérienne ». Le même jour, Renée alerta Calvin et du Tillet et les entraîna à travers la galerie secrète conduisant au palais des Cardinaux.

Ercole n'ignorait pas que sa femme s'était occupée de couvrir les deux hommes. Il connaissait aussi le lieu où ils se cachaient. Comme pour lui donner le temps de les laisser fuir sans être inquiétés, il déclara à sa femme :

– Mes limiers, Madame, sont aux trousses de tous les hérétiques auxquels vous avez décidé de donner asile. Sachez que Monsieur d'Espeville, s'il est découvert, sera à l'instant traîné au supplice à cause de sa religion.

– Et que comptez-vous faire de moi ensuite ?

Vêtue d'un peignoir de mousseline blanche dont les plis ne dissimulaient qu'à moitié ses formes, la duchesse était nonchalamment assise sur un sofa recouvert de satin blanc, dans un délicieux boudoir tendu d'une étoffe de velours grenat étoilé d'or.

– Dieu merci, vous aimant comme vous le pourriez souhaiter, répondit Ercole, je vous laisserai en paix. Je n'en ai qu'après ceux qui veulent s'emparer de votre esprit et dont l'empire sur vous causerait votre perte si je ne mettais bon ordre dans vos relations.

Renée rapporta les propos du duc aux deux religionnaires, qui quittèrent la ville pour gagner la frontière de la Vénétie. Calvin, en effet, ne recherchait pas imprudemment le péril. Il avait rencontré la duchesse et fait la connaissance d'autres personnes de son entourage, dont Madame de Soubise, ancienne gouvernante de Renée, Anne de Parthenay, sa fille, célèbre par son esprit et son savoir, Antoine, sire de Pons et comte de Marennes. Ce séjour ayant été trop bref, il n'avait toutefois pas eu le temps de gagner Renée à des convictions évangéliques plus positives. La situation créée par la politique française lui permit de retourner paisiblement à Paris, qu'il avait été contraint de fuir moins de trois ans plus tôt.

À maintes reprises, François Ier avait fait cesser les poursuites contre les luthériens. Entouré de savants, aux opinions mixtes et incertaines, ses philosophes, ses poètes, étaient accusés des nouvelles hérésies. De ses deux sœurs, l'une professait ouvertement le calvinisme, l'autre restait indifférente. Anne de Pisseleu, sa nouvelle favorite, se rendait secrètement aux prêches, laissait apposer son nom à la tête des psaumes de Luther, donnait asile à des protestants et à François Rabelais, sur les volontés duquel agissait Calvin. Fortifié par ces protections diverses, le calvinisme s'était constitué en opinion, et, comme le luthéranisme en Allemagne, était prêt à sonner la guerre civile. François Ier n'avait fait durer les mesures de répression que peu de mois après l'affaire des Placards. Il y renonça presque totalement pour cultiver l'amitié des protestants allemands, en vue de s'en faire des alliés dans sa nouvelle guerre contre Charles Quint.

Après le départ de Calvin de Ferrare, Ercole ne voulut pas en rester là et fit perquisitionner dans l'entourage de la duchesse. Une nouvelle arrestation fut opérée, celle de Jean Cornillan, homme de confiance, serviteur particulier et trésorier de la duchesse, qui fut jeté dans l'un des cachots du château. Le duc s'empressa d'envoyer un courrier à l'ambassadeur de Ferrare, Feruffini : « Dans le cours de l'instruction, lui écrivait-il, le dit inquisiteur a été informé par un religieux français et par plusieurs serviteurs de la duchesse, que les nommés Clément Marot, Laplance, Cornillan et bon nombre d'autres, attachés à la maison de Madame la duchesse, et vivant auprès d'elle, étaient infectés d'hérésie et sont à cette heure emprisonnés. » Puis il fit venir Feruffini pour lui relater de vive voix la situation. La cour de France tenait Renée pour une sainte, d'où l'embarras de l'ambassadeur lorsqu'il dut rapporter au roi les propos d'Ercole :

– Il m'a parlé avec déplaisir et grande colère, il ne m'a pas été possible de répliquer quoi que ce soit, ou à peine. Il eut des paroles fort gaillardes, n'admettant pas les arguments.

– Il est temps d'en finir, lui répondit François Ier. Un grand prince comme le duc de Ferrare ne doit pas ainsi perdre son temps. Avec les femmes, il faut être bref. Il suffit d'une nuit pour les convaincre.

Le roi traita toutefois Ercole en sujet rebelle, lui rappelant qu'il lui avait fait un grand honneur en lui accordant la fille d'un roi, et qu'on n'affrontait pas impunément la nation française. Le duc se trouva donc enveloppé d'un réseau d'interventions. Sa perplexité était grande. Il ne pouvait pas abandonner purement et simplement les poursuites, après s'être autant engagé. Obtenir une condamnation capitale était difficile vu le peu de gravité du crime et aurait peut-être poussé aux mesures extrêmes la cour de France. Quant à faire traîner l'affaire, cela l'exposait à d'incessantes réclamations et à d'âpres querelles domestiques.

De son côté, Renée avait été profondément blessée par l'arrestation brutale de ses serviteurs les plus intimes. Elle ne voyait aucune trace d'hérésie dans les pieuses disputes qu'arbitrait son salon, mais elle était en droit de prendre pour une insulte personnelle les soupçons qui s'abattaient sur son entourage. Elle écrivit à Marguerite de Navarre, fit intervenir le roi, qui, par l'intermédiaire de son ambassadeur auprès de Venise, Georges de Selve, évêque de Lavaur, réclama Jehannet comme son sujet. C'était transformer une simple affaire de police en question diplomatique et refuser à Ercole le droit de juridiction sur tous les serviteurs de la duchesse. La manœuvre de sa femme le transporta de colère : sa propre épouse l'avait trahi en allant se mettre entre les mains des proches du roi, et en obtenant une limitation du pouvoir de justice qu'il détenait dans ses États. Il fit une réponse très ferme et un peu hautaine à Georges de Selve, lui disant qu'il était le serviteur du roi et prêt à tout faire pour lui complaire, mais qu'en cette circonstance la raison d'État et l'intérêt de l'Église exigeaient que la justice suive son cours. Puis Paul III s'en mêla. Il retira à l'inquisiteur de Ferrare la mission de poursuivre les suspects pour la confier au gouverneur de Bologne. Ercole se sentit dégagé de toutes responsabilités et ne chercha plus que la réconciliation avec Renée, qui se fit aisément.

Cependant il demeura défiant et n'autorisait pas son épouse à sortir du duché. Elle ne put rendre visite à Isabelle d'Este, qu'elle affectionnait tout particulièrement, de même qu'elle ne fut pas autorisée à assister au mariage de Madeleine, fille de François Ier, avec le roi d'Écosse Jacques V. Sombrant peu à peu dans une solitude qui la rendait malade, elle trouva grâce auprès d'Ercole. Le duc songea à lui procurer de la compagnie, d'autant qu'elle parvenait au terme d'une nouvelle grossesse. Il jeta son dévolu sur la poétesse Vittoria Colonna. Depuis l'âge de seize ans, la fille de Fabrizio Colonna, grand connétable du royaume de Naples, jouissait d'une réputation de talents qui en faisait l'orgueil de la famille. Elle possédait parfaitement la maîtrise de la langue latine, écrivait élégamment la sienne, en prose comme en vers, et, aux dons si recherchés de l'érudition, joignait un caractère affable et généreux, un cœur ferme et droit, un sentiment vrai du juste et du bien auquel était si sensible son fidèle ami le peintre Michel-Ange. Depuis son veuvage, le prince souverain des arts, qui tenait une place à part dans ses affections, concevait l'espoir de se rapprocher d'elle pour ne plus la quitter. Le peintre Ascanio Condivi déclarera dans quelques années : « Michel-Ange s'était pris pour la marquise de Pescara d'une passion qui allait jusqu'à l'idolâtrie ; et elle, de son côté, ne l'aima pas moins éperdument. Il conserve encore de cette femme des lettres toutes remplies d'une chaste et naïve ardeur, telles qu'il en pouvait sortir d'une si belle âme ; et elle, à son tour, gardait de lui une foule de sonnets admirables, où la pensée se montre sévère avec tendresse, vigoureuse avec douceur. »

En mars 1537, Vittoria se rendait à Venise pour passer en Terre sainte, lorsqu'elle reçut l'invitation de faire un détour à Ferrare. Depuis qu'elle avait perdu son mari Ferdinand d'Avalos, marquis de Pescara, l'un des meilleurs généraux de Charles Quint, elle ne songeait plus qu'au ciel. Après l'avoir longtemps invoqué dans ses vers au nom de son époux, elle s'était prise à l'invoquer pour elle-même. Sa pensée se détachant peu à peu des choses de la terre, elle avait demandé à la méditation religieuse un apaisement que la constante contemplation du passé avait été impuissante à lui procurer. Sa douleur l'avait poussée au recueillement puis à une dévotion proche de l'extase. Elle avait renoncé au siècle, vivait en ascète, allait de couvent en couvent, se mortifiant la chair au point que ses amis craignaient pour sa vie. De toutes parts, on recourait à elle pour lui demander des conseils de piété, des consolations. Elle était tenue pour une sainte et son influence, pensait Ercole, pouvait tout à fait contribuer à ramener Renée dans le giron de l'Église.

Au mois de janvier, Ercole gagna Venise pour y passer tout le temps du carnaval. La plus grande partie de la noblesse ferraraise, plus de huit cents gentilshommes l'accompagnaient. Il ignorait que Vittoria, soucieuse d'approfondir les mystères de sa foi, se plaisait depuis quelque temps à assister aux assemblées des partisans de la Réforme. À Naples, elle fréquentait la petite société qui gravitait autour de Juan de Valdès, propagateur des doctrines luthériennes. À Rome, Florence, Sienne, elle embrassait la cause de théologiens qui devaient plus tard périr sur le bûcher. C'est donc en l'absence d'Ercole que la marquise de Pescara parvint à Ferrare, le 8 mai 1537. Le mauvais état de sa santé avait incité Paul III à l'autoriser à accomplir son pèlerinage dans des conditions de confort particulières. Elle se faisait accompagner d'une suite de vingt personnes, contrairement à l'usage, avec laquelle elle se présenta au palais ducal.

Elle s'entendit rapidement avec Renée, qui fit d'elle une intime. La duchesse avait alors vingt-sept ans, Vittoria quarante, et à l'autorité que lui donnait son âge elle joignait le prestige du génie et l'attrait du malheur. Son empire sur l'esprit de Renée fut si grand que celle-ci allait désormais marcher plus délibérément dans la voie où elle s'était engagée.

Ercole fit son retour à Ferrare en juin, le temps d'assister à la naissance de sa fille Leonora, que Renée mit au monde le 19. Vittoria la tint sur les fonts baptismaux. Le duc repartit à la fin du mois pour s'aboucher avec Pier Luigi Farnèse, fils du pape et gonfalonier de l'Église, qui se trouvait alors en Romagne. Renée et la marquise reprirent de plus belle leurs entretiens cœur à cœur sur les questions de la foi. Puis Vittoria quitta Ferrare, après dix mois de séjour, pour accomplir son pèlerinage et, à son retour, retrouver l'ardent amour de Michel-Ange.

Ercole se faisait alors l'écho des discours d'Ignace de Loyola, fondateur de la Compagnie de Jésus, récemment arrivé à Venise dans l'intention d'y organiser sa milice religieuse. Plusieurs de ses compagnons venaient de séjourner à Ferrare et avaient prêché sur les places publiques. En fin d'année, Loyola vint en personne, accompagné de deux de ses disciples, les pères Claudio Jaio et Rodriguez d'Avezedo. C'était un homme à la silhouette sèche, aux yeux ronds sous des paupières tombantes, barbu jusqu'aux pommettes, au visage amaigri par les jeûnes. Ercole, en l'accueillant, mit un genou en terre devant lui comme s'il était devant Dieu, baisa sa main comme s'il était devant le pape, et lui demanda de le bénir. Il pressait d'une main la garde de son épée. Son pourpoint de cuir était précieusement brodé d'or et son armure d'acier bordée par de minces bandes de cuir doré. Un large col blanc se rabattait sur sa poitrine.

Loyola refusa la proposition d'être logé au palais ducal et coucha dans une cellule de l'hôpital Sainte-Anne, où, quelque quarante ans plus tard, allait être emprisonné le poète Torquato Tasso, dit le Tasse. Il prêcha le Vendredi saint, coucha dans la sacristie de la cathédrale, et prit congé d'Ercole le lendemain à la première heure :

– Que la loi de Dieu, dit-il au duc, soit toujours profondément gravée dans votre cœur. Pratiquez-la fidèlement, considérez-la toujours comme infiniment plus précieuse que toutes les autres lois de ce monde. Faites consister votre honneur et votre gloire, à augmenter l'honneur et la gloire de Dieu notre souverain maître et Seigneur. Que la vertu soit toujours assurée de trouver en vous un appui et un encouragement, mais que le vice n'ait jamais la hardiesse de paraître en votre présence.

À la fin de l'automne, Loyola sollicita Ercole : « Je demande à Votre Excellence, lui écrivit-il, l'honneur de fonder dans votre ville un collège qui soit un séminaire d'où puissent sortir sans interruption de nouveaux ouvriers pour la vigne du Seigneur. » L'accord fut promptement établi. Une pieuse femme, Maria Frassoni, s'engagea à offrir une maison et fournir des fonds. En janvier 1539, Ignace de Loyola envoya alors à Ercole le propre cousin de celui-ci, Francisco Borgia, chargé de remplir les dernières modalités relatives à l'établissement du collège.

Francisco Borgia était le petit-fils de la duchesse de Gandie, Maria Enriquez, veuve de Juan de Gandie. Après le meurtre de son époux, pour enlever à son fils toute tentation de revoir Rome, la duchesse avait cédé au roi Catholique ses apanages italiens. Elle avait pieusement et noblement élevé le duc de Gandie, troisième du nom, puis s'était enfermée avec ses filles chez les clarisses après l'avoir vu épouser Jeanne d'Aragon et avoir deux enfants, dont Francisco. Lorsque ce dernier s'arrêta à Ferrare, il s'apprêtait à se rendre à Rome. Son frère don Juan l'accompagnait, ainsi que quelques religieux du collège de Gandie. Sa suite se composait de trente cavaliers. Francisco avait de surprenantes ressemblances physiques avec Loyola. Il ne semblait pas même que vingt ans séparaient les deux religieux.

Humilité et austérité de sa religion obligent, Francisco, avant son arrivée, avait envoyé un message au duc, lui déclarant ne vouloir recevoir aucun des honneurs usités lors des réceptions. Mais Ercole refusa d'accueillir le duc de Gandie sans procéder au cérémonial exigé par l'usage. Son cousin fut contraint de subir les honneurs dus à sa naissance et d'accepter, dès le soir même, de souper au palais. Le Titien, assis à ses côtés, hôte du couple ducal depuis un mois, reçut ses compliments, qui n'allèrent pas jusqu'aux éloges. Le maître, à présent âgé de cinquante ans, secouait dolemment la tête en signe de remerciement. Sa longue barbe de patriarche, son bonnet de velours noir, sa tunique gris cendre lui donnaient un air de prédicateur orthodoxe. Pendant tout le repas, Francisco Borgia affecta en revanche une méprisante attitude d'indifférence à l'égard de Renée, tint des propos allusifs sur les nouvelles vues religieuses et ne cessa de dénoncer le luxe dispendieux du palais des Este. Ercole en fut blessé et refusa de l'accompagner dans ses démarches. Pendant les quatre jours que son parent demeura à Ferrare, il s'enferma avec Le Titien. Ensemble ils formèrent des projets de fresques à peindre dans le palais des Cardinaux.

Francisco Borgia dut bientôt céder aux pressantes instances de Cosme Ier de Médicis, duc de Toscane, qui désirait le recevoir à Florence, où les troupes de Charles Quint tenaient garnison. Dans un sursaut de remords, Ercole vint lui faire ses adieux.

– Vous devez accepter mes excuses, mon cousin, lui dit-il, je suis…

– Je crains, l'interrompit Francisco, que l'âpreté de votre foi, aussi vaine que sincère, ne vous serve point à résoudre votre rancune.

Au moment où il montait en selle, à la tête de son cortège, le duc lui demanda une faveur :

– Pouvez-vous me laisser un souvenir de vous ? Je me serais maudit toute ma vie de ne pas vous l'avoir réclamé.

À la ceinture de Francisco pendait un chapelet de corail blanc orné d'ambre jaune et dont les grains étaient séparés de cornalines.

– Je l'avais emporté pour vous l'offrir, Excellence, répondit-il en le remettant à Ercole. Je désespérais de vous entendre me le demander. Il appartenait à ma grand-mère la duchesse de Gandie, veuve de votre oncle Juan Borgia. Je vous le donne pour l'amour de Dieu. Laissez-moi seulement vous dire une chose : N'ayez point de vanité de la puissance qui vous élève au-dessus de tant d'autres. Au contraire, humiliez-vous-en d'autant plus que le compte que vous en devez rendre à celui de qui vous la tenez sera plus rigoureux. Souvenez-vous que vous n'emporterez dans l'autre vie ni plus de richesses, ni plus de grandeur que le plus pauvre et le plus misérable de tous les hommes. Soyez le père de vos domestiques et de vos sujets. Traitez-les avec douceur et bonté, de manière à vous attirer leur affection. Il vaut mieux, Excellence, se faire aimer que de se faire craindre.

Francisco n'emporta de son séjour à Ferrare qu'un grand dégoût de toutes les grandeurs de la terre, et un désir plus ardent de ne vivre que de pauvreté, d'humilité, d'obéissance et de dévouement au salut des âmes pour la plus grande gloire de Dieu.

DIARIUM X

Où le mariage de François de Lorraine avec la fille de Renée de France fait entrer les Borgia dans la famille des célèbres Guise et où Diane de Poitiers dépouille Louise Borgia de son duché de Valentinois.

Lorsqu'elle ne séjournait pas à Ferrare, Isabelle d'Este s'y manifestait par ses lettres et ses présents à Renée, qui tenait d'elle une poupée vêtue à l'italienne, des flacons de parfum, des gourmandises, et même une naine élevée dans les appartements qu'elle avait fait aménager à cette intention dans son palais de Mantoue. Cette naine n'était autre que la fille de son célèbre Morgantine, qui la suivait partout : « J'avais promis, avait écrit Isabelle à Renée, de vous donner la première petite fille qui naîtrait de mes nains. La "puttina" a maintenant deux ans et restera sans doute naine, elle aussi, bien que je craigne qu'elle ne soit pas aussi menue que ma Délia. Elle est maintenant capable de marcher toute seule et sans guide. » Le 13 février 1539, un mois après le séjour de Francisco Borgia à Ferrare, Isabelle s'éteignit. La perte de cette parente fidèle, de cette femme gracieuse qui avait pour les arts un goût si intelligent, la plus grande collectionneuse de son siècle, plongea à nouveau Renée dans la solitude. Elle demeura sans confidente, sans amie, sans conseiller. Ercole aurait pu être son seul refuge, à défaut d'être un mari aimant, mais elle entretenait la différence qui existait depuis toujours entre eux : la langue italienne, qu'elle ne s'efforçait pas d'apprendre convenablement. Le duc vivait sous le même toit qu'elle, mais sans elle. En outre, il entretenait plusieurs maîtresses, dont cette dame Noyant, femme de son échanson Jacques de Gébert, seigneur de Noyant. On lui attribuait quelques enfants naturels : un Lodovico Trotti, légitimé, une Lucrèce, entrée en religion. Pour éviter le scandale, il mariait à des époux complaisants quelques-unes de ses maîtresses qui se flattaient un peu trop fort de leur liaison. En bon épouseur, il s'occupait d'unir également des gentilshommes en mal de ménage. Il avait marié l'un de ses sujets, Gian Paolo Manfrone, à une veuve de Venise. Ce Manfrone, convaincu plus tard qu'il avait été mystifié par ce mariage – sans doute n'était-il pas heureux avec sa femme –, tenta d'assassiner le duc. Condamné à mort, Ercole avait commué sa peine en prison perpétuelle.

Renée s'avisa de prendre elle-même un amant en la personne d'Antoine de Pons, gendre de Michelle de Saubonne, son ancienne gouvernante. Ercole chassa incontinent le coupable, qui retourna à la cour de France. En dépit de toutes les précautions de Renée, le duc parvint à faire intercepter par ses espions les lettres qu'elle envoya par la suite à Antoine de Pons.

Ercole ne montra jamais rien de son animosité envers Pons, et cette attitude plaida en faveur de l'innocence de sa femme. Il n'était pas jaloux mais, déjà irritable sur le chapitre de l'honneur, le sang des Borgia qui coulait dans ses veines n'était pas fait pour l'apaiser. Du reste, en juillet, il soupçonna Michelle de Saubonne d'intriguer contre lui, de l'espionner pour le compte du roi. L'ancienne gouvernante de Renée avait autrefois été chargée des bagues, du linge et des bijoux d'Anne de Bretagne, dont elle était devenue la secrétaire. C'est elle qui avait introduit Jean Marot, le père de Clément, auprès de la reine, c'est elle aussi qui sera la première protectrice de Bernard Palissy. Elle manifestait des sympathies pour l'Église réformée et Ercole sentait qu'elle avait à ce sujet une extraordinaire emprise sur Renée. Il manifesta à François Ier son souhait de la chasser et de lui faire reprendre le chemin de la cour de France, lui rappelant qu'il l'avait lui-même éloignée pour hérésie, qu'elle avait pris, au grand déplaisir de Louis XII, le parti d'Anne de Bretagne contre celui de Louise de Savoie lorsqu'il s'était agi de choisir le jeune François d'Angoulême pour héritier du trône. Ce qui interdisait Ercole de la renvoyer telle une vulgaire domestique était son appartenance à une grande famille de la noblesse bretonne depuis son mariage avec Jean de Parthenay, baron de Soubise. Pour la même raison, et parce que les Soubise étaient mêlés de près à l'histoire mouvementée de la Bretagne, dans laquelle il avait des intérêts, le roi n'eut aucune intention de rappeler Michelle de Saubonne.

Puisque ses protestations étaient vaines, c'est Renée qu'Ercole se chargea d'éloigner. Il choisit de la reléguer jusqu'à nouvel ordre au château de Consandolo, situé à une journée de Ferrare, proche de l'étang de Comacchio, dans le bourg d'Argenta. Pour mieux isoler sa femme, il n'affecta à son service que des serviteurs italiens. La proximité du Pô rendait la résidence humide, ce dont Renée se plaignit, même en été. C'est dans la plus parfaite désaffection morale qu'elle ressentit les premières douleurs de l'accouchement, le 25 décembre. Le duc assistait alors aux vêpres, dans la cathédrale de Ferrare, lorsqu'on vint le lui annoncer. Il se rendit en toute hâte à Consandolo et trouva la duchesse déjà délivrée, et en si bonne santé qu'il retourna entendre la fin de l'office. Le baptême fut célébré le 24 avril suivant. L'enfant reçut le nom de Luigi et eut pour parrain le pape, représenté par le gouverneur de Romagne.

Calvin, de Genève, montra moins de détachement à la duchesse de Ferrare. Michelle de Saubonne, le poète Léon Jamet, Marguerite de Navarre l'informaient des bonnes dispositions de la duchesse. Il considéra que l'isolement de Renée la rendrait plus accessible à ses exhortations. Ercole avait habilement placé auprès d'elle, à Consandolo, un ermite de saint Augustin, du nom de François Richardot, confesseur et directeur de conscience de son épouse. Il songeait que par ses sophismes, Richardot triompherait là où, par la violence, il avait échoué. Le religieux démontrait à Renée qu'il y avait moyen d'accommoder ses croyances intimes avec les exigences du duc, qu'elle pouvait parfaitement aller à la messe pourvu que ce soit sans conviction, se confesser du moment qu'elle ne croyait pas à l'absolution. Instruit de la manière dont Richardot dirigeait l'âme de la duchesse, Calvin prit sa plume pour écrire à celle-ci :

> « Madame, je vous supplie humblement de vouloir prendre en bonne part la hardiesse que j'ai de vous écrire. Je me sens obligé envers vous de procurer votre bien et profit. Beaucoup plus que des personnes princières, vous pouvez promouvoir et avancer le règne de Jésus-Christ. Je connais si bien l'homme Richardot que je n'estime guère plus son jugement que le chant d'une pie. Il ne prêche la parole de Dieu sinon en tant qu'il pense vous gratifier pour attraper bénéfices et autres proies. Bien que je sache que l'office d'un homme chrétien n'est pas de détracter à autrui, j'estime

néanmoins qu'il est de mon devoir de vous représenter qu'il est un simoniaque éhonté dont il faut promptement vous défaire. »

Il lui faisait parvenir en même temps une épître, un petit livret contenant son *Traité de la Cène*, et lui offrait de l'instruire plus amplement, « principalement comment une personne chrétienne se doit gouverner quant aux scandales ».

Cependant, profitant de ce que le pape attendait à Bologne de rencontrer Charles Quint, Ercole le pria d'honorer sa capitale de sa présence. Paul III avait des raisons de ménager le duc. Il agréa sa demande, et, après avoir traversé Modène et Reggio, s'embarqua sur un *Bucentaure*, avant de faire son entrée solennelle dont les moindres détails avaient été minutieusement discutés et réglés d'avance. L'entrevue du Souverain Pontife et d'Ercole eut lieu en avril 1543. Elle allait avoir un formidable retentissement en Italie et plus encore en France, car on allait y voir la confirmation de l'alliance du duc avec les ennemis du roi et la fin des longues querelles qui avaient divisé le Saint-Siège et la famille d'Este. Le duc, suivi d'un gros de gentilshommes à cheval, vêtus comme lui de damas et de brocart de couleur sombre, se porta à la rencontre de son hôte et lui remit les clefs de la ville sur un plateau d'or, en lui disant qu'il lui livrait là son bien le plus précieux. Le pape les lui rendit, après les avoir bénies, et l'assura qu'il tenait pour certain que, sous son gouvernement, la ville serait aussi bien administrée et aussi vaillamment défendue qu'au temps de son père. Ercole descendit alors de cheval et précéda, à pied, le dais sous lequel était étendu Paul III. Vingt cardinaux, quarante évêques, les ambassadeurs de France, d'Espagne, de tous les États voisins, les innombrables serviteurs que la cour pontificale traînait toujours à sa suite, plus de trois mille personnes composaient son escorte et emplissaient les rues toutes décorées et pavoisées aux couleurs des Este et du Saint-Siège. Après vêpres, Renée, revenue de Consandolo pour la circonstance, fut admise au baise-pied.

Le pape s'entretint avec Ercole de son souhait d'obtenir pour lui une avance de 50 000 écus, et pour son petit-fils, Horace Farnèse, la main de l'une de ses trois filles. Il n'eut ni l'argent, car le duc se méfiait de ses desseins, ni la fille, car Horace ne possédait que 8 000 écus vaillants, à peine plus en perspective, et c'était vraiment trop peu pour une petite-fille d'un roi de France. Paul III, affectant de considérer Renée comme une fille très dévouée de l'Église, lui remit un bref qui la soustrayait, en matière de foi, à toute autre juridiction que celle du tribunal de l'Inquisition siégeant à Rome. Défense était faite aux inquisiteurs locaux, aux évêques, aux nonces, aux légats de l'inquiéter et, si le privilège que le pape octroyait ainsi à la duchesse de Ferrare venait à ne pas être respecté, elle était autorisée à exiger du bras séculier les plus graves châtiments contre les infracteurs : « La sincérité de ta foi éprouvée, disait le bref, te rend digne que nous t'accordions ce qui doit assurer la paix et le repos de ta famille et de toi-même. »

Paul III s'en retourna vers Bologne après avoir offert à Ercole la rose d'or, et à la duchesse un gros diamant et une fleur de lis composée de diamants et d'une valeur de 1 500 écus.

En avril de l'année suivante, alors que Renée était toujours assignée à résidence au château de Consandolo, Richardot dénonça au duc des propos malveillants tenus contre lui par Michelle de Saubonne. Celle-ci, instruite des délations dont elle faisait l'objet, prit peur et s'enfuit à Venise. En vain le duc dépêcha-t-il à deux reprises un des secrétaires de la duchesse pour l'inviter à venir prouver son innocence, elle jugea plus sage de ne pas reparaître à la cour. Renée admit que sa fuite avait condamné son ancienne gouvernante et en informa François Ier, en ajoutant qu'elle se sentait elle-même formalisée par ses propos. Le roi prit cependant fait et cause pour la coupable et adressa une remontrance à Ercole : « Mon cousin, écrivit-il, j'ai entendu qu'après la longue et continuelle peine que la dame de Soubise a prise alentour de la personne de ma bonne fille, votre femme, et les bons et laborieux services qu'elle lui a faits et à moi semblablement durant le temps qu'elle a résidé par delà, vous êtes entré en quelque mécontentement d'elle, et, pour toute récompense de ses services, lui faites un bien mauvais traitement. »

Mais le duc ne s'arrêta pas aux reproches du roi. Il fit saisir les meubles et les vêtements de Michelle de Saubonne, prétextant quelque réclamation de certains marchands juifs prétendant que la fugitive leur devait de l'argent. Toujours est-il qu'il n'avait plus de raison pour détenir Renée au château de Consandolo et qu'il la fit revenir au palais, après quatre ans d'exil.

Le 31 janvier 1547, il reçut du cardinal d'Armagnac des nouvelles de la santé de François Ier, qui ressentait depuis quelques années les troubles d'un mal que lui avait sans doute transmis sa maîtresse la Belle Ferronnière, épouse de l'avocat parisien Le Ferron : « Monsieur. Pour ce que vous avez pu entendre de la maladie du roi qui lui est advenue ces jours passés d'une apostume au lieu même qu'il eut, il y a tantôt cinq ans, je ne veux faillir à vous donner avis de sa santé qui m'est assurée de plusieurs de la cour, même de la reine de Navarre qui est arrivée le 17 de ce mois et m'écrit comme Sa Majesté se portait bien. »

Ercole négociait alors avec le roi le mariage d'Anne, sa fille aînée, qu'il avait d'abord songé à unir à Sigismond-Auguste

Jagellon, héritier du trône de Pologne. François Ier ne lui cacha pas que la cour s'était émue de ce projet. On ne pouvait décemment faire épouser à la petite-fille d'un roi de France un prince barbare, tout puissant et riche fût-il. François Ier comptait donner à Anne un mari français afin de resserrer les liens, devenus bien faibles, qui attachaient à son pays le duc de Ferrare. Il offrit à Ercole le choix entre plusieurs partis. Le cardinal Ippolito II, ou le Jeune, frère du duc, diplomate à la cour de France, servait d'intermédiaire entre les deux cours et avait pour interlocuteurs l'abbé de Montluc et le cardinal Charles de Lorraine. Il énuméra à son père les potentiels époux d'Anne : M. d'Aumale, fils de M. de Guise, grand favori du Dauphin, âgé de 22 à 25 ans ; M. François d'Enghien, frère de M. de Vendôme, allié à la maison de France, âgé de 25 à 27 ans ; le fils de M. de Saint-Pol, riche et beau, âgé de 40 ans ; un fils de M. de Nemours, âgé de 5 ans.

Après de longues tergiversations, Ercole porta son choix sur François d'Enghien, fils de Charles de Bourbon, duc de Vendôme. Il s'apprêtait à en faire part au cardinal son frère lorsque parvint à Ferrare la nouvelle de la mort de François Ier, survenue le 31 mars. Il dut attendre le couronnement d'Henri II pour faire porter sa réponse.

Le nouveau roi de France, âgé de vingt-huit ans, était l'un des fils que François Ier avait envoyés en otages à Charles Quint en échange de sa libération. Son frère François, le Dauphin, et donc héritier du trône, était mort dix ans après la fin de leur captivité, en août 1536. Dès son avènement, Henri II montra sa volonté de marquer une rupture avec le train de vie de son père. S'il conserva le connétable Anne de Montmorency, il s'entoura aussi de nouveaux conseillers, parmi lesquels François de Lorraine, duc de Guise, pair de France, issu de la branche cadette de la maison de Lorraine.

Cette dernière était puissante et immense. Sous François Ier, elle était représentée à la cour par Claude de Lorraine, naturalisé gentilhomme de France et créé grand veneur. Il commandait les reîtres à Marignan, les Français à Hesdin, contre les Anglais, et, durant la captivité du roi, lorsque les paysans soulevés de Misnie et de Souabe allaient pénétrer en France pour tout ravager, ce fut Claude de Lorraine qui les arrêta et les dispersa devant Saverne. Le péril avait été si grand qu'après la victoire un arrêt du parlement de Paris l'avait proclamé sauveur de la patrie. Le roi, en même temps, érigea la terre de Guise en duché-pairie, en lui déférant aussi à perpétuité le gouvernement de la Champagne. Ces grands services, un dévouement absolu à la foi catholique assuraient une haute popularité à la maison de Guise.

François était le deuxième des douze enfants de Claude de Lorraine et d'Antoinette de Bourbon, et l'aîné des garçons. Il était duc de Guise depuis la mort de son père et portait le surnom de « Balafré ». Au siège de Boulogne, deux ans plus tôt, il avait reçu un coup de lance dont le fer avait pénétré au-dessus de l'œil droit, déclinant vers le nez, pour sortir entre la nuque et l'oreille. Ambroise Paré, qui avait soigné le duc, racontait dans l'un de ses traités : « Le fer ne put être tiré qu'à grande force, même avec des tenailles de maréchal et non sans fracture d'os, veines et artères. Le dit seigneur allait toujours guerroyer à face découverte. Voilà pourquoi la lance passa outre de l'autre part. »

Capitaine d'une redoutable audace, François de Guise fut nommé gouverneur du Dauphiné par François Ier et sa fortune s'augmenta des libéralités du roi. À vingt-neuf ans, dès qu'il entra au conseil d'Henri II, dont il était l'ami et le compagnon de toujours, son ambition s'y marqua. Les magistrats y parlant devant les princes debout, chapeau bas, il réclama les mêmes respects pour lui, rappelant la maison souveraine dont il était issu. Un seul se permit de résister : Pierre Lizet, premier président, destitué aussitôt de sa charge par le roi. François prit à la cour la situation d'un prince qu'il ne quitta jamais. Lors du sacre d'Henri II, il avait obtenu le pas sur le duc de Montpensier, sous prétexte de l'ancienneté de son duché, et la querelle ayant été portée au Parlement, le roi s'était prononcé en faveur de François de Guise. À l'armée, la popularité du duc était déjà immense et le soutien de ses nombreux partisans faisait pâlir de jalousie le connétable de Montmorency.

Ses prétentions et sa brillante élévation séduisaient Ercole, qui abandonna le projet d'unir Anne à François d'Enghien pour lui faire épouser le duc de Guise. Toutefois, une difficulté se présenta. Guise n'avait jamais rencontré la deuxième fille du duc, Lucrèce, qui égalait en beauté sa grand-mère dont elle portait le nom, et pourtant il assura, fait singulier, qu'il en était éperdument épris. Ercole objecta que Lucrèce n'était pas encore nubile et qu'il ne pouvait agréer le mariage avec le duc de Guise. Mais les Guise, famille remuante, intrigante, ne se tinrent pas satisfaits de cette réponse et envoyèrent un émissaire à Ferrare pour en reconnaître le bien-fondé. Son rapport fut de tout point contraire aux affirmations du duc. La jeune Lucrèce était en réalité âgée de quatorze ans et pouvait contracter une union. De ce fait, François de Guise réclama de nouvelles négociations afin de pouvoir épouser Lucrèce et non Anne.

Puis en 1548, Henri II pressa le mariage du duc de Guise. Ercole ne voulant pas céder Lucrèce à François, force fut d'unir celui-ci à Anne.

François de Guise fut autorisé à venir à la rencontre de sa fiancée jusqu'à mi-chemin. Messieurs de Vendôme, de Troyes et de Lorraine partirent la chercher à Ferrare. Toute la cour ducale partit pour Mantoue, où Ercole régala la duchesse et ses filles d'un concert, d'un bal, de nombreux soupers sur l'eau et de dîners dans la montagne. Par crainte de voir Renée s'éloigner du côté de la France, où elle aurait pu être sollicitée et tentée de ne jamais revenir, il lui ordonna de retourner à Ferrare avec lui, tandis que leur fille poursuivait sa route. Anne parvint à Saint-Germain après cinquante jours de voyage. Comme vingt ans plus tôt, lors du mariage de sa mère, on célébra ses noces, le 16 décembre, par force banquets, mascarades et bals travestis. Elle reçut en présent, du cardinal de Lorraine, une bassine, un versoir, une coupe, tous les trois en or, un collier de perles d'une valeur de 6 000 ducats, une ceinture d'or, une haquenée, un étrange caniche d'argent renfermant une horloge.

Déjà parente directe d'Henri II et de ses fils, son mariage venait de la faire entrer dans la toute-puissante famille des Guise, et sa provenance italienne allait bientôt la lier à Catherine de Médicis. Le 10 juin 1549, elle assista au sacre de cette dernière à la basilique de Saint-Denis. Coiffée d'un diadème et vêtue d'un surcot d'hermine enrichi de pierreries, elle eut l'honneur de marcher au troisième rang derrière la reine, aux côtés de Diane de Poitiers, la favorite du roi, alors qu'on pénétrait dans le chœur.

Les demeures parisiennes du duc et de la duchesse étaient situées dans la même rue et se composaient des hôtels de Clisson, construit par Olivier de Clisson, le compagnon d'armes de du Guesclin, de Laval et de la Roche-Guyon. Le couple disposait d'une maison digne d'un roi, conduite par un premier gentilhomme et un grand écuyer. Anne s'occupait de l'agencement, de la décoration, du mobilier ; François, grand chasseur, de la cavalerie et des meutes. Il se faisait parvenir des chiens et des chevaux d'Afrique et de Turquie par l'entremise de l'ambassadeur d'Avanson. On lui adressait des mues de cerfs, des faucons, des gerfauts, on le proclamait « l'homme de France le plus fort pour le héron ». Le 31 décembre 1549, Anne donna la vie à Henri de Guise.

La cour, elle, résidait principalement au château de Saint-Germain. La vaste forêt qui s'étendait d'un côté jusqu'à Pontoise, de l'autre jusqu'à Écouen, était aussi sombre et séculaire que celle de Fontainebleau. La chasse y était belle et plantureuse, et le point de vue unique. De tous les châteaux commencés par François Ier aucun n'était achevé : Chenonceau, avec ses ponts, ses canaux, ses formes irrégulières, et Chambord, construit sur les dessins du Primatice, étaient loin d'être à leur fin. Philibert Delorme, sur ordre de Diane de Poitiers, semait la résidence d'Anet de riches ornements. Les galeries du Louvre donnant sur la Seine ne s'élevaient qu'au premier étage.

Catherine de Médicis s'occupait peu des manifestations publiques et, préparant méthodiquement sa domination politique au milieu des plaisirs, des mascarades et des fêtes, ne trouvait rien à redire à la liaison de son époux avec Diane de Poitiers. Elle savait du reste que leur amour mutuel comportait davantage de charme spirituel que de réalités sensuelles. Henri II portait publiquement les couleurs de sa favorite. En outre, il avait fait graver sur plusieurs de ses monnaies une devise entourant un croissant de lune et qui s'appliquait à Diane : *donec totum impleat orbem* (jusqu'à ce qu'elle [la lune] remplisse l'orbe tout entier).

Elle-même avait pris pour devise le chiffre du roi, et son château d'Anet, que Philibert Delorme n'avait pas encore achevé de construire, était déjà tendu de belles tapisseries évoquant ses amours avec le roi de France. C'était une délicieuse demeure située entre les deux forêts d'Yves et de Dreux. Son parc s'étendait sur l'Eure jusqu'au village d'Yvry. Le château d'Anet deviendra la résidence de prédilection de Diane de Poitiers, qui y attirera Ronsard, François Clouet et Bernard Palissy. Il se distinguait par la richesse de son ameublement. Les meubles étaient d'ébène et d'ivoire, les tentures en cuir damasquiné jaune. Les buffets et coffrets en bois sculpté reproduisaient les scènes de chasse relevées en or, les tapis d'Orient, les glaces de Venise ornaient les salles, des peintures, des poteries sur émail agrémentaient les galeries.

– De Filippo Cavriana à Pierre de Bourdeille, seigneur de Brantôme. Mon cher ami Brantôme. Naturellement, l'évocation du sac de Rome nous fait revenir vingt ans en arrière, mais la nécessité de rompre la chronologie de notre récit ne perturbe en rien le cours des événements. Le sac de Rome est l'un des fruits de la trahison du connétable Charles III de Bourbon. Cette trahison entraîna celle de Jean de Poitiers, seigneur de Saint-Vallier et père de Diane de Poitiers, qui se jugea spolié de ses terres du Valentinois. En 1548, au milieu des intrigues de la cour de France, la favorite d'Henri II s'apprête à devenir le successeur direct de César Borgia à la tête du duché de Valentinois. Votre Seigneurie et moi-même nous accordons sur le fait que l'ombre des Borgia plane de manière omniprésente sur les personnages de l'histoire de France, particulièrement ceux des guerres de Religion, et ce même jusqu'au duc Henri de Guise, dont nous avons compris qu'il est l'arrière-petit-fils de Lucrèce, ou l'arrière-petit-neveu de César.

Au lendemain de sa défaite à Pavie, François Ier, prisonnier de Charles Quint, avait dû renoncer par le traité de Madrid à toutes ses prétentions sur l'Italie. Clément VII avait pris fait et cause pour lui et s'était fait le promoteur d'une ligue anti-impériale appelée la Sainte Ligue de Cognac. L'empereur avait riposté par une intervention armée contre l'État pontifical. Pas plus que vous, mon cher Brantôme, je n'ai été le témoin oculaire du sac de Rome de mai 1527. Jacopo Buonaparte en fut un. Voici le récit qu'il nous a laissé et que vous m'adressez : « Quelques palais avaient échappé à leur fureur. Il s'y était retiré beaucoup de monde, des hommes de loi, des marchands, que la bienveillance de quelques seigneurs, en droit de se faire respecter par la soldatesque, avait protégés contre la première impétuosité des vainqueurs. Cependant, quand ceux-ci s'ennuyaient d'être oisifs, ils se rassemblaient, au son du fifre, du tambour et des trompettes, en ordre de bataille, et formaient leurs rangs comme pour recommencer le siège de la ville. Ils attaquaient alors ces palais en furieux, ne s'inquiétaient ni des défenses qui leur étaient faites, ni des recommandations ou ordres que leurs supérieurs leur adressaient, et tiraient même sur leurs camarades, qui, du dedans, défendaient ces habitations. S'ils étaient repoussés, comme cela arrivait souvent, ils se vengeaient en y mettant le feu ; ensuite, ils les pillaient, à moins qu'on ne leur fît des propositions acceptables, c'est-à-dire qu'on payât des rançons énormes. Quelques-uns de ceux qui avaient traité avec les Espagnols furent ensuite pressurés et rançonnés par les Allemands, ou virent leurs maisons incendiées par eux. Ils firent un butin si considérable, que les croix, les figures et autres objets d'argent, les sculptures, les tableaux précieux dont ils s'emparèrent, n'étaient pas estimés par eux le quart de leur valeur, et ce qu'ils prisaient par-dessus tout, c'étaient les joailleries et l'or pur, qui tiennent peu de place. Combien de statues de marbre et de bronze, sculptées avec un talent remarquable, combien de médailles d'empereurs, de rois et de papes, conservées depuis des siècles, rassemblées à force de soins, remontant à la plus haute Antiquité, et d'un travail exquis, devinrent en un moment la proie de ces barbares ! À ne parler que des effets pris et emportés, on évalue la perte à la somme de deux millions, et le montant des rançons imposées arrive au même capital. »

Pour un peu, mon cher Brantôme, ce texte nous aurait éloignés des Borgia, mais nous savons qu'une partie de leurs demeures et édifices a été détruite pendant ces huit jours de mai 1527 où les lansquenets de Charles Quint ont pillé la Ville éternelle. Le Vatican et les bâtiments additifs construits par Rodrigo ont beaucoup souffert ; la villa de Vannozza Cattanei de la Piazza di Merlo a été anéantie ; la majeure partie du palais de Santa-Maria in Portico, où Lucrèce vécut ses premières années, a été incendiée ; la tombe de Juan Borgia, dans l'église de Santa-Maria del Popolo, a été profanée.

J'aimerais éclairer Votre Seigneurie sur deux points essentiels. Vous me dites qu'à l'empereur incombe la responsabilité du sac de Rome. Ce n'est pas exact : il a certes ordonné le siège de la ville, mais le pillage a été commis spontanément pour venger la mort du connétable de Bourbon pendant l'assaut. Le second point concerne les huguenots. On admet ordinairement qu'ils ont été les principaux instigateurs du saccage. C'est encore inexact. Les troupes de Charles Quint étaient alliées à celles des protestants allemands. Les unes comme les autres ont eu une responsabilité égale. Diane de Poitiers s'est fait l'écho de tous les catholiques outragés en accusant violemment les hérétiques. Elle a même sévèrement reproché à Renée de correspondre avec des assassins, les artisans de la religion nouvelle.

Précisément, revenons au père de Diane de Poitiers, Jean, seigneur de Saint-Vallier, et aux raisons qui l'incitèrent à s'aboucher avec le connétable de Bourbon. La famille dont il était issu n'avait aucun lien avec la ville du même nom. Les Poitiers étaient originaires du Dauphiné. Chevalier des ordres, capitaine de la compagnie des cent gentilshommes, Jean de Saint-Vallier prit une part glorieuse à la bataille de Marignan et se distingua jusqu'en 1521 par ses hauts faits d'armes. Cette année-là, le connétable de Bourbon, plein de haine contre Louise de Savoie, médita de quitter la France pour la bannière de l'empire. Saint-Vallier tentait de le détourner de toute idée de trahison lorsque François Ier lui imputa la perte du Milanais. Se sentant injustement accusé, il exulta sa colère et en profita pour exhumer un ancien grief, rétorquant au roi que la reine mère détenait sans raison ses domaines, tout comme, en tant que petite-fille du duc Charles Ier de Bourbon, elle avait revendiqué et obtenu les fiefs du connétable. À malheur commun, cause commune : il quitta la cour pour suivre le connétable de Bourbon dans sa félonie. C'est dans la nuit du samedi 18 juillet 1523 que fut signé et juré, sur les Évangiles profanés, ce traité de rébellion et de trahison dont les conséquences pouvaient être si terribles pour la France. Lorsque la défection du connétable de Bourbon eut lieu, Saint-Vallier fut le premier à être soupçonné. Arrêté à Lyon en septembre 1523, il fut condamné à mort pour sédition et conspiration et destitué de tous ses biens. Il fut sauvé de la décapitation grâce à l'intervention de sa fille Diane, comme vous le dites vous-même, cher Brantôme, en évoquant du reste une raison qui, soyons franc, n'engage que vous : « J'ai entendu parler d'un grand seigneur qui, ayant été jugé d'avoir la tête tranchée, si qu'étant déjà sur l'échafaud, sa grâce survint que sa fille qui était des plus belles avait obtenue ; et, descendant de l'échafaud, il ne dit autre chose, sinon : "Dieu sauve le bon con de ma fille qui m'a si bien sauvé." »

La peine de Jean de Saint-Vallier fut commuée en prison perpétuelle. En janvier 1524, François Ier le fit remettre en liberté et lui remit des lettres d'abolition lui restituant ses biens. Après sa mort, en 1539, Diane se chargea dès lors d'y rentrer en possession. Parmi ces fiefs figurait le comté de Valentinois, érigé autrefois en duché-pairie pour César Borgia et s'étendant le long du Rhône, depuis l'Isère jusqu'au Comtat Venaissin. Après que Louis XII eut déchu de ses droits le fils du pape, le duché avait été réuni à la Couronne et demeurait pour ainsi dire en souffrance. Les seigneurs de Saint-Vallier n'avaient pas été consultés lorsque Louis XII avait donné le Valentinois à César. Depuis des années, ils protestaient pour le recouvrer et se pourvoyaient vainement au parlement de Grenoble. Depuis 1514, date du décès de Charlotte d'Albret, et jusqu'à sa mort, en 1531, Louise de Savoie avait allégué à juste titre qu'elle était chargée de tous les biens de Louise Borgia, le château de la Motte-Feuilly et le duché de Valentinois compris. Puisque ce dernier appartenait désormais à la Couronne, la reine mère avait pu prétendre en disposer au nom de sa filleule.

Veuve du grand sénéchal de Normandie Louis de Brézé, à présent favorite toute-puissante du roi de France, Diane de Poitiers souffrait cependant de ne pouvoir occuper à la cour un rang digne de son pouvoir et de ne disposer d'aucun titre personnel. Ni Louise de Savoie ni François Ier ne pouvaient à présent entraver les droits des Saint-Vallier sur leur ancestral comté de Valentinois. Henri II rappela au parlement de Paris l'arrêt publié par François Ier annulant la confiscation de tous les biens de Jean de Poitiers, comte d'Albon et de Saint-Vallier. Diane, ayant légalement hérité de son père et reçu une nouvelle inféodation, pouvait prétendre au duché. Le conseil du roi examina ses titres et les reconnut valables de même que l'érection du comté en duché par Louis XII. Diane reçut ainsi des lettres patentes datées du 8 octobre 1548, par lesquelles Henri II consentait à lui « donner, céder, quitter, transporter et délaisser, pour en jouir paisiblement sa vie durant, ledit duché, sans aucune chose en réserver ne retenir à nous, fors les foi et hommage, ressort et souveraineté ». Elle adressa ces lettres au mari d'Anne d'Este, François de Guise, gouverneur du Dauphiné, afin qu'elles soient rapidement enregistrées par le parlement de Grenoble. Prudente, elle s'occupa de faire confirmer le don royal par d'autres lettres, qui lui furent remises à Saint-Germain-en-Laye quelques semaines après avoir été officiellement proclamée duchesse de Valentinois, succédant ainsi à César Borgia à la tête du duché. Elle se hâta d'informer Louise Borgia que c'était désormais elle, la favorite royale, la seule et unique duchesse de Valentinois. Louise avait été la dernière duchesse de Valentinois. Depuis la mort de son père, ce n'était cependant plus qu'un titre éteint qu'elle arborait. Elle se sentit contrainte, avec quelque amertume, de féliciter Diane de Poitiers.

Quelques semaines plus tard, une jeune Écossaise du nom de Jane Fleming fut introduite à la cour d'Henri II en qualité de gouvernante de Marie Stuart, reine d'Écosse, promise au

Dauphin François II. Elle fut remarquée par le roi au château de Saint-Germain-en-Laye en juillet. Anne de Montmorency entrevit dans cette attirance du souverain pour Jane Fleming l'opportunité de se débarrasser de la toute-puissante favorite en titre, Diane de Poitiers elle-même. Il avait des raisons de croire que si Jane devenait la maîtresse royale, Henri éloignerait Diane. Il s'occupa de donner des rendez-vous secrets aux deux jeunes gens, puis servit à cacher leur liaison. Dès lors, Diane de Poitiers mit tout en œuvre pour surprendre Montmorency et, par la même occasion, faire chasser sa rivale. Elle ne craignit pas de se poster un soir dans l'antichambre, de voir Henri II et Montmorency sortir de chez la demoiselle, d'écouter le roi se justifier, de couvrir le connétable d'injures.

Cette affaire de cœur tourna à la politique : lorsqu'il s'agira d'unir Marie Stuart, nièce du duc de Guise, au Dauphin, on pourra craindre que le prince refusera le mariage, alléguant que la fiancée a été élevée par une catin. Henri prit alors le parti de se détacher peu à peu de Jane, tout en faisant son possible pour réconcilier Diane avec Montmorency. Mais il était trop tard : le connétable fut provisoirement chassé de la cour par la favorite, qui, en tenant en échec son subterfuge, montrait qu'elle était au zénith de son pouvoir.

Montmorency tira profit de sa disgrâce pour se rendre à Busset. Il n'avait pas vu Louise depuis quelques années. La baronne de Busset avait contracté l'habitude de s'habiller en blanc, avec une profusion singulière de rubans bleus qu'elle attachait à son corsage, à ses cheveux, à son chapeau, à ses poignets. On avait fini par découvrir qu'un vieux pastel, accroché dans une pièce écartée et que Nicolas d'Estouteville aimait beaucoup, représentait une femme ainsi vêtue. Louise ne parlait plus du jeune homme qu'en d'étranges termes et circonstances.

– Pourquoi pleurez-vous, Madame ? lui demanda Montmorency qui la trouva en larmes.

– Je vous remercie pour le bonheur que vous m'avez apporté, Nicolas, mais si vous avez bien les mêmes traits, vous n'avez plus la même expression. Quand je ferme les yeux, le son de votre voix ne me dit plus rien.

– Je suis Montmorency, Madame.

– Autrefois, votre voix me faisait bondir dès que je l'entendais. À présent il me semble que vous êtes un autre. Vous n'êtes pas Nicolas et j'ignore comment le retrouver.

Philippe de Bourbon avait quitté le foyer en 1545, année où Louise avait mis au monde un septième enfant. Cet enfant de cinq ans, qu'elle élevait seule, portait curieusement le nom de Nicolas d'Estouteville et avait été présenté au baptême comme étant prétendument « fils de messire François, seigneur de Villecouvin, capitaine de cavalerie, et de dame Louise Citoyenne ».

– Ce petit Nicolas d'Estourville avait en fait pour père François Ier. Mon ami Brantôme assura plus tard que « la mère – Louise, naturellement – pria François Ier de lui donner ou assigner quelque peu de bien, avant qu'il mourût, pour l'enfant qu'il lui avait fait ; ce qu'il fit, et lui assigna deux cent mille écus en banque, qui lui profitèrent et coururent toujours d'intérêt et de change en change ». Louise fut emportée en 1553 par une maladie de langueur compliquée d'une démence provoquée par son amour sans retour pour Nicolas d'Estouteville. Elle fut inhumée dans l'église de Busset. L'enfant naturel de François Ier mourut à Constantinople en 1567 après avoir institué son héritier

Claude de Laval, seigneur de Téligny, gendre de l'amiral de Châtillon, maître d'hôtel du Dauphin Henri. Cependant, ses intentions ne furent jamais suivies et la succession échoua au maréchal de Retz, qui démontra la bâtardise de Nicolas d'Estouteville.

DIARIUM XI

Où Renée de France semble vouloir renier le protestantisme avant de se raviser et d'être traduite par Ercole devant un tribunal d'Inquisition.

À Ferrare, le mois de mars 1550 fut marqué par l'arrivée du nouvel aumônier de Renée, Jérôme Bolsec, un Français, qui remplaçait Richardot et devait plus tard acquérir une renommée de médecin. Religieux de l'ordre des Carmes dans sa jeunesse, il avait prêché dans l'église parisienne de Saint-Barthélemy un sermon un peu libre dont les conséquences l'avaient contraint à fuir à Berne, en Suisse, où il avait jeté le froc aux orties pour se marier et embrasser par la suite la religion réformée. À Ercole, il prétendit être catholique, ce pourquoi le duc l'accepta à sa cour ; à Renée, il assura être protestant, raison pour laquelle elle l'utilisa pour transmettre sa correspondance à Calvin. De son côté, Ercole en fit un espion chez sa femme. La duchesse comprit rapidement qu'elle pouvait s'ouvrir facilement à son coreligionnaire et l'informa de la dureté avec laquelle le traitait son mari. Ercole avait notamment recommencé à lui faire faire des séjours prolongés au château de Consandolo chaque fois qu'il était irrité par sa conduite anticatholique.

Or, Bolsec, dès les premiers temps où il était entré au service de Renée, s'était lié d'amitié avec un Juif de Ferrare, Isacco Abravanello. Il avait un tel ascendant sur son esprit qu'il l'exhorta à conspirer contre l'infâme époux de sa maîtresse. Abravanello élabora un plan visant à assassiner le duc. Sa tentative échoua et, en mai, il fut mis à la torture puis traduit devant le tribunal suprême de la ville. Le geste d'Abravanello le rendait d'autant plus coupable que son père Samuel avait été l'objet d'une décision bienveillante de la part du suzerain d'Ercole, qui y avait donné son agrément. Un bref du pape lui avait en effet permis, à titre spécial, d'instituer une synagogue attenante à sa maison pour l'usage de sa famille et de ses serviteurs, et ceci contrairement aux ordonnances pontificales qui s'appliquaient au duché de Ferrare, fief de l'Église.

Abravanello fut défendu dans son procès par un éloquent avocat, disciple de Calvin, un Napolitain du nom de Paolo Ricci, qui parvint à obtenir son acquittement. Ercole en fut saisi de colère. Pour tirer vengeance de Ricci, il s'appuya sur le fait qu'il prêchait ouvertement la Réforme en compagnie de nombreux de ses coreligionnaires : « Des personnes de toute condition, écrivit-il à Rome, et non seulement des savants mais des gens sans instruction, ainsi que des femmes, ergotaient sur la foi et sur le christianisme dans les rues, dans les maisons, dans les églises. » Il fit arrêter Ricci et, convaincu de sédition et de pélagianisme, le somma, sous peine de mort, de se rétracter publiquement :

– Sur les Évangiles, déclara-t-il, j'abjure et renie toute hérésie. Je confesse l'Église romaine à laquelle tous les chrétiens doivent obéissance. Je jure que l'homme jouit de son libre arbitre pour le bien et pour le mal, avec la grâce spéciale du Saint Esprit. Je jure que le purgatoire existe, comme l'enseigne l'Église, de même que les âmes des justes et des saints sont au ciel à jouir des délices du paradis, qu'on peut les invoquer comme nos avocats et intercesseurs auprès de Dieu et du Christ Sauveur. Je jure que la confession est de droit divin, que les chrétiens sont obligés de se confesser aux prêtres, d'observer le carême et les jeûnes prescrits, que la messe est sainte et obligatoire aux jours de fête, qu'il est licite de faire des vœux à Dieu et aux saints, qu'il est louable de réciter des hymnes à la Vierge. En conséquence, j'abjure et renie l'hérésie condamnée par la Sainte Église qui s'oppose aux affirmations que je viens de faire et toute autre hérésie.

Quant à Bolsec, s'étant conduit de façon à se faire chasser de la ville qui lui avait donné l'hospitalité, il se rendit à Genève. Sa pratique, comme médecin, lui laissant beaucoup de loisirs, il songea à l'employer à dogmatiser, ce qu'il fit d'abord en secret, puis peu à peu, en public. Il devint l'un des plus grands prédicateurs de la foi protestante de son temps.

L'abjuration de Ricci, connue de tous à Ferrare, toucha Renée de plein fouet. L'Église était prête à la considérer comme une hérétique et à la rejeter de la communion des saints. Sa conscience l'assurait du contraire et son âme n'était aucunement troublée, mais la prudence s'imposait. D'autant que la nouvelle cour de France se faisait plus distante à son égard. Henri II n'était pas son ami d'enfance, comme l'avaient été son protecteur François Ier et sa confidente Marguerite de Navarre, disparue l'année précédente. Au contraire, la favorite d'Henri II, Diane de Poitiers, était d'une passion profondément antiprotestante, une ennemie déclarée de la Réforme. Or, c'est elle qui régnait à la cour, et elle y était toute-puissante. N'ayant jusqu'à la mort de François Ier joué qu'un rôle secondaire, elle voyait à présent tous les courtisans se réunir autour d'elle et Catherine de

Médicis ménager sa faveur. Implacable dans ses haines, comme elle le sera toujours, elle venait de chasser sans ménagement et sans état d'âme la duchesse d'Étampes, Anne de Pisseleu, dernière favorite du roi défunt. Elle jouera bientôt un rôle considérable dans la persécution des huguenots du règne d'Henri II. Dans son testament, elle ira même jusqu'à vouloir déshériter ses filles s'il leur prenait l'envie d'embrasser la religion des hérétiques. Elle allait inspirer au roi toutes les cruautés dont il se rendra coupable envers les protestants, et applaudira tous les édits d'intolérance.

La Réforme faisait d'évidents et rapides progrès à Ferrare, dont l'université s'enrichissait chaque année un peu plus de disciples de Calvin. Bientôt la région devint un centre de résistance contre l'autorité papale. Renée correspondait avec les plus illustres promoteurs de la Réforme : Calvin, Bullinger, Curione, qui lui dédiaient leurs ouvrages. Des missionnaires calvinistes venaient chercher asile auprès d'elle, au milieu des hérétiques qui l'environnaient. Lilio Giraldi, Angelo Manzolli, Baldassar Altieri, Marcantonio Flaminio, Jacob Ziegler, Léon Jamet étaient l'âme du parti de la foi nouvelle. Modène, autre capitale d'Ercole, était également infestée de luthéranisme, tout comme La Mirandole, où le comte Galeotto Pico donnait refuge aux protestants.

En mai 1551, Jules III, le nouveau pape, se résolut à envoyer dans les États du duc deux commissaires spéciaux, les cardinaux Morone et Stella, qui parvinrent à apaiser provisoirement l'effervescence. En dépit de son affection pour Renée, le pape finit par lui reprocher vertement d'encourager les hérétiques qui affluaient à sa cour. On n'en arrêtait pas un qui n'avouait avoir été secouru par elle. Ercole fut sommé de mettre fin au scandale mais fit la sourde oreille pour ne pas compromettre Renée. Il était comte de Gisors, duc de

Chartres, grand propriétaire terrien en France. Quelle que fût son indépendance politique à l'égard d'Henri II, il était tenu à certains ménagements dans sa conduite en ce qui concernait Renée s'il ne voulait pas voir confisquer au profit de la Couronne tous les domaines que sa femme avait reçus en dot.

Alors il prétexta que les griefs de la cour de Rome manquaient de précision et refusa d'en tenir compte tant qu'on ne lui aurait pas avancé de plus probants arguments. Le pape fit prendre des informations. Les jésuites lui adressèrent des rapports alarmants sur la duchesse : elle ne fréquentait plus les églises, ne se confessait jamais, mangeait gras en carême. Si d'autres princesses agissaient de même tout en dissimulant, Renée semblait se plaire à violer ouvertement les prescriptions de l'Église. Peu à peu les accusations de Jules III devinrent ainsi moins vagues et moins générales. Le pape fut même instruit que Renée était coupable d'avoir accueilli à sa cour et gardé à son service un écrivain florentin et un moine grec, tous deux notoirement hérétiques. L'écrivain portait le nom prédestiné d'Antonio Brucioli, *brucio li* signifiant *je les brûle* en italien. Il s'agissait d'un exilé ayant dû abandonner sa patrie pour s'être impliqué dans un complot et avoir exprimé trop librement ses opinions en matière religieuse. Le moine était un Crétois d'origine du nom de Francesco Porto. Il avait longtemps étudié dans les universités de Venise et de Padoue avant d'être appelé à celle de Modène puis de se voir confier l'éducation des filles de Renée.

Un autre fait vint accabler Renée. Un certain Camillo Fannio, détaché tout jeune de l'Église romaine et proférant en public des paroles douteuses, fut arrêté sur les terres d'Ercole, dans le petit bourg de Bagnacavallo. C'est donc à Ferrare qu'il fut emprisonné, jugé et condamné à être brûlé vif comme hérétique. Le duc, toutefois, ne se hâta pas de faire exécuter la sentence. Il lui offrit, s'il abjurait, de lui faire grâce. Fannio refusa. Sa femme, ses enfants, ses sœurs le supplièrent vainement : « Le Seigneur ne veut pas, leur répondit-il, que je le renie pour l'avantage de ma famille. » Renée s'intéressa à Fannio et Jules III ne tarda pas à apprendre qu'elle prenait fait et cause pour le condamné. L'orateur ferrarais à Rome fut chargé d'avertir Ercole que le Saint-Siège entendait que Fannio subisse sa peine sans délai. Le duc n'osa pas le soustraire plus longtemps à la justice ecclésiastique et fit conduire Fannio au lieu du supplice. Il fut étranglé et son corps fut jeté au fleuve.

Quelques jours plus tard, Ercole fit procéder à une seconde exécution, celle d'un prêtre sicilien, Domenico Giorgio, qui fut pendu à une des fenêtres du palais ducal comme « luthérien et hérétique ». Renée intervint auprès de son mari pour le sauver. En vain. En revanche, elle s'employa activement à obtenir la grâce d'un troisième condamné, un certain Lodovico Domenichi, accusé d'avoir traduit la *Nicomediana* de Calvin. Elle adressa à Cosme de Médicis une lettre dans laquelle elle le priait de rendre la liberté au prisonnier. Cosme était alors en pleines négociations avec Renée relativement au mariage d'Alfonso et de l'une de ses filles. Pour ne pas déplaire à la duchesse, il intervint, avec succès, auprès d'Ercole.

Le pape fut satisfait des deux exécutions ordonnées par le duc de Ferrare. Il se réjouit moins de l'intervention de Renée dans l'affaire Lodovico Domenichi et exigea de plus belle qu'Ercole prenne des mesures à l'encontre de sa femme. Mais tout ce que le duc se hasarda à faire fut d'interdire le séjour de Ferrare aux deux hôtes dangereux envers lesquels Rome lui avait reproché sa tolérance, Porto et Brucioli. De son côté, Calvin tira profit de ces funestes événements pour envoyer à Renée des exhortations intéressées : « Je vous prie de reprendre courage, et si l'ennemi, pour un coup, à cause de votre faiblesse, a eu quelque avantage sur vous, qu'il n'ait pas la victoire du tout gagnée. »

Cependant, une affaire d'un tout autre ordre vint aggraver les inquiétudes d'Ercole. En mai 1552, son fils aîné Alfonso, l'héritier présomptif du duché, âgé de dix-huit ans, désireux d'acquérir quelque honneur par de hauts faits d'armes, s'enfuit pour aller servir sous les bannières françaises. La nostalgie de sa mère pour la France avait déteint sur lui. Si son père l'initiait au gouvernement et le laissait assister aux conseils pour qu'il lui succède dignement, le prince n'avait écouté que son désir de se rendre à la cour des Valois, dont on lui avait si souvent évoqué l'éclat et la splendeur. Ercole ne fut pas surpris par cette fugue. Depuis quelque temps, il soupçonnait Henri II de vouloir attirer son fils par de belles promesses et avait même écrit à son ambassadeur pour qu'il dissuade le roi dans cette entreprise. Alfonso avait prétexté une partie de chasse à l'épervier pour se lever aux premiers feux de l'aurore et partir avec quinze de ses compagnons, son porte-lance, son armurier et deux gentilshommes. Le duc en fut quitte pour faire pendre par les pieds à une fenêtre de son palais Tommaso Lavezzuolo, qu'il soupçonnait d'être l'instigateur de cette équipée. La fuite d'Alfonso promettait d'entraîner des conséquences sur la politique d'Ercole. En effet, son fils allant guerroyer pour le roi de France cela signifiait que ce ne pouvait être que contre les impériaux, les soldats de Charles Quint, l'allié, le protecteur de la maison d'Este. L'empereur verrait dans ce coup de tête un acte de duplicité sans pareil.

Henri II envoya une troupe de cavaliers à la rencontre d'Alfonso, grossissant son escorte de lieue en lieue, à mesure qu'il approchait. Le soir, à Saint-Germain, il lui conféra l'ordre de Saint-Michel et le commandement de cent hommes d'armes. À Ferrare, le duc engagea une correspondance avec le roi, insistant pour que l'on n'envoie pas son fils à l'armée. Le monarque répondit qu'il le garderait auprès de lui si le duc s'avisait de signer un traité d'alliance avec Charles Quint. Ercole expédia en France une forte délégation d'ambassadeurs, mais le roi venait déjà d'envoyer Alfonso dans les Flandres. Catherine de Médicis s'y était établie pour suivre de près les opérations conduites par le roi en personne. Henri II avait renoué avec les princes protestants d'Allemagne. Les vaincus de Mühlberg avaient relevé la tête et Maurice de Saxe, le neveu de l'électeur vaincu, avait repris le flambeau contre Charles Quint.

Alfonso reçut le baptême du feu en août. Il parvint à capturer le duc d'Arschodt, l'un des éminents personnages de la cour de Marie de Hongrie, gouvernante des Pays-Bas. Henri II le récompensa en lui accordant l'honneur de figurer dans sa maison militaire. Pendant toute la campagne, il se comporta en véritable vétéran de l'armée, dressant une embuscade par-ci, chargeant l'ennemi par-là. À son retour à la cour, on parla de le marier à une fille de Mademoiselle de Saint-Pol, âgée de quatorze ans, riche de 50 000 livres de rente. Ercole ne fut naturellement pas consulté. Il entra en une violente colère. Il écrivit à son ambassadeur : « Jamais prince n'avait reçu d'un roi pareil affront. » Renée s'appuya sur les quelques influences qu'elle conservait encore à la cour d'Henri II pour tenter d'obtenir le retour de son fils. Alfonso lui répondit lui-même qu'il demeurerait en France, mais il s'engagea à ne pas se marier sans l'aval de son père. Ce n'est que lorsqu'il fut à court de ressources, deux ans plus tard, qu'il se vit contraint de rentrer à Ferrare. De crainte qu'il ne change d'avis en chemin, Ercole ordonna à Alvarotti, son ambassadeur à la cour de France, de l'accompagner jusqu'aux Alpes.

Pendant l'absence d'Alfonso, Renée s'était comportée en quasi convertie au protestantisme. À présent, elle ne dissimulait plus sa sympathie pour les hérétiques. Depuis dix ans elle ne paraissait plus à la messe, même le jour de Noël. On prétendait même que, devant ses gens, elle qualifiait la religion catholique d'idolâtrie. Pire encore : elle s'appliquait, avec le soutien de Calvin, à inculquer ses doctrines à ses deux filles. Alors Ercole sembla enfin décidé à mettre un terme aux menées des propagateurs de la foi nouvelle. Sur le conseil du jésuite Pelletario, il rendit une ordonnance bannissant de ses États toutes les âmes suspectes de favoriser la Réforme. Cette mesure atteignant un grand nombre de ses serviteurs, la duchesse se rebella en faisant retraite à Consandolo, où elle pourrait poursuivre en toute quiétude ses correspondances avec Calvin. Il n'en fallut pas davantage à Ercole pour se décider à employer avec elle les moyens les plus extrêmes. Il lui retira d'abord ses demoiselles d'honneur, puis ses dames de compagnie, enfin ses deux filles, Lucrèce et Éléonore, qu'il fit enfermer dans un couvent. Il n'autorisa personne à approcher de Renée. Il confia à Charles Quint : « Durant quinze jours, nous la tînmes enfermée, ne la laissant servir que par des gens éloignés de toute idée luthérienne, la menaçant de lui confisquer tous ses biens. » Puis il la fit traduire devant un tribunal d'Inquisition avec de multiples chefs d'accusation : elle avait professé ouvertement les doctrines hérétiques, refusé d'entendre la messe, nié l'efficacité des sacrements, mangé gras en temps de jeûne, entretenu des relations avec les novateurs, donné asile et accordé son appui à plusieurs d'entre eux. Ercole se rendit du palais au tribunal en passant devant une foule dense et silencieuse, et prit place sur un trône surmonté d'un dais de damas. Lentement, tandis que les regards de tous étaient fixés sur elle, Renée descendit les marches de son estrade, parcourut la grande salle jusqu'au duc, monta les marches qui conduisaient à son trône et se glissa à genoux devant lui. L'isolement, la douleur, l'insomnie avaient pâli ses joues :

– En ma qualité d'étrangère, dit-elle à son époux, dans ce pays dont je parle mal la langue, sans secours et sans amis, devant un tribunal qui ne peut me juger impartialement, j'implore de vous, mon époux, justice, pitié et compassion.

Sur un signe des juges, le héraut prononça :

– Renée, duchesse de Ferrare, comparaissez devant la cour.

Elle comprit qu'elle devait retourner à sa place et s'exécuta.

Un envoyé d'Henri II, Mathieu Ory, religieux de l'ordre des prédicateurs, docteur en théologie, joua le rôle d'accusateur, l'évêque de Lodève et le père Pelletario, recteur du collège des jésuites, servirent d'assesseurs au président du tribunal, l'évêque Rossetti. Le 6 septembre, Rossetti prononça la sentence. Renée fut condamnée à la prison perpétuelle et à la confiscation de tous ses biens et celle de la pension de 1 000 écus par mois qui lui avait été assurée lors de son mariage. Sa bibliothèque, composée d'une centaine d'ouvrages interdits, fut livrée aux flammes. Un carrosse la mena sous bonne garde dans le noir château de Castel Vecchio, où la porte d'une cellule du souterrain se referma sur elle et deux de ses servantes qu'Ercole lui avait autorisé à retenir auprès d'elle.

Henri II lui envoya le chevalier de Seure, chargé de l'exhorter à changer de conduite. Il chercha d'abord à obtenir d'Ercole la réconciliation avec son épouse. Le duc lui répondit :

– Je suis maître d'agir chez moi comme il me plaît. Mon gendre de Guise vient bien, lui, de chasser d'auprès de sa femme Anne, ma fille, tous les serviteurs italiens que je lui avais donnés.

– Puisque rien ne semble vouloir ébranler votre résolution, Excellence, dit le chevalier de Seure, laissez-moi vous rappeler qu'une fois la duchesse définitivement reconnue hérétique, la Couronne de France n'hésitera pas à se saisir de vos biens.

Les paroles de l'émissaire du roi émurent le duc, qui hésita à sanctionner le jugement du tribunal d'Inquisition. Il s'entretint avec Renée dans sa prison. Il maintint sa volonté de réformer entièrement sa maison, de lui imposer un entourage de son choix. En revanche, il promit de la remettre en liberté et de lui restituer sa pension. Renée se montra sensible à sa décision et manifesta l'intention d'assister au service divin et de se confesser. Ignace de Loyola se félicita de ce que ses jésuites, qui avaient préparé et conduit l'affaire, pouvaient s'attribuer une part de ce succès, tandis qu'Henri II écrivit à Ercole : « Ayant fait ce que j'ai voulu, ne mérite-t-elle pas, à présent, d'être traitée selon son rang et le sang dont elle est issue ? J'exige que vous vous décidiez enfin à la laisser servir par des serviteurs français, et que vous lui permettiez de jouir de ses biens et revenus afin qu'elle puisse s'entretenir plus honorablement. » Le duc obtempéra. Toutefois il environna Renée d'espions, la traita en suspecte, et lui donna un jésuite pour confesseur.

Sur ces entrefaites mourut Jules III. Un second Borgia, en la personne d'Ippolito II, frère d'Ercole, faillit lui succéder sur le trône de saint Pierre, auquel il avait échoué cinq ans plus tôt. Créé cardinal par Paul III, Ippolito était archevêque de Milan depuis l'âge de dix ans. Admis dans l'intimité de

François Ier, pour lequel il représenta maintes fois les intérêts à l'étranger, il disposait d'un somptueux hôtel offert par le roi à proximité du château de Fontainebleau. Nommé gouverneur de Tivoli par Jules III, il y avait commandé à Pirro Ligorio la construction de la prodigieuse Villa d'Este, pur chef-d'œuvre de l'architecture italienne et de l'aménagement de jardins. À Rome, personne n'ignorait que le cardinal Ippolito d'Este, cousin d'Henri II, avait l'appui de ce dernier : « Mon cousin, lui écrivit le roi, je ne veux ni entend être rien épargné de tout ce qui sera en ma puissance pour faire que vous, mon cousin le cardinal de Ferrare, parveniez au papat. » Il mettait 25 000 écus de revenus ecclésiastiques à sa disposition et les services de son ambassadeur à Rome, Jean d'Avanson. Il fit parvenir d'autres instructions à son ambassadeur extraordinaire Louis de Lansac, l'enjoignant d'empêcher par tous les moyens l'élection de Marcello Cervini, cardinal de Sainte-Croix de Jérusalem. Le 5 avril 1555, un premier conclave s'ouvrit en l'absence de dix cardinaux de la faction française qui n'avaient pas eu le temps de se rendre à Rome. Le scrutin fut déclaré nul : Ippolito avait obtenu huit voix, Marcello Cervini dix, le cardinal Alessandro Farnèse six, et Carafa cinq.

Les conclavistes attachés à la personne des cardinaux votants se tenaient au secret. Cependant, quelques informations se répandirent. Rome apprit qu'en présence de cardinaux français supplémentaires, le second tour de scrutin avait permis à Ippolito de gagner deux voix, tandis que Cervini conservait les dix acquises trois jours plus tôt. Il sut persuader les cardinaux de s'accorder sur son nom. Ainsi, au soir du 9 avril obtint-il le nombre de voix nécessaire pour dépasser la majorité des deux tiers. Les Romains qui patientaient place Saint-Pierre virent tomber les briques de la fenêtre murée et entendirent annoncer l'élection au trône pontifical du cardinal de Sainte-Croix de Jérusalem, qui prit comme nom de règne son prénom de baptême. Le cardinal Alessandro Farnèse se félicita ouvertement de ne pas avoir à obéir à un Borgia, dont il réprouvait les mauvaises mœurs. Il disait de lui « qu'il était bien le fils de sa mère l'incestueuse Lucrèce Borgia et le petit-fils du pape débauché Alexandre VI », ce qui n'était que pure calomnie, même si le cardinal de Ferrare se montrait grand amateur de femmes.

Marcel II montra dès les premiers jours son aversion profonde pour Charles Quint, dont aucune des actions ne trouvait grâce à ses yeux. Dans les consistoires et les cérémonies solennelles, il le désignait comme fauteur d'hérésie et de schisme, l'accusait de priver ses compatriotes de liberté et dénonçait les vexations qu'il faisait subir aux archevêques de l'empire. Il n'eut pas le temps d'évoquer ses projets de réforme. Il mourut le 1er mai, victime d'une apoplexie, après seulement trois semaines de pontificat.

En vue de la prochaine élection, Henri II renouvela son offre de 25 000 écus à Ippolito. Ercole en expédia un peu moins à son frère. Le 15 mai, les cardinaux entrèrent à nouveau en conclave. Le cardinal de Ferrare demeura impuissant face aux alliances des Farnèse et des Médicis qui mirent tout en œuvre pour faire élire leur candidat Gian Pietro Carafa. En outre, ses prétendues mœurs dissolues ne recommandaient pas Ippolito aux suffrages. Le 23 mai, sur proposition d'Alessandro Farnèse, le nom de Carafa sortit du calice. Il devint le pontife Paul IV.

Dès l'été suivant, Paul IV renvoya Ippolito à Ferrare après l'avoir qualifié de sodomite en plein consistoire. Privé de sa légation de Tivoli, le frère d'Ercole fut remplacé par le cardinal Jean du Bellay, frère de Martin du Bellay. Il se consacra alors à l'embellissement de sa villa de Tivoli et à sa passion pour la gastronomie. C'est lui qui avait organisé le banquet nuptial de Renée et Ercole, banquet resté célèbre dans les annales de la gastronomie. Pendant neuf heures, au son des buccins et au milieu d'une savante scénographie, s'étaient succédé pas moins de dix-huit services comprenant jusqu'à huit plats chacun. Déjà une première fois candidat malheureux à l'élection papale de 1550, Ippolito gardait par consolation le souvenir savoureux des fabuleux soupers qu'il s'était fait servir pendant les neuf jours du conclave. On devait cette année-là se préoccuper de trouver un compromis entre le cardinal Farnèse, candidat des Impériaux, et le cardinal de Lorraine, celui des Français. De cette élection dépendait l'avenir de l'Europe. Il ne fallait jamais se prononcer à la légère pour ce pape qui dirigerait l'une des plus grandes puissances du monde, à une époque où le vicaire de Jésus-Christ pouvait s'attribuer le droit aux abus les plus exécrables ou prendre les armes comme n'importe quel prince. En grand partisan des festins, Ippolito estimait que pour bien voter il fallait bien manger. Le conclaviste devant à l'époque se nourrir à ses dépens, la qualité et la quantité de ses plats dépendaient de son organisation personnelle. Ippolito paya grassement trois des *scopatori* préposés aux besoins ordinaires du palais pour qu'ils introduisent chaque soir à son attention tortues, huîtres, pâtés, paons, faisans, agnelets et autres perdreaux. Il dégustait à ses frais les mets les plus délicats irradiés de vins les plus fins dans l'étroite cellule qu'il avait tirée au sort et qu'il occupait avec un vulgaire lit de camp et un simple banc couvert d'une tenture. Car tel était le sort de tous les conclavistes : ils étaient si mal logés que la Chambre apostolique les dédommageait en leur donnant une simarre et en leur versant dix écus par jour de conclave. Si le scrutin devait se prolonger au-delà de deux mois et que le changement de saison exigeait des vêtements plus légers ou plus épais, on remettait trente écus supplémentaires par chaque cellule de cardinal. Des valets assermentés étaient cependant affectés aux électeurs et autorisés à leur apporter de l'extérieur de menus besoins, si toutefois ils en avaient averti le cardinal-surintendant ou le camerlingue lors de l'une des dix congrégations servant de préliminaires au conclave.

Ippolito voyait avec bonne humeur son luxe gastronomique contraster singulièrement avec la pauvreté de son hébergement. Le cardinal Ciocchi del Monte ayant été élu le soir du neuvième jour de conclave, Ippolito rectifiait toujours : « Jules III fut élu au neuvième souper. » Il nommait *les soupers du Vatican* ces jours de conclave de 1550. Il s'amusait d'un rien mais il…

DIARIUM SUIVANT

… il s'amusait d'un rien, disions-nous, mais il demeurait grave dans son amour effréné pour les antiquités, les œuvres d'art et l'architecture. Il avait dépensé plus d'un million d'écus d'or pour sa villa de Tivoli. Les véritables tableaux hydrauliques représentés par les cinq cents fontaines, jets, jeux d'eau et cascades de l'extraordinaire et féerique jardin étaient l'œuvre du plus grand ingénieur fontainier d'Italie, Orazio Olivieri, qui avait savamment détourné l'eau sulfureuse de l'enchanteresse rivière de l'Aniene. Terrasses, rocailles, gradins, rampes, grottes recueillaient en abondance les écumes vives et légères et les versaient avec souplesse sous les ponts qui franchissaient de paisibles canaux pour les répandre au pied d'un temple bucolique. Des arcs de triomphe, des portiques, des pavillons enrichis de stucs, des salles de bains ornées de fresques, des statues de marbre, des vases prodigieux, des pilastres, des niches, des bas-reliefs, des colonnes rythmaient le parcours du promeneur, ombragé jusqu'à l'entrée du palais par d'élégants et gigantesques bouquets de charmilles, d'ifs et de cyprès.

L'intérieur n'était que fresques, peintures et dorures, à l'image de l'hôtel que le cardinal possédait à Fontainebleau, dont les plafonds étaient ornés de peintures exécutées par Francesco Primaticcio, dit le Primatice. Le Primatice avait précédé Ippolito à la cour de France quatre ans plus tôt. Les loisirs que la paix de Cambrai lui laissait permettaient à François Ier d'assouvir sa passion pour les arts et le goût des bâtiments qui lui étaient venus lors de son expédition d'Italie. Le Primatice, peintre des vastes scènes de l'histoire antique, fut, à Mantoue, l'assistant de Giulio Romano, l'un des plus puissants héritiers de Raphaël, et appelé en France peu après Rosso Fiorentino. Les rivalités entre les deux peintres contraignirent le roi à confier au Primatice une mission d'art consistant à partir recueillir en Italie les plus belles statues antiques du pays. Il rapporta le modèle de Laocoon, de la Vénus de Médicis, de l'Ariane, qui furent coulés en bronze et destinés à agrémenter les jardins de Fontainebleau. Il composa les plafonds de la galerie d'Ulysse à Fontainebleau, vaste sujet de mythologie et d'histoire, les deux ligures de Diane de Poitiers et de la duchesse d'Étampes. Il modifia tout le plan de Rosso Fiorentino pour l'achèvement de Fontainebleau, prétendument par jalousie et pour détruire ses œuvres. Autour de lui se forma toute une école française, deux hommes jeunes encore qui devaient déployer un immense talent sous les successeurs de François Ier particulièrement pour la construction et la décoration du palais du Louvre : Germain Pilon, qui comprenait le mieux les détails d'ornementation et les groupes de statues, et Jean Goujon, appelé le restaurateur de la sculpture française.

Lorsque, à la demande de François Ier, Ippolito vint à Fontainebleau, en 1536, il emmenait avec lui un plateau et une aiguière exécutés par l'orfèvre florentin Benvenuto Cellini, et qu'il offrit au roi :

– Avec un si beau plateau et une si belle aiguière, lui répondit François, il me faut une belle salière.

Ippolito commanda alors Cellini de se mettre à l'ouvrage. Le Florentin était également excellent musicien et grand poète mais se consacrait surtout à la ciselure et à la fonte des métaux. Il pouvait reproduire les modèles antiques et composer lui-même d'admirables œuvres en bronze, en marbre, en or, en argent avec une perfection que nul autre artiste ne pouvait atteindre. Avant de ciseler la salière, il exécuta un modèle de cire représentant une allégorie du pouvoir de François Ier, Neptune et Cérès portant une nef chargée de sel. Le roi en fut ébloui d'admiration :

– C'est cette salière que je vous demande de m'offrir, dit-il à Ippolito, mais je la veux en émail et en or[1].

On doit au cardinal de Ferrare d'avoir présenté Cellini à François Ier. Lorsque l'artiste arriva d'Italie avec la salière, véritable chef-d'œuvre qui nécessita la fonte de 1 000 écus d'or, le roi vint l'admirer avec la duchesse d'Étampes, à laquelle l'orfèvre offrit un beau vase ciselé de sa main. Cependant, la favorite protégeant trop ouvertement le Primatice, l'amour-propre de Cellini fut profondément blessé, au point qu'il s'apprêta à quitter Fontainebleau. Le roi lui déclara qu'il n'en ferait rien :

– Je vous étoufferai dans l'or, et vous vous en irez après si vous voulez.

Il demeura à la cour de France et reçut la commande d'un dessus de porte en argent et d'une fontaine architecturale,

1. La salière de Benvenuto Cellini reste l'une des plus célèbres œuvres d'art exécutées pour François Ier.

destinés à orner la cour d'honneur du château de Fontainebleau. Il cisela aussi la statue d'Hébé, dont l'amphore était incrustée de pierres précieuses, façonna des coupes, des vases, des statues ainsi que douze figures d'argent pour orner la table des royaux festins. Tandis que le Primatice reproduisait la duchesse d'Étampes dans ses décorations de galeries, il prenait pour son modèle de prédilection Diane de Poitiers, sous les traits de Diane chasseresse.

Le travail de Cellini enchantait si bien François Ier que celui-ci en remercia Ippolito en le nommant abbé commendataire de l'abbaye de Chaalis. L'abbaye semblait posée dans un écrin, entre roseraies et étangs. Le cardinal de Ferrare s'y installa en 1541, et, comme à Fontainebleau, employa les talents du Primatice, qui décora avec magnificence les murs de la chapelle Sainte-Marie. L'architecte Sebastiano Serlio, alors en fin de vie, en effectua les agrandissements et les embellissements. Du fond de sa région de l'Oise, le fils de Lucrèce Borgia prêcha l'esprit de tolérance envers les prophètes de la foi nouvelle : « Nous avons le même dieu et nous voulons les tuer ! » s'emportait-il. À l'imitation de sa belle-sœur Renée, il tenta de concilier catholiques et protestants. Et comme avec Renée, le roi se montra clément. Il lui fit la promesse de venir le visiter à Chaalis et fixa son séjour pour avril 1544. Les affaires du royaume le contraignirent à l'annuler. Deux fois encore, il envisagea de gagner Chaalis, pour y retrouver son « bon ami d'Italie », deux fois il dut se raviser. En 1547, il annonça à nouveau sa venue à Ippolito. Mais depuis la paix de Crépy, qui mettait un terme à la neuvième guerre d'Italie, sa santé déclinait sensiblement. Il avait cinquante-deux ans et portait déjà les marques de la vieillesse. Il dissipait ses douleurs en chassant en furieux, à Chambord, Fontainebleau, Loches, Dampierre, Saint-Germain. Il était toujours en chasse au milieu des forêts, suivi de sa cour de dames et de ses gentilshommes favoris. Les jappements déchaînés d'une meute, le son du cor, la poursuite d'un cerf, d'un sanglier, d'une troupe de loups faisaient son plus agréable délassement. En mars, il s'arrêta à Rambouillet, dont il ne devait plus jamais repartir. À Chaalis, Ippolito apprit en début avril qu'il n'aurait jamais la visite du roi.

Diane de Poitiers devint alors la presque-reine de France et Catherine de Médicis n'approuvait que son opiniâtre aversion pour les protestants. En 1550, devenu singulièrement suspect aux yeux des deux femmes, le cardinal prépara hâtivement son retour en Italie. Jules III le nomma gouverneur de Tivoli. C'était en réalité une manière de le tenir en lisière à l'heure où les réformateurs tentaient de détourner tout à fait ceux qui leur marquaient de la sympathie.

DIARIUM XIII

Comment les Guise tirent profit de la mort d'Henri II pour accéder au pouvoir et où Francisco Borgia, petit-neveu de César et Lucrèce, devient le favori de Charles Quint et l'assiste jusqu'à sa mort.

En 1557, cette fois avec le consentement de son père, Alfonso quitta à nouveau Ferrare pour la France après avoir entrevu l'éventualité d'une nouvelle guerre. Il était accompagné de deux jeunes Ferrarais attachés à la cour, Ercole et Enée Pio, et de son jeune frère Luigi, âgé de dix-huit ans, désireux à son tour de goûter le métier des armes. Le 10 août, Alfonso et Luigi se distinguèrent à la bataille de Saint-Quentin, épisode majeur du long affrontement qui opposa la France et les Habsbourg. Philippe de Bourbon-Busset, le second époux de Louise Borgia, y trouva la mort. Anne de Montmorency ne put éviter la défaite écrasante face aux troupes espagnoles qui permirent à Emmanuel-Philibert de Savoie de se rendre maître de Saint-Quentin. Le corps de chevalerie de Coligny éprouva un tel revers que Charles Quint demanda à son fils Philippe II si les Espagnols étaient entrés à Paris. Le roi Catholique, dans l'exaltation de sa victoire, fit le vœu d'élever à saint Laurent, dont c'était la fête, ce fantastique monastère de l'Escurial qui fera l'admiration du monde. Henri II dut rappeler en toute hâte le duc de Guise de son commandement d'Italie et lui confier la défense publique avec le titre de lieutenant-général. Les Espagnols furent contraints à la retraite et Guise s'empara de la place de Guine.

La France était victorieuse sur le terrain militaire comme sur celui de la répression contre les protestants. En septembre, sur l'instigation de Diane de Poitiers, et après la rafle effectuée parmi les participants à la réunion de prière de la rue Saint-Jacques, ces répressions prirent une ampleur encore plus dramatique avec des exécutions sur le bûcher et l'implantation de l'Inquisition romaine en France. Diane, qui faisait argent de tout, ne cachait pas qu'elle s'enrichissait des dépouilles des condamnés protestants : « Elle trafique aussi des protestants ; s'ils crient trop fort, elle les égorge et le profit est encore pour elle, car les supplices augmentent ses revenus ; elle s'efforce de multiplier les condamnations : c'est par son influence que la persécution contre les réformés se régularise par l'intervention de la loi. » On prétendait que sa haine contre les huguenots était en partie motivée par l'aversion qu'elle portait autrefois à Anne de Pisseleu, dont le soutien aux réformés était de plus en plus reconnu.

Le 10 février 1559, Alfonso participa à un tournoi courtois dans lequel il manqua périr par la lance de son adversaire. Informé, Ercole écrivit au cardinal de Mantoue pour lui demander de faire célébrer des actions de grâces dans toutes les églises du duché. Le 22 mai, Henri II fit crier à son de trompe dans tout Paris qu'à l'occasion d'un double mariage royal, celui d'Élisabeth de Valois, fille du roi, avec Philippe II, roi d'Espagne, et de Marguerite de Valois, sœur d'Henri II, avec le duc Philibert de Savoie, un tournoi courtois sera organisé rue Saint-Antoine :

– Sa Majesté le roi, le Roi Très Chrétien, le prince Alfonso de Ferrare, les ducs Charles de Lorraine, François de Guise et Jacques de Nemours combattront en champ clos contre tout venant, prince ou simple gentilhomme, chevalier ou écuyer, pour inciter les jeunes à vertu.

En 1546, l'astrologue Luc Gauric avait déclaré à la reine Catherine de Médicis : « Le roi devra éviter tout combat singulier aux environs de la quarante et unième année, une blessure à la tête pouvant entraîner la mort. » En 1555, dans ses *Centuries astrologiques*, Nostradamus écrivait ces vers :

Le lion jeune le vieux surmontera
En champ belliqueux par singulier duel
Dans cage d'or les yeux lui crèvera
Deux classes une, puis mourir, mort cruelle.

Le 29 juin, Alfonso, monté sur un destrier caparaçonné aux couleurs des Este, s'élança contre son beau-frère le duc de Guise. Il fut désarçonné au deuxième assaut, mais en chutant son pied gauche resta coincé dans l'étrier. Son cheval au galop le traîna sur plusieurs longueurs, et sans l'intervention du maréchal de Tavannes, l'un des juges du camp qui immobilisa à temps sa monture, il aurait trouvé une mort certaine. La reine Catherine de Médicis expliquera plus tard que la nuit suivante elle fit un cauchemar dans lequel son mari trouvait la mort à laquelle avait échappé Alfonso.

Le lendemain, à deux heures de l'après-midi, Henri II, qui venait d'avoir quarante ans, s'apprêta à entrer en lice pour affronter Gabriel de Lorges, comte de Montgomery, capitaine de sa garde écossaise. Son grand écuyer, Vieilleville, lui plaça son heaume en tête, et, avant d'en abaisser la visière, lui murmura :

– Sire, je jure le Dieu vivant qu'il y a plus de trois nuits que je ne fais que songer qu'il vous doit arriver malheur aujourd'hui et que ce dernier juin vous sera fatal.

Le roi ne répondit pas et enfourcha le cheval que lui avait offert le duc de Savoie : il avait pour nom *Malheureux*. Il salua Diane de Poitiers, assise dans les tribunes, et qui remarqua qu'il portait les couleurs des Saint-Vallier pour lui rendre hommage. Puis à l'adresse du duc de Savoie :

– C'est ce bon cheval, le remercia-t-il, qui me fait donner de beaux coups de lance.

– Sire, répliqua le duc, je suis aise que ma monture vous fasse si bon service.

– Pour l'amour de moi, Sire, lança Catherine de Médicis, je vous conjure de ne pas courir.

– Pour l'amour de vous, Madame, foi de gentilhomme, je courrai cette lance.

Puis il s'élança contre Montgomery. Les deux cavaliers arboraient un lion sur leurs écus. La joute débutait à peine que la lance de Montgomery se brisa contre la visière du heaume royal, un heaume en or. Henri II fut désarçonné. À Alfonso, Anne de Montmorency et au maréchal de Tavannes, juges du camp, échut le triste honneur de recevoir son corps dans leurs bras. Le souverain avait un œil crevé et le crâne défoncé. Il fut transporté dans l'hôtel voisin des Tournelles, où l'on partit en hâte mander le chirurgien attitré du roi d'Espagne, André Vésale, et l'illustre Ambroise Paré. Gabriel de Montgomery vint se jeter au pied de son lit en s'écriant :

– Je vous supplie, Sire, de me faire couper la main et trancher la tête.

– Ne vous souciez, lui répondit Henri, vous n'avez point besoin de pardon, vous avez obéi à votre roi comme un bon chevalier.

Puis il ordonna à Catherine de Médicis :

– Je défends formellement que le seigneur de Montgomery soit inquiété, ni recherché pour ce fait en aucune manière.

Catherine de Médicis, le duc de Savoie et le cardinal de Lorraine veillèrent chaque jour le blessé jusqu'à trois heures du matin, heure à laquelle Alfonso, aux côtés de François de Guise, prenait la relève jusqu'à l'aube. Ceci pendant dix jours, dix jours pendant lesquels le roi demeura avec le tronçon de la lance figé en partie dans l'œil, en partie dans le crâne. Ambroise Paré demanda au connétable de Montmorency de faire décapiter quelques prisonniers croupissant au Châtelet afin d'étudier sur leurs têtes la manière dont il pourrait extraire sans dommages les éclats de bois. Son examen autant que ses soins furent vains. Henri II succomba après onze jours d'affreuses souffrances. La tragédie qui venait d'achever sa vie avait été point par point conforme aux prophéties de Luc Gauric et de Nostradamus. Autre curieuse coïncidence : le père de Montgomery, Jacques de Lorges, fut celui qui, en 1521, avait dangereusement blessé au visage François Ier, qui, nous l'avons dit, dut laisser croître sa barbe pour dissimuler les cicatrices de son menton.

Catherine de Médicis n'autorisa pas Diane de Poitiers à venir prier au lit de mort d'Henri II. Le premier usage que fit de son pouvoir celle qui était devenue veuve et régente du royaume fut de chasser la favorite de la cour. Auparavant, elle lui demanda de restituer le château de Chenonceau. Diane s'exécuta et, en échange, prit possession de celui de Chaumont. Catherine de Médicis lui fit rendre également les bijoux de la Couronne offerts par le roi et dont elle avait fait dresser un inventaire complet. C'est elle, à présent, qui allait devenir toute-puissante, tandis que la duchesse de Valentinois s'apprêtait à achever son existence dans son château d'Anet.

Ercole adressa une lettre au cardinal de Lorraine, le félicitant sur la haute position que la mort du roi allait donner aux Guise, qui, depuis longtemps, aspiraient à la Couronne de France. Il disait vouloir sincèrement le succès de leurs espérances. Leur puissance venait encore de s'accroître avec le mariage, le 24 avril 1558, du Dauphin François avec Marie Stuart, reine d'Écosse, fille de Marie de Lorraine, duchesse de Longueville, sœur des Guise. François, âgé de quinze ans, succéda à son père sous le nom de François II. Marie Stuart apportait à la cour le même enthousiasme pour les arts, la poésie et les lettres. Elle improvisait elle-même des vers gracieux qu'elle accompagnait de son luth. Le roi allait s'appuyer sur les oncles de son épouse pour régner. Les Guise étaient les expressions du parti catholique, inquiets de l'attitude hostile et menaçante de la gentilhommerie huguenote. Ils représentaient, avec toutes les conditions de la grandeur et de la force, l'opinion des masses et de la nationalité française.

Deux mois et demi après le trépas d'Henri II, le 25 septembre 1559, Ercole fut subitement frappé d'apoplexie et il dut s'aliter.

– Je fus réclamé par le duc à son chevet. Il voulait de mes soins et non de ceux des chirurgiens mandés par Renée. Installé à la cour le temps de sa maladie, je le saignais tous les matins. Son mal m'était inconnu : « Mon cher Cavriana, me dit-il le premier jour, vous êtes vraiment d'une grande charité. Venir de Blois tout exprès pour m'assister dans ce qui sont peut-être mes dernières heures ! » Il venait de prier pour son âme, les mains liées dans un chapelet de corail blanc orné d'ambre jaune et dont les grains étaient séparés de cornalines. « Ce chapelet, reprit-il en me le montrant et observant les éclats qu'il projetait, a appartenu à la duchesse Maria

Enriquez, veuve de mon oncle Juan de Gandie. Son petit-fils Francisco Borgia, mon cousin, me l'a offert lorsqu'il vint à Ferrare en 1539. Je ne connaissais alors presque rien de lui et me suis toujours maudit de ne pas avoir cherché à le revoir. Je me souviens qu'il y a quelques années votre père le seigneur de Forlani, en l'observant comme je l'observe en ce moment, fit cet aveu : “Mon Dieu, le duc de Gandie ! Je me trouvais il y a quelques mois à la cour du roi Catholique. J'ai vu le duc de Gandie, Francisco Borgia. Aussitôt il m'est venu à l'esprit le visage et l'effigie de la Sérénissime duchesse Lucrèce, car la ressemblance est grande sur bien des points.” » Il me regarda longuement avant d'ajouter : « On dit que Francisco Borgia est un saint homme, qu'il vit dans l'humilité et accomplit des miracles. Il fut grand écuyer de la garde de l'impératrice Isabelle : voyons, votre père qui est à la cour de l'empereur ne peut pas vous avoir jamais parlé de lui. » Cette remarque était comme une demande. Dès lors, chaque matin, après l'avoir saigné, je lui évoquais un peu de la vie de son cousin Francisco Borgia. Il m'écoutait dans une sorte d'extase, heureux d'avoir dans sa famille comme un second François d'Assise. Il ne craignait plus la mort et se sentait même accompagné jusqu'à elle dans la sérénité la plus parfaite. Mon récit, que voici, faisait contre son mal l'effet du meilleur des remèdes.

Après la fuite de César Borgia de la forteresse de Medina del Campo, nous avions laissé Jeanne la Folle au milieu des intrigues touchant la régence du royaume d'Espagne. Son père Ferdinand d'Aragon s'était emparé du pouvoir et l'avait reléguée au château de Tordesillas, où l'interdiction d'en sortir achevait d'égarer son esprit. L'une de ses deux filles, Catherine, vivait encore avec elle, dans l'attente de la conclusion de son mariage avec Jean III, fils et successeur d'Emmanuel le Grand. Il était d'usage que les princesses aient auprès d'elles des enfants de haute extraction qu'elles formaient à l'exquise politesse des cours et à qui elles donnaient des leçons de haute courtoisie. En 1525, l'infante Catherine demanda Francisco Borgia à son père le duc de Gandie, troisième du nom. Le petit-fils posthume de Maria Enriquez, veuve de Juan de Gandie, avait quinze ans. Charles Quint, fils de Jeanne la Folle, ennemi intime de François Ier, était déclaré roi d'Espagne et élu empereur du Saint Empire germanique. Sa puissance alarmait alors tous les princes d'Europe et le pape Clément VII s'était mis à la tête d'une ligue formée contre lui entre les principaux États d'Italie. Quelques mois après avoir signé le traité de Madrid, et encore en pleine lune de miel avec Isabelle de Portugal, Charles Quint accueillit Francisco à la cour. Tous deux descendaient à un égal degré de Ferdinand Ier d'Aragon, dit le Juste.

– Majesté, dit Francisco à l'empereur, je sais que j'ai l'honneur d'appartenir à mon souverain par les liens du sang. J'espère m'acquitter toujours avec fidélité des nobles devoirs que cet honneur m'impose.

Charles Quint exprima dès lors le désir d'être accompagné de son jeune parent dans toutes les chasses royales et à toutes les fêtes publiques. Ensemble, pour se distraire sainement, l'empereur et son favori s'adonnaient avec passion aux exercices militaires, à la chasse et à la musique. Le goût musical de Francisco, soigneusement cultivé dès son enfance, et toujours exercé, se développa, à la cour, sous la direction des maîtres flamands. Son sens artistique le porta à composer de célèbres messes et motets que de nombreuses chapelles adoptèrent parce qu'il abandonnait ses œuvres au public sans en garder le monopole, comme le faisaient, pour leur répertoire, la plupart des chapitres.

Au printemps 1529, avant d'aller se faire couronner à Bologne, l'empereur lui fit épouser l'une des filles d'honneur attachées à l'impératrice Isabelle, Éléonore de Castro, dont la noble et ancienne famille, originaire de Castille, était l'une des plus illustres du Portugal. Il lui accorda pour l'occasion le titre de marquis de Lombay et d'écuyer d'honneur de l'impératrice.

En 1535, Kaïr-Eddin, gouverneur d'Alger et généralissime des galères turques, redoutable corsaire surnommé Barberousse, déposa Muley Hassan, roi de Tunis, et s'empara de ses États pour les soumettre à la Turquie. Muley Hassan envoya des députés à Charles Quint pour implorer son secours et le supplier de l'aider à reprendre possession de son trône. Charles Quint fit appel à la noblesse espagnole et demanda le concours de Jean III, roi de Portugal, son beau-frère, qui mit à sa disposition une flotte considérable, commandée par l'infant don Luis. Les grands d'Espagne réunirent leurs gentilshommes, et, en quelques semaines, rassemblèrent vingt-cinq navires de guerre.

Avant d'entreprendre la guerre d'Afrique, don Luis devait d'abord séjourner à la cour d'Espagne, sur l'invitation de sa sœur l'impératrice. Charles Quint chargea Francisco d'aller le recevoir à la frontière et de l'accompagner pendant son séjour à Valladolid. L'infant se prit d'une telle amitié pour le marquis de Lombay que lorsque l'armée navale se prépara à embarquer, il ne voulut pas être séparé de lui. Francisco participa ainsi à toute l'expédition et combattit aux côtés de don Luis et de Charles Quint. En octobre, au cap Matifou, l'escadre impériale fut éprouvée par une violente tempête dont les Turcs tirèrent profit pour la repousser jusqu'à Palma. Francisco commenta ainsi la défaite dans une lettre adressée à Charles Quint : « Vraiment, on doit chaque jour s'attendre à de pires malheurs, si l'on ne procède pas, comme il le faudrait, à la réforme de l'Église, et si chacun ne chasse pas de sa conscience et de sa maison les ennemis de l'âme. Ce sont eux qui rendent le Turc victorieux, et qui nous tiennent tellement vaincus que nous nous rendons à des ennemis de rien. »

Finalement, l'armée de Barberousse fut défaite et Muley Hassan replacé sur le trône de Tunis. L'année suivante, François Ier ralluma la guerre. Francisco rejoignit l'empereur en Lombardie, à la tête d'un renfort de 2 000 hommes à sa solde. Ils passèrent les Alpes pour combattre Anne de Montmorency, chargé par le roi de les attendre en Provence. Ils prirent Arles, mais la dysenterie, qui décima 20 000 de leurs soldats, les contraignit à lever le siège de Marseille. Près de Fréjus, son meilleur ami, Garcilaso de la Vega, un des princes de la poésie espagnole, trouva la mort sous ses yeux, tué par un tir d'arquebuse.

À son retour de campagne, l'empereur fit de l'antique cité de Tolède la capitale de son royaume. Le magnifique et orgueilleux palais de l'Alcazar, bâti par les Maures, avait été considérablement embelli, et, au printemps 1539, la cour y tint les États de Castille. Le 1er mai, l'impératrice Isabelle, à peine installée dans le nouveau palais, y mourut en donnant naissance à un enfant mort-né, à l'âge de trente-huit ans. L'usage exigeait que sa dépouille soit confiée à un prince de sang royal, qui en répondait depuis le moment de la mort jusqu'à sa remise à l'archevêque de Grenade, chargé de la faire déposer dans son tombeau. En présence de tous les grands de l'État et des notaires appelés pour dresser les actes, le prince devait reconnaître le corps. Il acceptait le dépôt que la confiance du souverain lui remettait et jurait d'y veiller, de lui faire rendre les honneurs voulus et de ne s'en séparer qu'après l'avoir remis au prélat dont la responsabilité devait succéder à la sienne.

Charles Quint désigna Francisco pour partir à Grenade avec le cortège funèbre et procéder à la reconnaissance du corps d'Isabelle. Cette mission devait provoquer un bouleversement inattendu dans l'esprit du marquis de Lombay et demeurer célèbre dans l'histoire.

Le cortège parvint en vue de Grenade le 17 mai et y fit son entrée au son du glas. La dépouille d'Isabelle, enfermée dans un cercueil de plomb recouvert de brocart, était portée sur une litière. Entouré du chapitre et du clergé de l'Église, l'archevêque de la ville, don Gaspar d'Avalos, conduisit la procession de la porte d'Elvira à la chapelle royale de la cathédrale, dans le quartier de l'Alcaiceria. Francisco lui présenta le dépôt confié par l'empereur puis on ouvrit le cercueil impérial avant de découvrir le visage voilé d'Isabelle. Le marquis fut alors foudroyé par l'effroyable spectacle qui se présentait à lui. La mort avait causé de hideux ravages sur le visage de la plus belle des princesses d'Europe, qui avait refusé d'être embaumée. Le soleil torride d'Espagne, pendant seize longs jours, avait fait sur le cadavre son terrible ouvrage de décomposition. Francisco s'interrogea soudain sur l'utilité des grandeurs et de la puissance, des richesses et du faste, de la beauté et des agréments extérieurs. L'archevêque lui demanda :

– Jurez-vous, señor Francisco Borgia, marquis de Lombay, que c'est là le corps de Sa défunte Majesté, doña Isabelle de Portugal, impératrice d'Allemagne et reine de toutes les Espagnes ?

– Je puis attester, répondit-il, qu'ayant fait constamment entourer le cercueil par des officiers dont le mérite et la loyauté me sont connus, il m'est impossible de douter que ce ne soit là tout ce qui reste de l'illustre souveraine de toutes les Espagnes.

Quelques mois plus tôt encore, il avait vu les courtisans briguer un regard ou un sourire de l'impératrice. Aujourd'hui, c'était à qui se tiendrait le plus éloigné de son horrible dépouille, chargée d'une odeur pestilentielle. Cette pensée l'occupa pendant la cérémonie de l'inhumation. Plus il la méditait, plus il se sentait éclairé sur la vanité des choses de la terre. Il promit à Dieu de se détacher de tout ce qui pouvait lui être ravi par la mort. Son secrétaire et assistant Juan de Polanco écrivit plus tard : « Comme Borgia revenait de Grenade, en litière, il fut tellement éclairé de la grâce, qu'il se prit à songer sérieusement à réformer sa vie. »

De retour à Tolède, il exprima à l'empereur son désir de retraite et le supplia de l'agréer. Charles Quint refusa, expliquant qu'il ne pouvait se passer de ses services. Pour tenter de le dissuader tout à fait, il lui remit la croix de Saint-Jacques en lui accordant tous les privilèges attachés à l'Ordre, et le nomma commandeur de son conseil, vice-roi et capitaine-général de Catalogne. La province était ravagée par des bandes de brigands révoltés contre lesquels il fallait lutter jusqu'à leur extinction. Nanti d'un traitement de 5 000 ducats et d'une garde personnelle de trente hallebardiers, le marquis de Lombay s'installa dans son gouvernement de Barcelone avec la résolution de détruire la puissance et la position des séditieux. Il connaissait la Catalogne, en parlait la langue, et avait assez souvent assisté aux Cortès de Monzón pour connaître les lois et les coutumes qui la régissaient. À la tête de ses soldats, il explora les montagnes et les forêts, où ils avaient leurs repaires. Mais exhorté par la foi qui grandissait en lui depuis l'inhumation d'Isabelle de Portugal, il répugna à prendre des mesures de rigueur. Il épuisa alors toutes les ressources de la charité pour ramener à Dieu ces misérables. Ce fut en vain. Il fut contraint de les condamner aux galères ou à mort et fit bombarder les forteresses où s'étaient réfugiés les derniers opiniâtres.

Le vice-roi rendait chaque jour la justice à ses plus pauvres sujets en évitant les ruines familiales provoquées par les abus qui existaient de tout temps dans la manière de rechercher, de reconnaître et de juger les droits de chacun. Aux créanciers des seigneurs se plaignant de ne pouvoir obtenir les sommes qui leur étaient dues, il leur achetait leurs titres de créance puis faisait savoir aux débiteurs que les titres étant entre ses mains, il était tenu d'en réclamer l'acquit, afin de les amener par là à rétablir l'ordre dans leurs affaires et à régler leurs dépenses avec plus de sagesse et de modération. Il acquittait les dettes des pauvres sur sa cassette et accompagnait ce bienfait des conseils que lui suggérait son ingénieuse charité. Afin de diminuer les causes les plus ordinaires de l'immoralité, il ordonna de recueillir les enfants abandonnés ou orphelins, et pourvoyait à leur éducation chrétienne. Il dotait les filles et les mariait, faisait apprendre un métier aux garçons et leur procurait à tous les moyens de vivre honnêtement du fruit de leur travail.

En mai 1546, il perdit sa femme Éléonore. Veuf à trente-six ans, il s'empressa de renouveler, près du lit funèbre de la duchesse de Gandie, le vœu qu'il avait formé à Grenade auprès du cercueil de l'impératrice Isabelle. Il promit à Dieu de ne plus appartenir qu'à lui seul, de vivre désormais dans la pratique des bonnes œuvres, de la prière et de la mortification, loin du bruit et du mouvement de la cour, et de se retirer dans un monastère aussitôt que l'empereur lui en donnerait l'autorisation. En août suivant, lorsque mourut Pierre Lefèvre, cofondateur de la Compagnie de Jésus, Ignace de Loyola lut dans une lumière surnaturelle envoyée par Dieu que Francisco devait remplacer son compagnon au sein de l'Ordre. Plus rien ne retenait le marquis de Lombay. Le 1er février 1548, en présence d'un petit nombre de témoins, il prononça ses vœux dans la chapelle du couvent de dominicains qu'il avait fondé à Gandie et qu'il destinait à l'évangélisation de ses sujets morisques. Puis il prit le chemin de Rome, accomplissant un voyage prétendument motivé par le jubilé qui allait suivre l'élection du successeur de Paul III. Il devait en fait y être ordonné prêtre.

– C'est lors de ce voyage, Éminence, qu'il s'arrêta quelques jours à Ferrare, où Ignace de Loyola lui avait demandé de fonder un collège.

– Il me donna ce chapelet pendant son séjour, répondit Ercole à Cavriana, d'une voix faible et en désignant l'objet de piété.

De Ferrare, il gagna Rome, où il fut rejoint par le prince Fabrizio Colonna, ambassadeur de Charles Quint, et par les cardinaux dont on citait les noms comme étant les plus nobles et les plus illustres d'Italie. Il avait dépêché un message à Ignace de Loyola lui demandant l'accord de se soustraire à la réception due à son origine royale. Le fondateur de la Compagnie de Jésus avait jugé qu'il devait subir humblement les honneurs attachés à sa naissance jusqu'au jour où l'empereur lui permettrait d'y renoncer pour toujours. Dans une autre correspondance, il confia à Francisco que depuis longtemps il désirait avoir un collège à Rome : « Mais j'attends l'heure de la Providence, ajoutait-il. Jusqu'ici, les ressources manquent. » Francisco lui répondit : « Mon révérend père, permettez-moi de vous offrir 6 000 écus d'or pour acheter la première pierre. – Alors, décida Ignace, ce sera vous le fondateur du collège romain. » Francisco prit une maison à bail, les élèves accoururent avec empressement, et, en 1551, s'ouvrit le collège romain, qui allait entre autres former plusieurs futurs papes. Des membres de la Compagnie, dont François-Xavier, se trouvaient alors déjà en mission au Congo, au Brésil, au Japon, en Angola. De son côté, Francisco soutenait de ses aumônes les étudiants de la Compagnie installés à Valence et à Alcala, et provoquait des fondations à Saragosse et à Séville. L'intense activité éducative des jésuites s'étendit bientôt dans l'Empire ottoman. Francisco manifesta son impatience de se déclarer membre de la Compagnie de Jésus. Ignace de Loyola jugeant que le moment de demander l'autorisation impériale était venu, il s'empressa d'écrire à Charles Quint :

> « Sacré César, Catholique Majesté. J'espère que Votre Majesté me traitera doucement, à l'exemple du Dieu de miséricorde qui, dans sa bonté infinie, quoique j'eusse mérité par mes péchés d'être précipité au fond de l'abîme éternel, m'a fait la grâce de me conserver, afin que mon âme ouvrît les yeux et vît ce qu'il a fait pour moi et ce que j'ai fait contre lui. Aussitôt après la mort de la duchesse de Gandie, il m'inspira la résolution de me consacrer à son service. Durant quatre ans j'ai mûri ce dessein ; plusieurs grands serviteurs de Dieu ont offert des prières continuelles afin de m'obtenir la grâce de connaître sa volonté, et ce désir de me donner à lui croissant chaque jour, à mesure que la divine lumière dissipe les ténèbres de mon cœur, j'ose enfin, quoique privé de mérites, suivre la voix de celui qui m'appelle. J'ose, plein de confiance dans le secours que j'espère de sa bonté, entrer dans sa vigne et me

présenter sur le tard pour y travailler. C'est ce qui m'oblige à supplier très humblement Votre Majesté, comme son sujet et son serviteur, et comme commandeur de son ordre de Saint-Jacques, qu'il lui plaise de me donner en cette circonstance le témoignage le plus avantageux de la faveur dont elle m'a toujours honoré : qu'elle trouve bon que je puisse, durant les jours qui me restent à vivre, pleurer le temps perdu, réparer le passé, reconnaître les dangers du présent, pourvoir à l'incertitude de l'avenir. Si Notre Seigneur m'accorde la grâce que je sollicite, je promets à Votre Majesté d'offrir des sacrifices et des prières pour sa santé et plus encore pour son salut. Je demanderai à la bonté infinie qui lui a donné de si grandes victoires sur les infidèles et les hérétiques, de ne pas lui en accorder de moindres sur ses ennemis invisibles, sur les passions du vieil homme qui lui restent à mortifier et à vaincre. Je supplie Celui qui a tant souffert sur la croix pour Votre Majesté, de conserver sa personne impériale.

Francisco Borgia, duc de Gandie. »

« Je ressens vivement, lui répondit Charles Quint, la perte que nous ferons par la retraite d'un homme de votre mérite, qui fut notre lumière dans le conseil, un modèle dans les premières charges de l'État, un sujet d'édification pour toute la cour par ses grandes vertus et sa haute piété. Mais je reconnais qu'il serait peu raisonnable de vous disputer au Maître que vous avez choisi et que vous voulez désormais servir uniquement. Je vous accorde donc à regret le congé que vous désirez, et vous autorise à vous démettre de vos fiefs et de vos titres en faveur de votre fils aîné. Je me recommande à vos prières, et je compte sur vous pour appeler les bénédictions divines sur moi, sur mes États, sur toute la chrétienté. »

Francisco Borgia se dépouilla du manteau blanc à croix rouge des chevaliers de Saint-Jacques, de son habit d'homme de cour et de toutes les livrées du monde pour revêtir l'aube austère des jésuites, dont il ne devait plus se séparer. Religieux soumis à l'obéissance de ses supérieurs, il n'était plus ce prince d'Aragon, l'un des premiers sujets de Charles Quint. L'empereur éprouva bientôt le regret de l'avoir autorisé à s'engager dans l'Ordre de Jésus. Il se résolut alors à tenter un moyen de le rendre à la cour et surtout à sa personne. Il expédia un courrier à Rome, portant l'ordre à don Diego de Mendoza, son ambassadeur auprès du Saint-Siège, de demander au pape la pourpre romaine pour son ancien vice-roi de Catalogne, et de la négocier de telle sorte qu'Ignace de Loyola n'en ait connaissance qu'à la dernière minute. Mais à la fin du mois de mai 1552, le cardinal della Cueva, sortant du Consistoire, rencontra Ignace de Loyola et lui annonça par mégarde que le père Francisco Borgia s'apprêtait à être admis au Sacré Collège. Loyola, ne voyant dans cet honneur qu'un fléau pour la Compagnie, se promit de ne rien négliger pour l'en délivrer. Il alla se jeter aux pieds de Jules III en lui représentant le danger des dignités pour un ordre religieux que l'humilité seule pouvait conserver dans son véritable esprit. Il le supplia de ne pas exposer ainsi à des pensées d'ambition et de vaine gloire d'humbles religieux qui ne devaient ambitionner que la gloire de Dieu et le salut des âmes au prix de tous les sacrifices :

– J'approuve vos motifs, lui répondit le Saint-Père, mais il est trop tard pour les faire valoir aux yeux de l'empereur. J'ai donné ma parole à son ambassadeur, je ne puis revenir sur ce qui est fait, d'autant plus que tous les cardinaux désirent voir le père Francisco Borgia parmi eux.

– Très Saint Père, insista Ignace, Votre Sainteté a un moyen de tout concilier. Elle pourrait offrir la pourpre au père Francisco, sans l'obliger à l'accepter. Ainsi l'empereur et les cardinaux seraient satisfaits, et Votre Sainteté aurait la consolation d'être fidèle à sa parole sans mettre la Compagnie en danger de perdre son esprit et sans affliger le père Francisco.

Le pape approuva cet expédient et fit partir un courrier pour l'Espagne, chargé du bref pontifical offrant les honneurs du cardinalat à Francisco. Il apportait aussi au duc de Gandie une lettre d'Ignace qui lui rendait compte de la manière dont il était parvenu à le délivrer de la dignité qu'on avait voulu lui imposer.

Francisco partit s'enfermer au monastère de Bidaurreta, à Oñate, dans la province du Guipuscoa. Il y jouit de sa solitude pendant deux ans, au terme desquels Ignace lui adressa des remontrances qui s'achevaient par : « Souvenez-vous que Dieu Notre-Seigneur ne vous a point appelé dans sa Compagnie pour y vivre solitairement et n'y trouver que votre satisfaction propre, mais pour travailler au salut des âmes. Du sein de son Père, le Fils de Dieu est venu sur la terre pour sauver nos âmes, leur donner la nourriture, le repos, la vie au prix de ses fatigues, de ses souffrances, de sa mort. Je vous prie donc et vous ordonne de suivre son exemple. Sortez de votre retraite, allez visiter les peuples des diverses provinces de l'Espagne, voyez les petits et les grands, dont plusieurs désirent réformer leur vie, et soyez persuadé que cette mission sera d'autant plus agréable à Dieu qu'elle sera moins selon la volonté et l'inclination de l'homme. »

Au château de Tordesillas, Jeanne la Folle était alors mourante. Charles Quint s'était rendu auprès d'elle et n'avait pu lui parler pieusement sans exciter sa fureur. Il donna des ordres :

– Le marquis de Lombay lui rendra la raison pour ses derniers moments. Qu'on parte au plus vite lui dire que je le prie de venir assister la reine !

Francisco arriva à Tordesillas en mars 1555. Les médecins lui déclarèrent que Jeanne était perdue et que l'empereur, craignant pour le salut de sa mère, désirait l'entendre prononcer des paroles sensées avant de quitter ce monde. Le jésuite s'éloigna pour se mettre longuement en prière puis revint auprès de la moribonde. Il l'engagea à recourir avec confiance à la miséricorde divine. La reine l'observa avec calme, parut le comprendre et disposée à lui obéir. Francisco lui suggéra des actes de foi sur chacun des principaux mystères, qu'elle répéta après lui avec une lucidité parfaite, le regard apaisé. Il ajouta ensuite :

– Votre Majesté ne peut peut-être pas réciter le symbole des Apôtres ? Il serait bon qu'elle veuille bien m'ordonner de le réciter en son nom.

– Commencez, mon père, répondit Jeanne, je le réciterai avec vous.

Après quoi, à la grande surprise des assistants, elle prononça d'elle-même quelques phrases du symbole de Nicée et les fit suivre de plusieurs actes de contrition, de résignation et de confiance. Elle demanda enfin le crucifix et l'image de la Vierge, les baisa pieusement avant de dire :

– Qu'on me les laisse ! Je veux les avoir devant moi jusqu'au dernier instant.

Elle réclama les sacrements de l'Église. Francisco dépêcha un messager à Salamanque, auprès du dominicain Domingo Soto, le priant de consulter les savants de l'Université. Le religieux s'empressa de réunir les plus célèbres docteurs, qui décidèrent que Jeanne pouvait être administrée, puis partit pour Tordesillas annoncer leur décision. Il constata le miracle accompli par Francisco. Le duc de Gandie était reparti lorsque la reine mourut, le 11 avril 1555, dans la paix de l'esprit retrouvée.

Il fut bientôt reconnu, dans toute l'Espagne, que Francisco opérait des prodiges. À l'hôpital de Madrid, il toucha la jambe cariée d'une femme qu'on allait amputer : « Ce ne sera rien, ma sœur », lui dit-il. Ces simples mots suffirent à guérir la malade. Il guérit également la princesse régente en lui appliquant une relique de la Vraie Croix, et sa fille, la marquise d'Alcanices, après lui avoir fait promettre d'éviter toute mondanité. Manifestement, Dieu lui avait accordé un pouvoir surnaturel.

– Oui, Excellence, Francisco Borgia est assurément un saint homme. Sa sainteté semble protéger tous ceux de son entourage. Vers la fin de sa vie, gagné par un symptôme proche de celui de sa mère, Charles Quint transportait partout avec lui le cercueil dans lequel il désirait être enfermé. Dans ses campagnes mêmes il ne le quittait point. Quelques mois après avoir abandonné le sceptre de l'Espagne à son fils, puis abdiqué la couronne impériale en faveur de son frère Ferdinand, il se retira, pour y mourir, au palais de Jarandilla, près du monastère de Yuste, dans l'Estrémadure. À plusieurs reprises, il fit répéter à ses gentilshommes sa propre cérémonie funèbre afin que tout soit prêt au moment venu. En 1557, il réclama Francisco : « Je veux qu'il loge ici, tout près de mon appartement, et que l'on dispose sa chambre de manière à ne blesser aucun de ses sentiments de prêtre et de religieux. S'il apercevait du luxe, il me fuirait et irait à l'hôtellerie. Ayez soin de faire enlever la tenture de la chambre : c'est une riche tapisserie, qui déplairait à son humilité. Faites retirer de mon antichambre celle de drap noir, et qu'on s'en serve pour remplacer la tapisserie de la chambre de don Francisco. Je veux qu'il soit content. » En paraissant devant Charles Quint, Francisco voulut fléchir le genou, selon l'usage, pour baiser la main impériale. Le monarque l'en empêcha : « Nous ne sommes plus à la cour, père Francisco, lui dit-il, vous devez me traiter en ami. Asseyez-vous et couvrez-vous, je le veux. Si vous saviez comme j'enviai votre bonheur quand vous m'annonçâtes votre désir d'entrer dans un ordre religieux. Vous devez vous souvenir que je vous fis part autrefois, dans l'intimité, de mon projet d'abandonner le gouvernement à mon fils et de me retirer loin de la cour pour ne penser qu'à mon salut, ainsi que je viens de le faire. » L'empereur était alors taraudé par une hantise dont il s'ouvrait à tout son entourage. Il redoutait que les princes d'Europe, qui l'avaient connu si puissant, prennent sa retraite pour un caprice indigne de lui, peut-être même pour un acte de lâcheté : « Je serai bien aise, poursuivit-il, que l'on sache par vous que ma retraite n'est nullement l'effet d'un caprice ou d'un dégoût subit. » Francisco s'engagea à le satisfaire. Charles Quint le garda à ses côtés pendant trois jours. Il lui avoua avoir eu des préventions contre les jésuites : « Oui, père Francisco, j'ai dit un jour qu'il n'en manque pas, parmi eux, qui voudraient tous nous brûler, et le père Francisco Borgia le premier. » Il s'en repentit, et devant l'apologie que le religieux fit de son ordre, il s'écria : « Comme ils m'ont menti ! » C'est alors qu'il conseilla à son ancien favori de se faire hiéronymite ou chartreux et de vivre, jusqu'à sa mort, auprès de lui, au monastère de Yuste. Francisco protesta avec respect. En partant, il promit à l'empereur de revenir le voir. Après son départ, celui-ci répéta souvent : « Qu'est-ce que notre retraite, si nous la comparons à ce qu'a fait le père Francisco Borgia ? » Charles Quint s'éteignit le 21 septembre 1558, après avoir essayé une dernière fois son cercueil, fait procéder à une ultime répétition de ses obsèques, et sans avoir revu celui qu'il nommait son « homme de Dieu ». Pendant son agonie, il avait plusieurs fois prononcé son nom, l'avait demandé et désigné comme l'un de ses testamentaires. Francisco accepta ce dernier témoignage d'amitié. Au service solennel, célébré à Saint-Paul de Valladolid, il consentit aussi à prononcer l'oraison funèbre de l'empereur.

DIARIUM XIV

Où la haine croissante entre protestants et catholiques conduit au massacre de Wassy, à l'assassinat de François de Guise et au procès de Coligny.

Dans la nuit du 2 au 3 octobre 1559, Ercole se sentit mourir et fit jurer à Renée de s'abstenir d'entretenir des relations avec les hérétiques. Le serment prêté, il expira. Renée regretta aussitôt sa faiblesse et s'en ouvrit à Calvin : « Comme vous avez failli et offensé Dieu en faisant ce serment, lui répondit le Réformateur, aussi n'êtes-vous pas obligée de le garder non plus qu'un vœu de superstition. » Alfonso se trouvant encore en France lorsque son père mourut, sa mère prit la régence. Par crainte de l'ennemi, elle fit fermer les portes de la ville, augmenter les postes, disposer des sentinelles sur les murailles. Puis elle enjoignit les habitants de venir prêter serment de fidélité au nouveau duc. La situation qu'occupait ce dernier à la cour de France ne lui permit pas un départ immédiat : le roi lui avait confié un régiment et accordé quelques charges. Il donna donc mission à son compagnon, Cornelio Bentivoglio, dont la fille était au service de Renée, d'aller le représenter à Ferrare et d'y recevoir en son nom l'hommage de ses sujets.

Le corps municipal de Ferrare se réunit et conformément à l'antique coutume, confirma les pouvoirs du nouveau duc. Il vint alors prendre possession de sa capitale dont on avait décoré magnifiquement les rues, salué par les acclamations de son peuple et par les salves de ces canons dont son père aimait tant la vue et si peu le bruit. Au nom de la commune, le comte Galeazzo Tassoni lui remit le sceptre ducal entre les mains. Le lendemain, on procéda aux obsèques officielles d'Ercole. Ayant déjà été inhumé en privé pendant l'absence d'Alfonso, son corps fut remplacé par une statue de stuc, faite à sa ressemblance et revêtue de ses habits de gala.

Pour célébrer son avènement, le jeune duc rendit la liberté à son grand-oncle, Giulio d'Este, le vieux prisonnier que son père et son grand-père avaient détenu pendant cinquante-trois ans et huit mois, alors que don Ferrante était mort quelque dix ans plus tôt. Il avait conservé l'habillement à la française dont on affectait le goût en Italie à l'époque où il vivait à la cour, et où le nom français était en si grand honneur qu'on se plaisait à imiter les coutumes et les modes. L'apparition de ce revenant d'un autre âge causa une vive surprise à Ferrare. À quatre-vingt-un ans, Giulio n'avait connu la liberté que pendant vingt-huit ans et ne la retrouvait que pour deux ans. Il devait mourir en 1561, au palais, dans la plus grande indifférence.

Lucrèce, l'épouse du nouveau duc, fit son entrée solennelle dans Ferrare le 17 février 1560, reléguant Renée dans un rôle effacé de duchesse douairière. À soixante ans, elle était percluse de soucis et de douleurs qui lui donnaient un aspect prématurément sénile. Ercole lui avait laissé l'usufruit du château de Belriguardo et de ses dépendances à la condition qu'elle demeure à Ferrare et y vive en bonne et fidèle catholique. Repoussant ce don entouré de restrictions, elle forma le dessein de retourner dans sa patrie. Elle ignorait toutefois si la situation religieuse en France lui permettrait de professer librement sa foi. Ce qu'elle savait est que son fils portait une haine sans nom aux calvinistes et qu'il avait plusieurs fois déclaré en sa présence à des ambassadeurs que s'il avait à choisir il préférerait vivre avec des pestiférés qu'avec des huguenots. Il laissa comprendre à sa mère que les vexations de jadis recommenceraient et la mit sans détour dans l'alternative de changer de vie ou de quitter Ferrare. Renée en conçut un noir chagrin et sentit dès lors qu'elle était un embarras pour son fils.

Le 2 septembre 1560, après y avoir vécu trente-deux ans, elle quitta alors Ferrare, accompagnée d'une suite de trois cents personnes. Alfonso l'escorta jusqu'à la frontière de ses États. Dans la soirée, on lui remit une lettre signée de sa mère : « Mon fils, lui écrivait-elle, pour le regret que j'ai eu de m'éloigner d'auprès de vous, j'ai fui l'occasion de vous parler plus longuement pour ne me laisser vaincre aux larmes. » Près de Turin, elle retrouva le duc de Savoie qu'elle avait eu soin de faire prévenir de son approche. Le prince détenait plusieurs Vaudois, des hérétiques exilés en Suisse, les « réformés des vallées » comme on les nommait. Sachant qu'elle partageait leurs sentiments, les pasteurs avaient sollicité son intervention. Le duc de Savoie lui fit bonne réception mais refusa obstinément de libérer les Vaudois lorsque Renée l'en supplia. Elle comprit que son crédit n'irait désormais plus jusqu'à faire rendre justice aux partisans de la foi nouvelle.

En octobre, elle parvint à Orléans. Le chef du parti calviniste, Louis de Bourbon, prince de Condé, l'oncle du futur roi Henri IV, venait d'y être emprisonné sur l'instigation des Guise. Inquiété une première fois pour avoir conduit la conjuration d'Amboise, on le soupçonnait à présent d'ourdir un second complot contre François II. Orléans était envahie de gens d'armes. Le roi était venu avec une nombreuse escorte et les Guise avaient appelé autour d'eux leurs plus dévoués partisans. Plusieurs réformés avaient été exécutés. Le bailli qui donnait l'hospitalité à Renée, d'autres magistrats venaient d'être arrêtés. Le fameux Gaspard de Coligny, seigneur de Châtillon, s'était empressé d'accourir pour partager les périls de ses coreligionnaires.

Coligny était le neveu d'Anne de Montmorency, qui s'était chargé de veiller à son éducation à la mort de son père. Esprit altier, élevé dans la religion catholique, il jouissait autrefois d'une grande faveur à la cour d'Henri II, qui l'avait nommé amiral de France. D'abord uni d'une intimité chevaleresque avec le duc de Guise, il s'en était violemment séparé après la victoire de Renty, à laquelle il avait pris part mais dont le duc s'était attribué le succès. Il était proche de la reine mère Catherine de Médicis, avec qui il mettait en place une politique de conciliation qui se développait à la cour de François II. En cette année 1560, il était encore modéré dans son adhésion à la Réforme. Son frère François d'Andelot, colonel de l'infanterie française, l'avait maintes fois entretenu de la nouvelle religion et l'avait engagé à lire des ouvrages en contenant les principes. Ces lectures l'avaient insensiblement amené à partager les opinions des calvinistes mais, par crainte des maux qui pouvaient en résulter dans sa famille, il ne voulait pas encore en faire profession ouverte.

Il observa en muet le procès de Condé et vit à la façon dont il était engagé que sa perte avait été résolue. La juridiction de ses pairs à laquelle il avait droit, de même que toutes les garanties habituelles furent refusées à Condé. Renée, à qui on avait promis une place dans les conseils du gouvernement, s'entendit avec Coligny pour s'interposer entre les

Guise et leurs victimes. Elle fit de violents reproches à son gendre François de Guise, époux d'Anne d'Este :

– Vous ouvrez, lui dit-elle, une plaie qui saignera longtemps. On ne verse jamais impunément le sang de la maison de France.

– Madame, lui répondit le duc de Guise, quel sang préféreriez-vous voir verser ? Quel parti soutenez-vous, à la fin ?

Elle ne put empêcher la condamnation à mort de Condé, pour crime de lèse-majesté. Le chancelier Michel de L'Hospital, avec l'appui de Catherine de Médicis et du conseiller d'État Duportail, allégua plusieurs vices de forme afin de ne pas contresigner l'arrêt de mort. Les Guise représentèrent à la reine mère qu'elle aurait tout à redouter du ressentiment des Bourbons si elle laissait le prince lui échapper.

Sur ces entrefaites, le 5 décembre, François II mourut, à l'âge de seize ans, d'un abcès à l'oreille qui le taraudait cruellement depuis un mois. Il n'avait régné que dix-sept mois, période pendant laquelle il s'était montré le soutien indispensable des Guise. Avec sa mort, la position de ces derniers à la cour allait changer. Marie Stuart n'ayant pas eu le temps de donner d'héritier au roi défunt, le second fils de Catherine de Médicis, Charles, âgé de dix ans, lui succéda sous le nom de Charles IX. Le Conseil privé nomma la reine mère gouvernante de France. Dès cet instant, afin de les affaiblir, la régente ne songea plus qu'à entretenir les rivalités et les haines entre les Guise et les Bourbons, les huguenots et les catholiques. Charles IX, enfant à la fois sentimental et coléreux, d'une humeur inconstante, d'une santé médiocre, d'un mental fragile, s'apprêtait à devenir l'instrument de sa mère.

Les états généraux d'Orléans s'ouvrirent en ce même mois de décembre. Lors de la première séance, Michel de

L'Hospital s'efforça de tenir aux députés un langage de paix que ceux-ci ne semblaient pas disposés à comprendre :

– L'homme, déclara-t-il, de sa nature n'est jamais content et, jusqu'à la fin de ses jours, désire toujours mieux avoir ou changer. Mais faut-il que ce désir le porte sans cesse à bouleverser le monde ? Si chacun se contentait de sa fortune et de ses biens, s'abstenait du bien d'autrui et de faire injure aux autres, nous vivrions en paix et en repos. Mais c'est folie d'espérer paix et repos, et amitié entre les personnes qui sont de diverses religions et il n'y a opinion qui tant les sépare les uns des autres. Nous avons fait comme les mauvais capitaines qui vont assaillir le fort de leurs ennemis avec toutes leurs forces, laissant dépourvus et dénués leurs logis. Il nous faut dorénavant le garnir de vertus et de bonnes mœurs et puis les assaillir avec les armes de charité, prières, persuasion.

Renée, assise à la gauche du roi, assista aux séances du mois de décembre. Le discours du chancelier ne fit aucun effet sur elle. Elle ne croyait qu'avec peine à la réconciliation entre catholiques et protestants et se chercha des appuis à l'étranger. Bien que fervente catholique, sa fille Anne, « la petite Borgia », comme aimait l'appeler Catherine de Médicis, s'employa à l'aider dans sa démarche et rencontra pour elle Nicholas Throckmorton, ambassadeur en France de la reine Élisabeth d'Angleterre, qui se trouvait alors à Orléans :

– La duchesse de Ferrare, lui dit-elle, aime et honore votre maîtresse la reine parce qu'elle est une puissante princesse, qu'on la dit vertueuse et chrétienne et qu'elle a grandement contribué à développer, dans ses États, la gloire, l'honneur et la vraie connaissance de Dieu. Puissent son exemple et sa persévérance servir d'instruction aux autres souverains ! Son crédit et sa gloire feront pâlir ceux des plus grands hommes, encore qu'elle ne soit qu'une faible femme. Dieu lui a accordé, en récompense de ses efforts, d'être aimée et obéie de ses sujets, de triompher de ses ennemis et d'accomplir de belles choses. La duchesse considère la reine mère comme une sage et vertueuse dame qui commence à écouter la parole du salut. Néanmoins, l'effet des remontrances qui lui sont adressées serait encore plus grand si la reine d'Angleterre voulait bien user de persuasion auprès d'elle, soit par écrit, soit autrement.

Throckmorton consentit à transmettre le désir de Renée à Élisabeth. Mais la reine d'Angleterre demeura sourde à l'appel de la duchesse de Ferrare. Alors celle-ci choisit de se retirer dans son château de Montargis, proche d'Orléans, à dessein d'en faire un refuge pour les protestants. Avant de partir, elle prit soin d'assurer Catherine de Médicis qu'elle resterait à tout moment à la disposition de la cour.

Dès qu'elle fut établie à Montargis, elle montra combien elle était résolue à manifester ouvertement ses sentiments religieux en recevant la plupart des chefs protestants. En septembre 1561, elle hébergea les ministres réformés qui se rendaient au colloque de Poissy, dont le frère de Coligny, le cardinal de Châtillon. Un petit noyau de huguenots se forma rapidement autour d'elle, aucun émule de Calvin ne traversait la région sans aller la saluer, ses relations avec l'amiral de Coligny devenaient chaque jour plus étroites.

Parmi les hérétiques qu'elle recevait volontiers se trouvait le pasteur Léonard Morel qui avait su triompher de ses hésitations. Morel était pasteur à Wassy, une des villes du douaire de Marie Stuart, dans le comté de Champagne, où il séjournait lorsqu'il n'était pas l'hôte de Montargis. À la fin de février 1562, François de Guise, accompagné de sa femme Anne d'Este, rendit visite à sa mère à Joinville. Antoinette de Bourbon, douairière de Guise, se plaignit à lui des ministres qui évangélisaient ses vassaux. L'un d'eux n'était autre que Léonard Morel et s'était particulièrement signalé comme son ennemi. Il la désignait dans ses sermons sous le nom de « mère des tyrans », et animait les paysans contre elle. Elle avait fini par envoyer à Wassy l'évêque de Chalons, Jérôme de Bourges, qui avait vainement tenté de dissoudre la nouvelle église. Les catholiques étaient terrifiés par les insultes du pasteur.

En quittant Joinville, le dimanche 1er mars 1562, le duc de Guise, Anne et leur fils aîné Henri s'arrêtèrent à Wassy. Leur suite nombreuse était composée des dames d'honneur d'Anne, de la compagnie d'ordonnance du duc, de son frère le cardinal de Lorraine, et d'un grand nombre de serviteurs, tous armés. Guise était décidé à adresser des remontrances à Morel, sur lequel s'étendait son autorité seigneuriale. Il demeura d'abord à l'écart du temple des réformés :

– Il serait à propos de leur donner une charge, lui dit le cardinal de Lorraine.

– Il faut aller les trouver pendant qu'ils sont assemblés, répondit le duc.

Il envoya le fils de son lieutenant, Jacques de la Brosse, avec deux pages allemands, qui se présentèrent au temple où il officiait et interrompirent le service. Les fidèles les injurièrent et les encerclèrent rapidement. Jacques de la Brosse s'efforça de les repousser, les armes à la main. Il fut accablé de coups et retenu prisonnier à l'intérieur du prêche tandis que ses compagnons tentaient de repousser la foule. Le duc de Guise accourut avec le reste de son escorte et trouva Jacques de la Brosse massacré et jeté sur les marches du portail. Les protestants grimpèrent sur un échafaud appliqué le long des murs et leur lancèrent toutes sortes de projectiles. Une clameur de carnage s'éleva alors contre les huguenots. Guise, blessé au visage et au bras, fit barricader la porte et ordonna d'ouvrir le feu. Les arquebusades sifflèrent dans l'enceinte du temple, le duc et ses gentilshommes frappèrent à coups d'épée tous ceux qu'ils rencontraient, sans égard pour leur sexe ni pour leur âge, en hurlant :

– À bas, canailles ! Tuez, mort-dieu, tuez ces huguenots !

Dehors, des soldats postés abattirent ceux qui cherchaient à fuir par la toiture et les fenêtres. Au bruit des détonations, Anne d'Este, grosse de six mois, étendue sur sa litière, hurla en désespérée à son mari d'épargner les femmes enceintes. Lorsque ce dernier fit cesser le feu, soixante-dix protestants avaient trouvé la mort. Morel, blessé et prisonnier, comparut devant lui :

– Monsieur, lui dit le pasteur, je suis très étonné de ce que vous vouliez nous empêcher d'invoquer Dieu en ce lieu tandis que le roi nous le permet, ainsi que le gouverneur de la province.

– Qui te fait si hardi de séduire ce peuple ? l'interrogea le duc.

– Je ne suis point séducteur. J'ai prêché l'Évangile de Jésus-Christ.

– Sang-dieu ! l'Évangile prêche-t-il la séduction ? Tu es cause de la mort de ces gens. Tu seras pendu sur-le-champ. Prévôt, qu'on dresse une potence pour pendre ce bouc !

Morel implora sa grâce.

– Tu appelles ton Christ, ironisa François, où est-il, maintenant ? Qu'il te sauve ! Moi seul peux te sauver.

Et il l'envoya à la prison de Saint-Dizier plutôt que de mettre sa sentence à exécution. Puis il s'en prit au gouverneur de la ville, Claude Tondeur, auquel il reprocha vertement d'avoir autorisé l'exercice de la réforme. Tondeur expliqua que Morel s'était conformé aux dispositions de l'édit de

Poissy. Guise s'emporta, le qualifia de traître et en fit son prisonnier.

Le duc de Guise ignorait que le massacre de Wassy allait provoquer une prise d'armes de tous les protestants du royaume et déclencher la première des guerres de Religion. Au Louvre, Catherine de Médicis reçut la nouvelle comme un coup de tonnerre et somma le responsable de cette tuerie de s'expliquer :

– Je vous prie de croire, Madame, déclara le duc de Guise, que ce qui est arrivé aux huguenots de Wassy est arrivé contre ma volonté. Je n'y allai aucunement avec l'intention de leur faire offense. J'ai été défendeur, non agresseur, et, lorsque l'ardeur de ceux qui étaient avec moi, me voyant blessé, leur fit prendre les armes, je fis tout ce que je pus pour parer leurs coups et veiller à ce que ce peuple ne reçoive aucun outrage.

On avait fait épouser un assassin à Anne d'Este. La petite-fille de Lucrèce Borgia ne cacha jamais l'épouvante qui l'avait saisie au lendemain du massacre de Wassy. Au-delà du sang qu'elle avait vu se répandre, elle songeait à l'obstination de sa mère à vouloir embrasser la doctrine de Luther et de Calvin. François n'en était pas à son coup d'essai. Ses crimes, souvent accomplis avec la complicité de son frère le cardinal Charles de Lorraine, étaient connus jusqu'en Allemagne. Après Wassy, en présence de la reine mère, il dut répondre aux attaques du duc Christophe de Wurtemberg, l'ancien auxiliaire des religionnaires révoltés :

– Je dis au duc de Guise : puisque nous en sommes maintenant à nous expliquer l'un avec l'autre, je ne puis m'empêcher de vous dire que vous et votre frère êtes véhémentement soupçonnés en Allemagne d'avoir contribué à faire périr sous Henri II et depuis, plusieurs milliers de personnes qui ont été misérablement livrées à la mort à cause de leur foi. Comme ami et comme chrétien, je dois vous avertir : Gardez-vous du sang innocent ; les châtiments de Dieu vous atteindraient dans ce monde et dans l'autre.

– Je sais bien qu'on nous accuse de cela, répliqua François de Guise, et d'autres choses encore, mon frère et moi ; mais on nous fait tort. Je vous le jure, au nom de Dieu mon créateur, en y engageant le salut de mon âme, je ne suis coupable de la mort d'aucun homme condamné pour cause de religion. Au contraire, toutes les fois qu'il s'agissait de poursuites criminelles en matière de religion, je disais au roi Henri et au roi François II que ce n'était pas de mon ministère, que cela regardait le pouvoir séculier, et je m'en allais.

– Alors je vous conjure de ne plus persécuter les pauvres chrétiens de France. Dieu ne laisserait pas un tel péché sans châtiment.

– Je promets sur ma foi de prince et sur le salut de mon âme de ne persécuter ni ouvertement ni en secret les partisans de la nouvelle doctrine, et de contribuer, selon leur pouvoir, à l'établissement d'une concorde chrétienne.

– Dieu veuille vous maintenir dans ces sentiments, acheva Wurtemberg, et vous confirmer dans ces résolutions !

Telle était la sinistre réputation de François de Lorraine, duc de Guise. Anne d'Este aimait cependant son mari d'un amour passionné, et l'année suivante, lorsque celui-ci tomba à son tour sous l'arme d'un ennemi de sa religion, elle fit le serment de toujours chercher à le venger.

Onze mois plus tard, en effet, François paya de sa personne l'horreur de Wassy. Le 18 février 1563, il devait rencontrer des émissaires de Catherine de Médicis dans son manoir des Vaslins, près de Saint-Mesmin, en vue de conclure une paix négociée avec les chefs des calvinistes. Il partit du faubourg du Portereau à la tombée de la nuit, à cheval, sans cuirasse, accompagné d'un officier de finance, Tristan de Rostaing, messager de la reine, d'un page et de quelques serviteurs. Anne d'Este était arrivée dans la journée au manoir. Le maître d'hôtel de son mari, le seigneur de Crenay, franchit le Loiret en barque, à hauteur de Saint-Mesmin, pour aller à la rencontre du duc. Sur l'autre rive, il trouva un des familiers de la maison de Guise, Jean de Poltrot de Méré, qui semblait attendre.

– Quand Monsieur doit-il arriver ? lui demanda celui-ci.

– Monsieur est à peine à quelques pas de nous, lui répondit Crenay en désignant le duc qui débarquait un peu plus loin.

Poltrot paraissait nerveux. Il sauta sur un genêt d'Espagne qu'il tenait en bride et disparut dans la nuit. Le duc de Guise, en pourpoint de buffle, la plume blanche au chapeau, s'engagea au pas de sa monture sur le chemin du château, devisant avec Tristan de Rostaing, lorsqu'une détonation retentit à la distance de six ou sept pas derrière une haie. Frappé d'une balle sous le bras, Guise s'affaissa sur l'encolure de son cheval en disant à Rostaing :

– On me devait celle-là, mais je crois que ce ne sera rien.

Puis il tomba de selle et perdit connaissance. Il recouvra ses sens au château, où Anne, le regard chargé d'inquiétude, lui prodigua les premiers soins tandis que leur fils aîné, Henri, prince de Joinville, pleurait silencieusement au pied de son lit.

– Que Dieu, lui dit son père, te fasse la grâce de devenir un homme de bien. Aie, mon mignon, l'amour et la crainte de Dieu.

La reine mère envoya deux chirurgiens de la cour, Honoré Castellan et Maître Vincent. La balle avait transpercé le corps de François, mais la blessure était sans gravité. Vers le soir du 22 février, le blessé fut en proie à une violente fièvre qui ne le quitta plus. Deux jours plus tard, il se confessa et dicta son testament. Il fit ses adieux à Anne et l'invita à garder la viduité après sa mort. Puis il entendit la messe et reçut l'extrême-onction des mains d'Ippolito d'Este. Il s'éteignit le soir vers onze heures. Sa dépouille fut enfermée dans un coffre de plomb et portée en bateau à Blois. Le 19 mars, en présence du Parlement, ses funérailles solennelles furent célébrées à Notre-Dame de Paris, avec des honneurs royaux.

Son assassin était Poltrot de Méré. Après son forfait, celui-ci avait pris la fuite avant d'être arrêté trois jours plus tard et emprisonné à la Conciergerie, à Paris. C'était un homme de vingt-six ans, ancien page du vicomte d'Aubeterre puis de la reine. Il avait séjourné un an en Espagne avant de revenir en France et de rentrer au service des compagnies protestantes de Jean de Parthenay Soubise. Anne d'Este commanda à Michel de Vialart, maître des requêtes, de l'interroger. Vialart représenta à l'accusé qu'un des laquais de Tristan de Rostaing avait distingué dans l'obscurité la couleur de son manteau et le harnais en cuir blanc de son cheval, qu'on l'avait vu le matin accompagner le duc de Guise au Portereau et l'attendre le soir au passage du Loiret. Poltrot repoussa d'abord l'accusation. Puis il jura qu'il se confesserait à la reine mère en personne et à elle seule.

Catherine de Médicis arriva de Blois accompagnée entre autres du cardinal de Bourbon et de Sébastien de l'Aubespine, évêque de Limoges. Poltrot de Méré lui avoua que pendant l'été précédent, à Orléans, Jean de Pas de Feuquières et Brion, capitaines protestants, et surtout Coligny, l'avaient encouragé à tuer le duc de Guise. Au mois de janvier, l'amiral l'avait envoyé chercher à Lyon et lui avait versé 120 écus pour le sortir de son hésitation. Ce n'est qu'après plusieurs entrevues avec Coligny, Théodore de Bèze et le ministre Jean de Lespines qu'il s'était décidé à être l'exécuteur. Anne d'Este avait demandé à Michel de Vialart de l'informer des aveux de Poltrot faits sur le chevalet :

– Il parut effrayé et comme hors de lui-même, lui rendit compte le maître des requêtes, et ne sachant ce qu'il disait par l'appréhension du supplice, il déchargea l'amiral de Coligny.

Le procès de Poltrot de Méré fut instruit par Christophe de Thou, père de l'historien. Le meurtrier accusa François de Guise des désastres de la guerre et prédit de plus grandes calamités.

– L'Allemagne protestante, s'écria-t-il, attend l'heure de fondre sur la France et la mort du duc de Guise sera le signal attendu. Malheur aux capitaines qui ramasseront le bâton de commandement du duc de Guise ! Ils auront le même sort que lui.

Le 18 mars, à l'audience du matin, il fut condamné à être écartelé et subit son supplice le jour même en place de Grève, à Paris. Vialart rapporta à Anne :

– Il chargea de nouveau l'amiral dans le temps qu'on l'exécutait, de même que d'Andelot, son frère. Après avoir soutenu d'affreux tourments, il expira.

Anne d'Este, la duchesse de Guise, ne doutait plus de la culpabilité de Coligny. Les défenses, les propres aveux de l'amiral, dans l'apologie exagérée qu'il fit par la suite pour se disculper, vinrent lui confirmer ce soupçon de la façon la plus accablante. Elle songea que s'il avait été fait prisonnier, elle lui aurait fait payer cher ses dons à Poltrot pour exécuter son mari.

Le mois suivant, une délégation des Guise se présenta au Louvre. Antoinette de Bourbon, mère du défunt, marchait à la tête de la famille, aux côtés d'Anne d'Este, revêtues toutes deux d'une robe à queue traînante. Les enfants du duc, dont Henri, prince de Joinville, devenu duc de Guise par la mort de son père, des femmes de leur suite, le visage couvert, les parents, les alliés et les amis des Guise, en grand habit de deuil, fermaient cette marche lugubre. Ils se jetèrent aux pieds du roi, qui les invita à se relever et les écouta. Anne réclama justice du meurtre de son mari. Charles IX lui promit d'avoir soin de ses doléances mais Anne ne crut guère à son intérêt pour cette affaire. Elle ne désarma pas, et, avec l'appui de son beau-frère le cardinal de Lorraine, usa du droit de citer, à titre privé, le présumé meurtrier de son époux, et de le poursuivre. En attendant, les Guise et les Châtillon se firent une guerre de libelles et de déclarations publiques qui enflamma la querelle. Renée quitta sa retraite de Montargis et vint à Paris dans l'intention d'amener sa fille à abandonner les poursuites. Elle se trouvait un soir avec le prince de Condé, le cardinal de Bourbon, et l'amiral lui-même, dans la chambre de la reine mère, et pria de faire appeler Anne. La duchesse entra, vêtue d'une robe de satin brodée de perles, le visage défait par la haine.

– Ma chère fille, lui dit Renée, vous avez été mal conseillée par ceux qui désirent venger le meurtre de votre époux. Il n'est pas trop tard pour songer à la réconciliation. Dans l'intérêt de tous, je vous prie de déposer votre haine.

– Madame, répondit Anne, je me considère la sujette très obéissante de la reine et votre fille très respectueuse. Cependant, je ne suivrai dans cette affaire que les recommandations auxquelles il me plaira de m'en remettre.

Elle jeta un œil circulaire pour mesurer l'effet que ses mots venaient de produire sur l'assistance. Coligny, debout aux côtés de Catherine de Médicis, baissait le regard. La cour attribua une grave signification aux paroles qu'elle avait prononcées.

Le 30 septembre, Anne, escortée de ses enfants, de sa belle-mère, de tous les princes de la maison de Lorraine et de deux cents gentilshommes, se fit recevoir au palais de justice. Ses avocats, Saint-Meloir et Versoris, présentèrent à la cour une demande d'information contre Coligny. Le Parlement retint le jugement et nomma deux conseillers pour l'instruire. La procédure débuta en novembre. En dépit du huis clos ordonné par la grand-chambre, la salle d'audience fut chaque jour un peu plus envahie par une foule tumultueuse accueillant de ses vociférations les actes de défense de l'amiral. Anne de Montmorency tenait résolument le parti de celui-ci, qui était son neveu. En crédit auprès du roi et de la reine, il rappela son dévouement éprouvé sous le règne de quatre rois, raison suffisante, déclara-t-il, pour avoir le droit de réclamer le non-lieu en faveur de l'accusé. Anne présenta de son côté les témoignages qu'elle avait rassemblés tout en s'efforçant d'en trouver de nouveaux. Elle obtint un répit pour la production des pièces tandis que Coligny se tenait sur la réserve et gardait l'attitude d'un innocent injustement poursuivi.

L'ambassadeur d'Espagne Frances de Alava dénonçait la conduite de Catherine de Médicis, qui flattait les uns et les autres et s'efforçait de convaincre chaque parti qu'elle était de cœur avec lui. Il l'accusa de diviser pour régner, ce à quoi la reine mère répliqua que seul l'animait le désir d'éviter la guerre. Elle voulait obtenir la conciliation des deux familles de Guise et de Châtillon, expressions extrêmes des opinions calvinistes et catholiques. Or, l'hostilité des deux maisons résistait à ses tentatives les plus conciliantes, au point que le roi dut publier plusieurs mesures de prudence. Il interdit particulièrement aux deux familles de se provoquer, de s'insulter, les mit en garde et fit signer un engagement par Anne et le cardinal de Lorraine d'une part, par Coligny de l'autre. Catherine de Médicis jugea ces précautions dérisoires et inutiles. Convaincue des dangers qu'une longue instance pouvait faire courir à la paix publique, elle choisit soudain, en janvier 1566, de faire abréger le jugement. Tout délai accordé aux plaignants fut supprimé et Anne sommée de produire sur l'heure les pièces qu'elle entendait utiliser. Puis le 17, l'instruction fut close. La duchesse demanda l'autorisation de poursuivre devant le Parlement les auteurs du meurtre sans les désigner. Le roi répondit par un arrêt qu'il transmettait l'affaire à son conseil.

Le conseil royal se réunit le 29. Il se composait du duc d'Anjou, futur Henri III, enfant de quatorze ans, du cardinal de Bourbon, des ducs de Montpensier, de Longueville et de Nevers, des maréchaux de Vieilleville et de Bourdillon, tous dépendant trop directement du roi pour conserver leur liberté, de Condé, qui était protestant, d'Anne de Montmorency et du chancelier Michel de L'Hospital, représentant l'un et l'autre le tiers parti. Les autres membres du conseil n'étaient ni plus ni moins que des agents de la reine mère. La procédure était jugée d'avance.

Coligny fut introduit. Interrogé par le roi, il déclara :

– Je jure, Sire, comme devant Dieu, que je n'ai fait, ni fait faire, ni approuvé ledit homicide.

L'avocat général, Baptiste du Mesnil, requit l'acquittement de l'amiral. Le premier président du parlement de Paris, Christophe de Thou, lui répliqua :

– Je ne trouve rien dans le procès de l'amiral qui permette de le proclamer innocent. Je conseille d'instruire l'accusation.

– L'homicide commis sur Monsieur de Guise, affirma au contraire le prince de Condé qui mesurait l'importance d'éviter la condamnation de Coligny, n'est pas justiciable ni sujet à être purgé par voie de justice, puisqu'il a eu lieu en temps de guerre. Ce serait contrevenir à l'édit de la paix.

– Si Sa Majesté me l'accorde, ajouta Anne de Montmorency à l'adresse de Charles IX, je lui remontrerai que cette audience pourrait faire un si grand esclandre qu'on ne le saurait aisément réparer. C'est un bon moyen pour détruire et gâter en une heure tout le fondement de ce qui a été bâti à grand-peine depuis six mois en matière de pacification. Je veux parler en particulier de l'édit d'Amboise, qui apporte le repos à tout le royaume. Cette assemblée, Majesté, en jugeant une querelle personnelle, peut tout renverser.

Le cardinal de Bourbon et le duc de Montpensier déclarèrent qu'ils adopteraient les conclusions des autres juges. Le maréchal de Bourdillon prétendit que les questions de droit lui étaient étrangères et pria le roi de le dispenser de rendre un arrêt.

– Je professe trop d'amitié pour Monsieur de Guise et toute sa maison pour donner mon opinion, dit quant à lui le duc de Nemours.

Sur vingt-quatre conseillers présents, dix-neuf princes, seigneurs ou magistrats, inféodés à la politique de Catherine de Médicis, se prononcèrent pour l'acquittement.

– Je déclare, prononça Charles IX, l'amiral Gaspard de Coligny purgé, déchargé et innocent du fait dudit homicide. Je commande en outre aux parties de vivre en amitié sous mon obéissance sous peine de crime de lèse-majesté.

Le roi et la reine mère demandèrent Anne et tentèrent d'obtenir son assentiment à l'arrêt. La petite-fille de Lucrèce Borgia, sous les dehors d'une femme faible, cachait une force de résistance invincible.

– Je supplie Votre Majesté, dit-elle, de se contenter de ma soumission sans m'imposer, pour l'avenir, d'engagements au sujet de la vengeance que réclame un si grand crime.

– Sur votre vie, lui dit Catherine de Médicis, prenez en bonne part ce qui s'est fait en voyant que cela nous convient ainsi, et avec le temps vous verrez des choses qui vous satisferont beaucoup.

– Madame, je dois à la mémoire de mon mari d'informer les souverains catholiques de la partialité des juges, et des dangers qu'elle fait courir à la foi orthodoxe en France.

Cette allusion à l'intervention de Philippe II en France, troubla la reine.

– Ne faites point une telle démarche, conseilla-t-elle.

– Je subirai les volontés du roi relativement à Coligny, répliqua Anne, mais puisque le châtiment des coupables est refusé, avec le temps, les accords que nous avons signés n'empêcheront point tous ceux de ma parenté de songer à faire mourir l'amiral.

Ce discours contenait en germe toutes les horreurs de la guerre civile.

Trois mois plus tard, pour arracher Anne à l'emprise de sa mère qui voulait la convertir au protestantisme, Catherine de Médicis lui fit épouser en secondes noces un catholique ardent, Jacques de Savoie, duc de Nemours et de Genevois, fils de Philippe de Savoie et de Charlotte de Longueville, et cousin de François Ier. La reine mère avait habilement manœuvré en menant les négociations de mariage à l'insu de Renée jusqu'au moment où son consentement n'était plus qu'une question de forme et où toute résistance de sa part aurait été vaine. Le contrat fut signé à Monceaux, en présence du roi, de Monsieur son frère, de Madame sœur du roi et de messieurs les cardinaux de Bourbon, de Lorraine et de Guise. Les noces furent célébrées le 5 mai 1566 à l'église de Saint-Maur-des-Fossés.

DIARIUM XV

Où Francisco Borgia devient général de la Compagnie de Jésus et où Anne d'Este, la « petite Borgia » de Catherine de Médicis, à la veille de la Saint-Barthélemy, réclame l'honneur d'assassiner l'amiral de Coligny.

À Ignace de Loyola, mort le 31 juillet 1556, succéda, à la tête de la Compagnie de Jésus, le père Diego Lainez. En Espagne, Francisco Borgia régnait en maître absolu au nom des jésuites. En quelques années, il avait fondé des maisons et des collèges à Valladolid, Medina del Campo, San Lucar, Monterez, Burgos, Grenade, Valence, Séville. Charles Quint n'était jamais parvenu à éteindre l'hérésie en Allemagne, d'où les propagateurs des mœurs nouvelles avaient pénétré dans le reste des pays d'Europe et continuaient à conquérir les esprits. En Espagne, Séville demeurait le plus important foyer des éléments hostiles à la foi catholique. Ils calomniaient publiquement les doctrines et les mœurs des jésuites, suspectaient leurs intentions, répandaient partout contre eux des recueils qui les rendaient effrayants. Francisco respectait l'autorité des inquisiteurs mais, par souci de recourir à la dissuasion plutôt qu'à la répression sanglante, il préférait envoyer à Séville quelques-uns de ses religieux. Il prétendit toujours avoir condamné les exécutions mais on sait que de nombreux protestants périrent sur le bûcher sur son ordre. Repoussés de la capitale andalouse par les efforts des jésuites, les huguenots s'installèrent plus nombreux encore à Valladolid. Leur propagande y faisait la meilleure impression sur la population et les Pères de la Compagnie rencontraient toutes sortes de difficultés et de résistances au cours de leurs missions.

Valladolid n'était pas encore purgée des protestants lorsque le père Lainez s'éteignit, à Rome, après avoir recommandé aux jésuites d'élire Francisco à sa succession. L'influence de la Compagnie ne cessait alors de croître en Europe et celle de Francisco de se faire sentir à Rome. L'ancien vice-roi de Catalogne était particulièrement lié avec le fameux Charles Borromée, neveu du pape Pie IV, le cardinal le plus en faveur à la cour de Rome. Francisco devenait un des hommes les plus puissants d'Europe, les princes recherchaient son amitié, les rois étaient toujours en correspondance directe avec lui.

Il fut élu supérieur général de la Compagnie le 2 juillet 1565. Son premier soin fut d'envoyer des missionnaires en Allemagne pour ramener à la véritable Église les chrétiens séduits par les nouvelles doctrines. La Calabre recélait elle aussi un venin d'hérésie vaudoise qu'il était difficile d'extirper. Les efforts du Saint-Siège avaient été vains. Francisco fit partir une troupe de missionnaires, dont la patience permit de dompter ces protestants en exil. Dans le même temps, il poursuivit ses fondations en Autriche, en Bavière, en Italie. Les ducs de Savoie, de Toscane, de Mantoue et de Ferrare, les républiques de Gênes et de Venise lui réclamèrent des religieux pour prêcher à leurs évêques les devoirs de leurs États. En France, si le Parlement lui était hostile, Charles IX le soutenait avec vigueur, et son frère, le duc d'Anjou, confia même à plusieurs de ses pères l'aumônerie de ses troupes.

En janvier 1566, le cardinal Antonio Michele Ghislieri fut élu Souverain Pontife *au douzième souper* et prit le nom de Pie V. Le nouveau pape s'attacha les services et les conseils du nouveau général des jésuites, l'associa à tous les efforts qu'il entreprit pour la restauration du catholicisme en Europe. Il lui demanda plusieurs pères pour réformer la daterie, traduire le catéchisme du concile de Trente et soigner l'édition de la Bible. Chaque jour, il resserra un peu plus les liens qui l'unissaient à la Compagnie de Jésus. Il remit aux jésuites la charge de la grande Pénitencerie de Saint-Pierre, l'examen des candidats aux bénéfices et aux ordres sacrés, et surtout les employa contre les protestants. Francisco honorait la religion et ne songeait qu'à écraser le pouvoir des pasteurs calvinistes et luthériens. En Espagne, au Portugal, comme en Calabre, en Suisse et en Allemagne, il parvint à les faire reculer à l'aspect du danger qu'il répandait, et de nombreux protestants prirent la fuite à Genève.

En juin 1571, alors qu'il venait enfin de chasser les hérétiques de Séville, Pie V le réclama à Rome. Il y retrouva son cousin Ippolito d'Este. Tous deux furent logés au palais apostolique et, le premier soir, partagèrent avec le Saint-Père un splendide souper préparé par le maître d'hôtel du Vatican. Au menu : soupe de tortue, paupiettes de saumon aux huîtres, pâté d'anguilles, lamproies aux pistaches, sorbet de chevreuil, pluviers, butors, courlis, le tout arrosé d'un vin des Abruzzes.

– Ne croyez pas, leur dit le pape, que je mange ainsi chaque soir. D'ordinaire, je jeûne tous les jours, et, ajouta-t-il gaillardement en montrant son bras, voilà le plus petit de mes membres.

La récente défaite de Chypre face aux Turcs exhortait le pape à coaliser toutes les forces chrétiennes pour une croisade décisive. Il résolut d'envoyer deux légations aux princes catholiques. Le cardinal Comendon et Ippolito furent députés auprès de l'empereur Maximilien II et du roi de Pologne Sigismond, et le cardinal Michele Bonelli et Francisco envoyés à la cour d'Espagne et du Portugal. Le général des jésuites, âgé de soixante et un ans, était alors très souffrant et avait dû faire le voyage à Rome en litière. En quelques jours, les effets d'une gastralgie et une toux catarrheuse s'étaient ajoutés aux accès de goutte qui le taraudaient depuis des mois.

– Ce voyage, Très Saint Père, me paraît inouï, confia Francisco. Je suis à présent peu utile pour toute affaire importante, et il me semble avoir une excuse dans mon âge et mes infirmités. Mais l'obéissance que je dois à Votre Sainteté m'impose silence et me donne même du goût pour les fatigues.

– Ces fatigues, père Borgia, vous porteront par terre et par mer. Puisque Dieu a mis ce voyage dans l'esprit de son Vicaire, il mettra, en votre corps, soyez-en sûr, les forces nécessaires.

L'appel à la croisade n'était pas le seul motif du voyage de Francisco. Pie V désirait aussi l'union du roi Sebastião Ier du Portugal, âgé de dix-sept ans, avec Marguerite de Valois, sœur de Charles IX, afin d'écarter de la cour de France toute influence protestante.

– J'aspire à faire contracter à don Sebastião une union avec la France, expliqua le pape, et j'emploierai toute la ténacité de mon esprit. Cette alliance ne peut qu'être favorable à l'Église, aux deux familles et aux deux peuples. Le Portugal, de son côté, ambitionne de voir son roi s'allier à l'une des familles royales de l'Europe. Il est encore bien jeune mais ce pays sent le besoin de donner de la stabilité à la couronne, qui ne repose que sur une seule tête.

– Personne plus que moi, acquiesça Francisco, ne souhaite voir le roi engagé dans les liens d'un honorable mariage, afin qu'une famille royale qui a si bien mérité de la Religion et de la Compagnie de Jésus ne vienne pas à s'éteindre faute de postérité.

Mais la reine mère, Catherine de Castille, sœur de Charles Quint, professait pour la France une aversion passionnée. Pour repousser le mariage de son petit-fils, elle ne déguisa pas à Francisco ses véritables raisons en rappelant que son neveu, l'empereur Maximilien II, avait deux filles à marier. Elle se flatta de faire échouer les projets du pape, de Charles IX et des jésuites. Elle conserverait dans sa famille une couronne qu'elle ne voyait qu'avec effroi prête à être posée sur la tête d'une Française. Du Castelo de São Jorge, à Lisbonne, Francisco écrivit à Pie V sa déception : « Ce que Votre Sainteté désirait, je l'ai entrepris avec beaucoup de force, mais je n'ai rien pu obtenir. Le prince m'a même déclaré qu'il avait porté l'affaire en son conseil, et qu'il était du même avis que lui. » En revanche, Francisco avait triomphé quant la question de la croisade. Don Sebastião avait accepté de mettre ses vaisseaux au service de la cause catholique.

Le général des jésuites quitta Lisbonne pour rejoindre à Madrid le légat Michele Bonelli. Ils représentèrent à Philippe II la gravité du projet conçu par Pie V. Après plusieurs mois d'hésitations, le roi des Espagnes s'engagea dans la croisade méditée par le Souverain Pontife et envoya son demi-frère l'infant don Juan d'Autriche à Messine, où se réunirent les escadres des coalisés. Il avait sous ses ordres le célèbre amiral Gian-Andrea Doria, le marquis de Santa-Croce et Marcantonio Colonna. Fin septembre 1571, sous la bannière de la Sainte Ligue, sa somptueuse galéasse s'avança à la rencontre du Turc. À son bord se trouvaient de nombreux jésuites envoyés par Francisco, dont les vicaires Christobal Rodriguez et Juan de Montoya. Le 7 octobre, dans le golfe de

Lépante, en Grèce, la flotte ottomane d'Ali Pacha et du corsaire Euldj Ali fut écrasée et perdit 30 000 hommes et 200 galères. Quinze mille forçats chrétiens furent libérés de leurs fers par les coalisés, qui confirmaient par cette victoire l'hégémonie chrétienne sur la Méditerranée. Miguel de Cervantès, l'auteur de *Don Quichotte*, combattait alors dans l'armée papale et perdit un bras lors de la bataille. Il écrivit que Lépante fut « la plus mémorable rencontre qu'aient vue les siècles passés et qu'espèrent voir les siècles à venir ». Cet événement signalait le pontificat de Pie V. La victoire de Lépante fut regardée pieusement comme un miracle obtenu par ses jeûnes et ses prières. Il avait beaucoup contribué aux frais de l'armement et fut le premier à en annoncer le succès d'une manière prophétique. Le soir de la bataille, il observa les étoiles puis, se tournant vers ses cardinaux, leur dit soudain :

– Allons rendre grâce à Dieu, notre armée est victorieuse !

À Madrid, Philippe II s'attribua en partie ce succès sur les Infidèles et se mit dès lors à rêver d'être le levier politique de la chrétienté catholique. Lépante eut pour effet de renforcer chez lui son obstination à ne faire aucune concession aux protestants des Pays-Bas, empire qu'il avait hérité de Charles Quint. Il y excita révoltes et émeutes et autorisa son gouverneur le duc d'Albe à renforcer les pouvoirs des inquisiteurs. Sa passion antiprotestante fit de lui le prince le plus farouchement opposé au mariage de Marguerite de Valois et d'Henri de Navarre. Face au refus de Catherine de Castille de marier sa sœur à don Sebastião, Charles IX envisageait en effet d'unir Marguerite au Béarnais. Jeanne d'Albret, mère du prétendant, huguenote comme lui, s'apprêtait à paraître à la cour de Blois pour en négocier les conditions.

Pie V appela à nouveau Francisco à Rome, où Ippolito le précéda de quelques jours. Sommeliers, boulangers, maîtres queux, chefs pâtissiers, fruitiers avaient fait un chef-d'œuvre gastronomique du menu qui composait le souper du 15 décembre 1571 au palais du Vatican. Cinquante douzaines de crevettes, toutes sortes de venaisons et de pâtés en croûte, trois paniers de melons, pêches et figues, huit livres de pistaches défilèrent sous les yeux des trois seuls invités. Le repas était servi dans des flacons et des *scaldavivande* d'argent, la table recouverte d'une nappe en dentelle de Venise. Le pape ne désarmait pas dans sa décision de faire épouser la sœur du roi de France à don Sebastião. Catherine de Castille pouvait aller contre sa volonté, il était résolu à lui résister. Ippolito et Francisco furent chargés de concerter l'union de don Sebastião et de Marguerite de Valois, le premier, désigné légat pour la cause, avec Sebastião lui-même, le second avec Charles IX. Tel fut le sujet dont Pie V s'entretint avec ses invités en début de repas. Après quoi, il évoqua sans transition les menées du comte de Montgomery, le régicide involontaire du roi Henri II.

– Montgomery, narra-t-il, sentit qu'après la mort du roi, si son innocence le mettait à l'abri de tout danger, elle ne le garantirait pas de la haine de Catherine de Médicis. Il choisit donc de se retirer sur ses terres de Normandie jusqu'en 1563, année où le massacre de Wassy provoqua le début de la guerre de Religion en France. Il venait alors d'embrasser la foi nouvelle répandue par Calvin et la cause des ennemis du gouvernement. Il se distingua pour la première fois à Rouen, qu'il défendit vainement contre l'armée royale. Il ne dut son salut qu'en s'échappant à bord d'un bateau avec lequel il descendit la Seine. Après la bataille de Saint-Denis, il devint l'un des principaux chefs huguenots. En 1569, Jeanne d'Albret, la mère d'Henri de Navarre, le chargea d'aller porter secours à Bernard d'Arros, lieutenant-général du royaume de Navarre, enfermé à Navarrenx, assiégée par les troupes françaises conduites par Antoine de Lomagne, vicomte de Terride. Le 6 août, après avoir levé des contingents calvinistes en Albigeois, il pénétra en Béarn et incendia églises et abbayes. Le 9, il atteignit Navarrenx et contraignit Terride à lever le siège puis à capituler le 15 août, à Orthez. Montgomery ordonna le massacre de la population d'Orthez, massacre abominable qui dura plusieurs jours. Terride fut ramené à Navarrenx et échangé contre le frère de Montgomery. Puis le 24 août, Montgomery fit décapiter six lieutenants de Terride, tous compagnons du roi.

Le pape savait que la Compagnie de Jésus était profondément politisée et toujours favorable à tout ce qui conduisait à l'extermination de la Réforme. Il proposa de répondre au massacre de Navarrenx par un autre massacre, qui aurait lieu lui aussi un 24 août :

– Pour obvier au mal, dit-il, qui préoccupe notre Sainte Église, père Borgia, un expédient serait, dans le cas où l'on voudrait en finir une bonne fois avec les six au plus qui sont à la tête de la faction, de se saisir de leurs personnes et de leur couper la tête à eux aussi. Tout serait consommé dès le jour même où l'on aurait mis la main à l'œuvre.

Il signifia à son hôte qu'il le chargeait de rapporter ces propos à Catherine de Médicis, et à elle seule, connaissant les dispositions bienveillantes de Charles IX à l'égard de plusieurs chefs huguenots, particulièrement Coligny. Francisco voulut s'assurer que le Saint-Père ne s'était pas entretenu de cet éventuel dessein avec le consistoire.

– Le consistoire, père Borgia ? lui répondit Pie V avec un sourire. À quoi serviraient les soupers du Vatican si nous décidions de tout au consistoire ? Croyez-vous qu'un pape pourrait mettre quarante-cinq cardinaux dans le secret avec autant de confiance et de facilité qu'il peut mettre dans la confidence deux invités réunis autour de cette table ? Pensez-vous que votre aïeul Alexandre Borgia consultait son consistoire lorsqu'il méditait un crime ?

Francisco fit précéder son départ par un message adressé à Charles IX et envoyé par son gendre, le marquis de Dénia. Il accompagna ce message d'une partie de la relique de la Vraie Croix : « Majesté, écrivait-il au roi, je vous prie d'agréer, de la part d'un grand pécheur, la plus précieuse de toutes les reliques qui avait servi au rachat de tous les pécheurs ; j'espère que cette Croix aidera Votre Majesté à porter celle dont Elle est chargée, puisque sans l'heureux joug de la Croix du Sauveur le poids du gouvernement de tant de grands États doit être un accablant fardeau. » Le roi répondit de sa propre main : « Une chose si précieuse en elle-même me l'est encore, non seulement à cause de l'extrême besoin que j'ai de la vertu de la Croix, mais encore parce que ce présent me vient de la main d'un homme qui a tiré tant d'avantages solides de la Croix du Sauveur ; je prie Votre Révérence de m'obtenir par ses prières la grâce d'en faire aussi un bon usage et d'en tirer comme Elle des fruits de vertu et de sainteté. »

À la cour de Charles IX, où sous le voile de l'intrigue et du plaisir s'agitaient des pensées de vengeance et de meurtre, l'annonce du voyage en France du général de la Compagnie de Jésus produisit une vive impression. Les jésuites avaient rendu à la Monarchie et à la Catholicité tant de services qu'en dehors même des vertus personnelles de Francisco, tous les seigneurs cherchaient, par de respectueux hommages, à lui marquer leur gratitude. Francisco parvint le 8 janvier 1572 à Blois, en pleine période des fêtes du carnaval, après avoir traversé des contrées dévastées par les protestants rebelles. Le roi fit interrompre les réjouissances pour le recevoir et partit à sa rencontre vêtu d'un costume d'homme sauvage rappelant celui que portait son ancêtre Charles VI lorsqu'il manqua de périr brûlé vif lors du bal des Ardents. Il traita Francisco en Grand d'Espagne et en ambassadeur. Catherine de Médicis témoigna la plus grande vénération au religieux thaumaturge, qui, pour l'entretenir en privé du projet du pape, dut consentir à lui laisser, comme une relique, le chapelet qui pendait à sa ceinture. La reine mère l'écouta longuement exposer les souhaits du pontife. Elle eut un sourire en guise de réponse formelle et sembla vouloir réserver son avis pour un avenir proche.

Les huguenots reprochaient aux jésuites de répandre partout leur esprit. Avec l'appui de Philippe II, Francisco avait fermé l'Espagne aux calvinistes, qui répandaient partout des horreurs contre la Compagnie de Jésus. Le général en était si meurtri d'indignation et surtout si inquiet quant à la réputation de son ordre à la cour de France qu'il dit à Charles IX :

– Sire, la Compagnie a l'avantage d'être connue en France, où les actions, les paroles et les mœurs de ses enfants sont exposées aux yeux et à la censure des hérétiques. Cet unique témoignage n'est pas peut-être celui qui lui fait le moins d'honneur, ni qui la justifie moins contre tout ce qu'on peut alléguer à son préjudice. Je prie seulement très humblement Votre Majesté de vouloir lui continuer la protection dont elle l'a honorée jusqu'ici, et qu'il lui soit permis de travailler dans son royaume très chrétien à l'instruction de la jeunesse et à la conservation de la véritable religion.

– Je n'ignore pas, répondit le roi, tout ce que votre Institut a eu à souffrir en France, surtout depuis que le schisme s'y est publiquement démasqué. Vous devez supporter ces persécutions d'autant plus généreusement qu'elles vous sont communes avec tous les honnêtes gens, et sachez bien que tous ceux qui opèrent de grandes choses dans l'Église de Dieu ont rencontré comme vous une multitude d'obstacles. Si vous continuez à servir l'Église et la patrie avec le même désintéressement, vous n'aurez rien à redouter. Quant à ce qui me concerne, mes services ne vous manqueront nulle part.

Lorsque le religieux évoqua le mariage désiré par le pape, le roi lui exposa que ce projet était irréalisable. La situation du royaume était telle qu'il devait d'un côté contenir les huguenots et de l'autre leur offrir des garanties. L'union de Marguerite avec l'hérétique Henri de Navarre était résolue comme un gage de paix accordé aux deux partis. Francisco dut se contenter de cette réponse. Catherine de Médicis lui tint les mêmes propos. Il ne devinait cependant pas que sous ce langage de conciliation, la reine mère dissimulait la pensée d'en finir avec les calvinistes et méditait déjà le massacre de la Saint-Barthélemy.

– Ce sombre dessein semble avoir longtemps sommeillé au fond de l'esprit de Catherine de Médicis. Moi, Filippo Cavriana, j'ai sous les yeux des documents soupçonnant la préméditation du massacre de la Saint-Barthélemy. Vers 1580, je fus l'un des premiers à admettre que les exécutions de Navarrenx pouvaient être à l'origine du drame du 24 août 1572. D'autant que ce dernier s'était accompli à la date anniversaire de l'exécution, par Montgomery, des six lieutenants de Terride. Cette assertion, bien que reprise par plusieurs auteurs, me fut et m'est toujours farouchement contestée. En revanche, on ne doute pas du rôle que jouèrent dans la genèse du drame les négociations touchant le mariage de Marguerite de Valois avec Henri de Navarre, l'une catholique, l'autre protestant. Le marquis de Villeroy, secrétaire d'État des derniers Valois, écrit qu'en 1571, Francisco Borgia, alors à

Ferrare, reçut ces confessions de Catherine de Médicis : « Notifiez au Souverain Pontife, et assurez-le que tout ce que j'ai fait et ferai pour ce mariage n'a pas d'autre but que de me venger des ennemis de Dieu et du royaume, et de punir de si perfides rebelles, comme l'événement le montrera, n'en pouvant dire davantage. » L'autre cause principale du massacre concerne la tentative de Coligny de convaincre Charles IX d'annexer à la France les possessions de Philippe II en Flandres. Le parti catholique s'y opposait et menaçait de prendre les armes contre les protestants. Mais le 17 juillet 1572, les huguenots furent défaits lors de la bataille de Mons. Le 5 août, Charles IX reçut de l'archevêque de Rossano, nonce apostolique de Philippe II, cette dépêche capitale qui, à la grande joie de Catherine de Médicis, devait ébranler l'esprit indécis du jeune monarque français : « Le roi me charge de dire que la défaite des huguenots en Flandres est d'une plus grande importance qu'on ne croyait, car les plus braves chefs des huguenots français y ont été tués ou faits prisonniers ; qu'à tout bien considérer, cet événement sera encore plus utile à la France qu'à lui-même. Que si Votre Majesté est toujours dans l'intention de purger son royaume de ses ennemis, le moment est venu, et qu'en s'entendant avec Sa Majesté Philippe, il pourrait détruire ce qui en reste. Surtout à présent que l'amiral est à Paris, dont le peuple est attaché à la religion catholique et à son roi, il vous serait facile de le faire disparaître pour toujours. » Lorsque la nouvelle de la Saint-Barthélemy parvint à Rome, le pape s'écria : « Loué soit Dieu ! La France m'a tenu sa promesse ! » Ce dernier pape était alors Grégoire XIII, qui, comme Pie V, aurait été dans la confidence de ce qui se tramait. Quant à Francisco, ses contemporains, amis ou ennemis, ne doutèrent jamais de son implication indirecte dans le massacre. Son rôle de messager entre Rome et la cour de France semble n'avoir été d'aucune ambiguïté[1].

Francisco demeura plusieurs semaines à la cour de France. Consumé par la fièvre qui ne le quittait plus désormais, en proie à ses crises de goutte et à sa dysenterie, il avait prié Charles IX de lui offrir l'hospitalité que le roi lui avait pieusement accordée. Il quitta Blois en février et parvint le mois suivant à Lyon, où son plus jeune frère, Thomas, chargé de l'y attendre, fut effrayé par son état de santé. Le froid était intense et Francisco redoutait le passage du Mont-Cenis. À partir de Saint-Jean-de-Maurienne, il ne marcha plus que deux lieues par jour. Il arriva à Turin à bout de forces, puis reprit la route, soutenu par son frère sur les chemins couverts de neige. Sur son passage, les populations se prosternaient en prière et demandaient sa bénédiction à genoux. À Bassignano, près d'Alexandrie, son mal empira et il dut s'aliter deux semaines dans la maison d'un gentilhomme. Le peuple assaillait la demeure en criant : « Nous voulons voir et toucher le saint père Francisco Borgia. » Le duc Alfonso dépêcha une gondole à Alexandrie qui conduisit son cousin à Ferrare. Refusant l'invitation de loger au palais, Francisco se fit transporter dans la maison des jésuites qu'il avait fondée autrefois.

La fille naturelle de César Borgia, Camilla, devenue Sœur Lucrèce, était à présent la mère abbesse du couvent du Corpus Domini, fondé, on s'en souvient, par sa tante. Elle annonça à ses religieuses que le père Borgia se trouvait à

1. Le sujet fera longtemps débat. Thomas Babington Macaulay, entre autres, tentera vainement de prendre la défense du général des jésuites : « Malgré ses rapports intimes avec Charles IX et Catherine de Médicis, dira-t-il, et bien qu'il fût en haute faveur auprès d'eux, on n'a aucun motif de supposer que Borgia eût reçu la confidence de leur odieux projet. »

Ferrare, malade et si faible qu'on craignait pour sa vie. Elle leur demanda de prier pour lui matin et soir. Elle mourut à quelques jours de là, le 21 mai, à l'âge de soixante-seize ans, et fut inhumée dans la chapelle du couvent qu'elle avait dirigé durant quarante-sept ans.

À Rome, trois semaines plus tôt, s'éteignit Pie V. Le cardinal Paleoto, évêque de Bologne, informa Thomas Borgia que de nombreux cardinaux songeaient à élire son frère au siège de Saint-Pierre. Cependant, le 13 mai, *au douzième souper*, le Sacré Collège élit le Bolognais Ugo Boncompagni, dont le nom papal de Grégoire XIII devait demeurer attaché à la réforme du calendrier grégorien.

À la même époque, Catherine de Médicis s'entretenait régulièrement avec le duc d'Anjou, son second fils, le préféré disait-on, de la nécessité de supprimer le plus intrigant et plus dangereux de tous les chefs huguenots : Coligny. L'amiral, toujours suspect, devenait chaque jour plus dangereux. La reine mère le trouvait partout sur sa route. À présent conseiller de la Couronne, il tenait en échec toutes les forces du roi. Son ardeur à séduire ce dernier et les assiduités de Charles IX à rechercher sa compagnie ravivèrent les vieilles haines de Catherine. Elle avait tenu le pouvoir et conduit le royaume pendant treize ans au prix de nombreux sacrifices et se voyait à présent supplantée.

Ce ne fut qu'en juillet que la résolution de l'éliminer fut prise, comme d'Anjou le confie lui-même dans son *discours de Cracovie* écrit lorsqu'il fut devenu Henri III : « Nous demeurâmes l'un et l'autre aisément persuadés et comme certains que l'amiral était celui qui avait imprimé au roi quelque mauvaise et sinistre opinion de nous, et résolûmes dès lors de nous en défaire, et d'en chercher les moyens avec madame de Nemours, à qui seule nous estimâmes qu'on se pouvait découvrir, pour la haine mortelle que nous savions qu'elle lui portait. » Dans la nuit du 23 au 24 juillet 1572, Anne d'Este fut en effet appelée par la reine mère aux Tuileries. Aussitôt après la destruction du palais des Tournelles dont elle ne supportait plus la vue depuis que son mari Henri II y avait rendu le dernier soupir, Catherine, qui aimait passionnément les beaux monuments et les fastueuses résidences, avait ordonné la construction du palais des Tuileries. La « petite Borgia », selon l'affectueux sobriquet que lui donnait Catherine, s'y fit transporter en carrosse et trouva la reine mère qui l'attendait dans les jardins. Le théologien potier Bernard Palissy venait d'y construire une grotte merveilleuse, à l'image de celle du château d'Écouen de feu Anne de Montmorency, et dont il avait magnifiquement décoré les anfractuosités de reptiles, de poissons et de coquillages nacrés de rose.

– Madame, lui dit la mère de Charles IX, les partis brusques et violents ne sont pas mon fait. Je n'y répugne pas cependant d'une façon absolue, car j'ai moins de scrupules encore que de hardiesse. Je dois, madame, prendre une responsabilité qui m'effraye ; il me faut une personne pleine de résolution, qui fasse le coup sans qu'on s'en doute.

– Madame, répondit Anne, vous connaissez la haine que je porte à celui qui arma l'assassin de mon époux voilà plus de neuf ans. Mon mari d'aujourd'hui, le duc de Nemours, ne dédaigne jamais me faire courre le cerf avec lui et nos gentilshommes. Je puis faire mouche à l'arquebuse à cent pas d'une cible.

Les dames de la cour apprenaient alors à la chasse l'usage des armes à feu. Catherine ne s'émut pas de la grotesque proposition que lui faisait la duchesse.

– La cible que l'on doit abattre n'est point un cerf, madame. J'osais espérer vous voir me supplier d'accepter le service de votre fils.

Non moins vindicatif que la duchesse, le duc de Guise insista pour que sa mère frappe l'amiral d'un coup d'arquebuse au milieu même du cercle de la reine mère, extravagant projet qui fut repoussé. Alors il accepta d'être l'instrument. Mais le 26 juillet, le duc d'Anjou, sur l'avis du duc d'Aumale, un Guise, convint avec sa mère de confier les soins de l'embuscade à Charles de Maurevel. Ce Michelotto français avait déjà touché 6 000 écus de la part de Philippe II, deux ans plus tôt, pour assassiner le même Coligny et, par maladresse, avait à sa place abattu le gentilhomme de l'amiral, Vaudrez de Mouy.

– La reine ma mère et moi, lui dit Henri d'Anjou, vous avons choisi entre tous nos bons serviteurs pour homme de valeur et de courage, propre à conduire et mettre à chef une entreprise que nous avons, qui ne consiste qu'à faire un brave coup de votre main sur quelqu'un que nous vous nommerons. Avisez si vous avez la hardiesse de l'entreprendre : la faveur et les moyens ne vous manqueront point, outre une récompense digne du plus signalé service que nous pourrions espérer de vous.

Catherine attendit les noces de sa fille pour sonner le glas. Ce mariage, couronnant l'œuvre commencée par l'édit de paix de Saint-Germain, et qui devait être célébré six jours avant le massacre de la Saint-Barthélemy, était un moyen subtil imaginé par Catherine pour inviter et réunir à Paris les principaux chefs calvinistes et les cueillir ensuite dans un seul filet. Le 18 août, le cardinal de Bourbon consentit, sans dispenses de Rome, refusées par Grégoire XIII, à unir Henri de Navarre à Marguerite : un réformé et une catholique parents au troisième degré.

Les Guise voulurent avoir leur part de vengeance. Pour faciliter sa fuite, une fois le coup fait, Anne avait fourni deux chevaux à Maurevel, tandis que son fils Henri s'était chargé de lui procurer lui-même une arquebuse. En outre, la maison dans laquelle le tueur devait se mettre aux aguets appartenait aux Guise, au duc d'Aumale. Au matin du 22 août, Gaspard de Coligny, sortant du Louvre en compagnie de quelques gentilshommes et de son gendre Charles de Téligny, s'achemina vers la rue de Bétisy pour rejoindre son hôtel de Ponthieu, au milieu des festivités marquant encore les noces d'Henri de Navarre. Alors qu'il s'engageait rue des Fossés Saint-Germain, il fut frappé d'une balle d'arquebuse qui lui emporta l'index de la main droite et lui brisa le bras gauche. Maurevel, dissimulé derrière une fenêtre où un paquet de linge sale lui servait d'écran, avait échoué dans son attentat. Ambroise Paré, accouru à l'appel des gentilshommes de Coligny, acheva de sectionner l'index de l'amiral avant d'extraire la balle logée dans le coude. L'après-midi, le roi et son Conseil se rendirent au chevet du blessé, où affluait, inquiète et furieuse, toute la noblesse protestante :

– Mon père, lui dit Charles IX qui l'appelait toujours ainsi, vous avez la plaie et moi la perpétuelle douleur, mais je renie mon salut que j'en ferai une vengeance si horrible que jamais la mémoire ne s'en perdra.

– Sire, répondit Coligny, Dieu devant le trône duquel je serai bientôt me sera juge et témoin que toujours je vous ai été fidèle de cœur. J'ai eu de grandes dignités de votre père Henri II et vous me les avez toutes confirmées. C'est à vous que je suis le plus obligé après Notre Seigneur.

Au Louvre, Catherine de Médicis était rentrée en une colère noire en apprenant que Maurevel n'avait pu supprimer Coligny. Elle resta informée heure par heure de l'agitation qui gagnait les rues depuis quelques heures. En dépit de l'appel au calme d'Henri de Navarre, les huguenots trépignaient fiévreusement sur le pavé parisien, l'arme à la main. Le 23 août, le roi apprit de la bouche de son ancien précepteur et favori, Albert Gondi, que sa mère était le commanditaire du complot. Mais Charles IX crut davantage à une conspiration protestante. De nature impressionnable, extrême en tout, subitement accessible aux plus furieux emportements, il se dirigea à pas frénétiques vers les appartements de Catherine :

– Ma mère, lui dit-il avec emportement, puisque nous trouvions bons qu'on tuât l'amiral, tuons aussi tous les huguenots de France, afin qu'il n'en demeure pas un pour nous reprocher de ne pas l'avoir fait. Donnons-y ordre promptement.

Il convoqua les autorités municipales de Paris et leur ordonna de fermer les portes de la ville. Le tocsin de l'église de Saint-Germain l'Auxerrois donna le lugubre signal de l'un des plus épouvantables massacres de l'histoire de France, que Catherine de Médicis revendiquera honneur d'avoir préparé.

Ce n'était pas assez, pour les Guise, d'avoir aidé tant bien que mal Maurevel dans son attentat. Puisque l'amiral n'était pas mort, leur vengeance pouvait s'opérer pour de bon. L'événement qui se consomma dans la nuit du 23 au 24 août, Anne se le fit plus tard narrer par son fils Henri de Guise.

Vers trois heures du matin, ce dernier, son cousin le duc d'Aumale et le bâtard d'Angoulême, fils naturel d'Henri II, se mirent à la tête d'une troupe de cavaliers qu'ils entraînèrent à l'hôtel de l'amiral, rue de Bétisy. L'un des affidés d'Henri de Guise, Petrucci, tira la dague de sa botte et heurta sourdement la porte en criant :

– Ouvrez, au nom du roi !

L'un des majordomes de Coligny, Labonne, se hâta d'ouvrir et Petrucci lui plongea la lame de sa dague dans la gorge. Des Suisses du duc d'Anjou et des arquebusiers de la garde qui accompagnaient les Guise envahirent la maison, la pillèrent et en barricadèrent les portes tandis qu'Henri gravissait l'escalier conduisant à la chambre de Coligny. L'amiral était entouré de son aumônier Merlin, d'Ambroise Paré, de son valet de chambre et de plusieurs de ses gentilshommes. Au premier bruit des pas précipités, il avait songé que des émeutiers s'étaient introduits chez lui pour l'égorger et avait revêtu sa robe de chambre :

– Monsieur Merlin, avait-il dit à son aumônier en s'agenouillant, faites-moi la prière.

Lorsque Henri de Guise, suivi de ses hommes, se trouva au milieu de l'escalier, il vit Ambroise Paré ouvrir la porte.

– Le Seigneur nous appelle à lui ! s'écria le chirurgien en esquissant un mouvement désespéré.

– Cette fois, ajouta Coligny sans un trouble apparent, c'est ma mort. Je la reçois de la main de Dieu. Mes amis, sauvez-vous tous !

Ils gagnèrent la toiture. Merlin, presque aveugle, trébucha dans un fenil où il s'enfonça dans le foin. Ambroise Paré, un serviteur et deux gentilshommes trouvèrent leur salut dans la fuite. Les assaillants parurent et pénétrèrent jusqu'au fond de la chambre. Charles Dianowitz, dit Besme, ancien page de Guise, Petrucci de Sienne, le Gascon Sarlabous, Attin, Tosinghi, d'autres encore voulaient tous prendre part à la curée. Besme s'avança vers Coligny, l'épieu au poing :

– Jeune homme, lui dit l'amiral, si c'est ma vie que tu veux, tu ne me l'abrégeras guère. Encore, si c'était l'épée d'un chevalier ! Mais l'épieu d'un goujat.

Henri de Guise parut derrière Besme. Coligny vit la mort dans ses yeux. L'instant suivant, le duc lui transperça le corps avec son épée.

– À présent, ordonna-t-il en retirant son arme poissée de sang et en observant Coligny à terre, blessé mais agonisant, les yeux grands ouverts, à présent, précipitez-le par la fenêtre !

Le duc d'Aumale, resté dans la cour avec le bâtard d'Angoulême, lança :

– Tudieu, qu'on en finisse !

– Mes enfants, dit Coligny dans un dernier souffle, ayez donc pitié de ma vieillesse !

Il parvint à s'accrocher un instant au rebord de la fenêtre pour tenter d'échapper à son sort. Puis d'Aumale vit son corps chuter lourdement à ses pieds. L'amiral fut décapité, mutilé, traîné par la populace jusqu'au gibet de Montfaucon, où il fut pendu par un pied. Anne d'Este était vengée.

DIARIUM XVI

Où l'auteur de ce livre prend la suite de la narration
et conclut La Splendeur des Borgia
sur l'assassinat du duc de Guise,
arrière-petit-fils de Lucrèce Borgia.

Anne, alors enceinte, n'avait pu recevoir sa mère chez elle, à l'hôtel de Nemours. Arrivée de Montargis à Paris le 12 août, en compagnie d'une foule de seigneurs protestants, pour assister au mariage du roi de Navarre, Renée demeurait chez l'un de ses anciens amis, l'élu d'Auranche, au cloître Notre-Dame. Ainsi éloignée du centre de la capitale, elle n'assista pas aux premiers égorgements dont sa fille eut à subir l'horreur. Le 28 août, tandis qu'on continuait à se saouler de pillage, à se tuer, à rançonner, elle quitta Paris en hâte, escortée par son petit-fils Henri, encore souillé du sang de Coligny, le capitaine des gardes du roi Bellefosse, et l'ambassadeur de Ferrare, qu'Alfonso, sur le rapport d'un envoyé florentin, devait plus tard faire pendre pour conduite lâche pendant la semaine du massacre parisien. Elle avait caché, parmi les gens de sa suite, quelques huguenots, dont Merlin, l'aumônier de Coligny, parvenu à fuir par les toits de l'hôtel de Ponthieu. Henri ne l'ignorait pas mais avait jugé bon de ne rien reprocher à sa grand-mère.

Renée parvint à Montargis le 31. Ironie de la situation, Henri lui recommanda, avant de s'en retourner avec le reste de l'escorte, de barricader les portes de son château pour en défendre l'entrée aux catholiques. La duchesse de Ferrare songea que c'en était fait, en France, de la religion réformée. Ses amis, ses confidents, ses conseillers avaient été assassinés, ses coreligionnaires étaient traqués, le roi avait approuvé leur extermination lors d'un lit de Justice et le Parlement mis les victimes et leurs familles hors la loi.

Le 14 septembre, elle fit assembler à son de cor la population de Montargis pour intimer l'ordre à ceux qui professaient le protestantisme de quitter la ville au plus tôt. Elle déclara qu'elle communierait le dimanche suivant. Elle revint à Paris pour faire, devant Notre-Dame, et en présence de Charles IX, « abjuration solennelle de ses mauvaises opinions ». Elle protesta publiquement en faveur de la Sainte Église en même temps que le prince de Condé, le duc et la duchesse de Bouillon. De retour à Montargis, elle s'interdit désormais toute tentative d'évangélisation et abolit les privilèges de la petite église protestante créée à son initiative.

Le 22, Anne lui écrivit : « Il me peine de vous dire une chose qui vous fâchera, mais je dois le faire : le roi s'en va publier une ordonnance obligeant tous les sujets de son royaume à aller à la messe. Le roi de Navarre, la princesse de Navarre, le prince de Condé et trois de ses frères et ses autres petits ont assisté à la messe en présence du nonce. Somme toute, plus personne, parmi les princes, ne s'avise de ne pas y aller. Craignez, Madame, que l'on s'en prenne à vos serviteurs si vous n'y allez point vous-même. » Comptant sur l'influence de son ancien chancelier Michel de L'Hospital, le roi envoya celui-ci à sa tante, en lui recommandant de parvenir à la faire tout à fait entrer dans le giron de l'Église. Enfin, Catherine de Médicis, en octobre, pour l'empêcher de se raviser de sa conversion, lui adressa cette prière : « Je crois, Madame, qu'après avoir vu la malheureuse conspiration de ceux qui infectent notre religion, vous ne voudriez pas être la dernière à entendre la vérité, laquelle est la meilleure, et qui me fait vous supplier de comprendre que vous ne sauriez faire une chose plus agréable au roi votre neveu et à moi-même que d'adhérer à notre Église. »

La cour avait raison de se montrer défiante à l'égard de Renée. La duchesse se ressaisit en apprenant que le parti huguenot, loin d'être anéanti, s'apprêtait à lutter à nouveau contre le pouvoir royal. Les protestants se préparaient à la résistance à La Rochelle, dans le Languedoc et dans le Dauphiné. D'Orléans, où les massacres, le 26 août, avaient été plus féroces encore qu'à Paris, la confiance des huguenots renaissait à l'écoute des prêches du pasteur Toussaint. Celui-ci écrivit à Renée : « Maintenant, Madame, il nous semble que le Seigneur notre Dieu nous regarde d'un meilleur œil et veuille faire reverdir l'état de notre Église. » Renée se dépouilla alors de ses scrupules, oublia sa conversion, et accueillit à nouveau les fugitifs huguenots qui accouraient des cités voisines pour trouver refuge à Montargis.

Le 1er septembre, la nouvelle des événements de la Saint-Barthélemy parvint cependant à Ferrare. Francisco Borgia l'accueillit avec un troublant détachement. Le soir, il célébra une messe dans une église profanée par les protestants et acheva en récitant ces versets des psaumes : « Mon Dieu, les gentils ont envahi votre héritage. Ils ont souillé votre temple saint. Les fils d'Israël ont trahi votre alliance ; ils ont détruit vos autels, et, de leur glaive, immolé vos prophètes. »

Depuis la fin du mois d'août, il se trouvait considérablement affaibli par ses souffrances. Le 3 septembre, il formula le vœu de mourir à Rome et prit la résolution de quitter Ferrare, ce qui ne manqua pas d'effrayer Alfonso d'Este. Il partit sans autre vêtement qu'une soutane, sa croix et son chapelet suspendus au cou, le bréviaire à la main, les épaules chargées des ornements indispensables pour le sacrifice des autels. Le père Girolamo Nadal et de nombreux jésuites l'accompagnèrent. Son frère Thomas, revenant de Rome, le rejoignit à Lorette. Ils demeurèrent dix jours à Macerata, puis, franchissant la Porta del Popolo, Francisco fit arrêter sa litière. Joignant les mains, il remercia Dieu d'avoir pu achever d'obéir au pape. Il reçut l'obédience des cardinaux accourus pour le recevoir et fut conduit dans une cellule du Collège, Via dell'Araceli, près du capitole. Thomas sollicita le peintre florentin Giorgio Vasari, qui allait bientôt représenter sur les murs du Vatican des scènes du massacre de la Saint-Barthélemy. Il esquissa les traits du moribond, qui s'éteignit le 30 septembre, un peu après minuit. Les médecins qui firent l'autopsie de son corps trouvèrent ses poumons couleur de cendre et tirèrent de sa poitrine quatre litres de pus.

De tous les principaux protagonistes des dernières pages de *La Splendeur des Borgia*, plusieurs ne survécurent que quelques mois ou quelques années à Francisco. Après avoir accompli de dernières négociations politiques auprès de Charles Quint puis plus tard du roi du Portugal, le cardinal Ippolito mourut à Rome le 2 décembre 1572, et fut inhumé à Tivoli, dans l'église des Cordeliers. Charles, cardinal de Lorraine, frère de François de Guise et beau-frère d'Anne, le suivit dans la tombe deux ans plus tard, le 26 décembre 1574. Le 30 mai de la même année, veillé seulement par sa nourrice protestante, Charles IX, rongé par la phtisie et consumé de remords d'avoir déclenché le massacre de la Saint-Barthélemy, rendit l'âme à tout juste vingt-quatre ans, cédant le trône royal à son frère

Henri d'Anjou, qui devint Henri III. Moins d'un mois s'était écoulé lorsque Montgomery fut capturé au siège de Domfront et emprisonné à la Conciergerie. Il fut décapité en place de Grève le 26 juin 1574, sur ordre du nouveau roi, « chargé de tous les maux que la mort d'Henri II avait causés à l'État, plutôt que de son propre crime ». Enfin Renée succomba le 15 juin 1575 à un catarrhe des intestins, après avoir persisté jusqu'à la fin dans ses convictions protestantes. Emportée en cinq jours seulement par son mal, aucun de ses enfants ne put se trouver auprès d'elle à l'heure de sa mort. Anne écrivit à sa sœur Éléonore : « La mort de feue Madame est la perte plus grande qui nous eût pu arriver, de quoi je ne veux manquer de m'en consoler avec vous sachant bien que de votre part vous y recevrez le déplaisir et regret que j'en sens moi-même. »

À Ferrare, la disparition de sa mère, morte en hérétique impénitente, causa au duc Alfonso tant d'embarras qu'il dut demander à Grégoire XIII s'il devait faire tinter les cloches en son honneur et célébrer dans le Dôme un service pour son âme. Le pape répondit que tout hommage à la mémoire de la duchesse était interdit. Henri III refusa à Anne de faire inhumer sa mère à Saint-Denis et Catherine de Médicis lui adressa les plus froides condoléances. Anne s'installa au château de Montargis. Selon les volontés de Renée, qui, comme tous les protestants de son temps, avait réclamé de sommaires obsèques, elle organisa, dans la chapelle de la cour, une cérémonie dépourvue de pompe. Cependant, son mari, fervent catholique, accourut en poste de Paris, donna l'ordre d'éteindre tous les cierges, de transformer la chambre mortuaire de Renée en chapelle ardente et d'y dresser un catafalque sur lequel il fit jeter, comme si le cadavre était encore là, un drap d'or décoré d'une grande croix blanche. Le dimanche suivant, le clergé catholique procéda à une nouvelle cérémonie.

La duchesse de Ferrare n'avait pas fait figurer le nom d'Alfonso dans l'acte testamentaire, n'ayant pas eu à se louer de lui depuis son départ d'Italie. Elle ne lui abandonna pas même un bijou. À Ferrare, le duc fulmina contre sa mère, déclarant que le testament d'une protestante n'avait aucune valeur. Il refusa que sa sœur hérite de la seigneurie de Montargis et envoya des espions surveiller le château pour s'assurer qu'elle n'emportait rien de ce qui, selon lui, ne lui appartenait pas. Anne engagea contre lui un avocat de grande réputation qui ne sut lui préserver son legs. Alfonso ne toucha rien non plus : le chef de la justice royale fit poser les scellés sur tous les biens de Montargis et prit possession du château et du domaine au nom du roi. L'autre fils de Renée, en revanche, Luigi, devenu cardinal, reçut deux anneaux d'or « en l'un desquels est enchâssé un diamant et en l'autre une émeraude avec lesquels ladite dame dit avoir été épousée par feu monseigneur don Ercole, duc de Ferrare, jadis son seigneur et mari, déclarant ladite dame que ce sont toutes les bagues et joyaux précieux qui lui sont restés et demeurés de quelque lieu que ce soit et qu'elle n'en a aucun autre ».

Renée n'avait donc pu connaître la paix de Beaulieu, signée un an plus tard entre Henri III et son frère le duc d'Alençon, allié aux huguenots. Elle mettait un terme à la cinquième guerre de Religion, réhabilitait les victimes de la Saint-Barthélemy, et imposait au roi de composer avec l'adversaire protestant. Depuis quelques mois, Henri de Guise devenait alors l'un des chefs catholiques les plus écoutés. Au lendemain du procès de Coligny, il avait résolu de partir en Hongrie pour se former au métier de la guerre en combattant contre les Turcs. À son retour, il s'était brillamment conduit lors de la troisième guerre de Religion : à Massignac, Jarnac et surtout à Poitiers, face à Coligny qu'il avait chassé de la ville.

Depuis, ses coreligionnaires le jugeaient digne de succéder à son père à la tête des troupes catholiques. À la bataille de Dormans, en 1575, il avait du reste lui aussi était atteint au visage et, comme François, on lui avait donné le surnom de « Balafré ».

Quelques jours après la paix de Beaulieu, sous l'égide de Charles d'Humières, les catholiques intransigeants ripostèrent en constituant une ligue défensive. La « Ligue », née à Péronne, en Picardie, recruta dans tout le royaume des adhérents et nomma à sa tête Henri de Guise. Le fils d'Anne ne ménagea pas ses efforts financiers pour soutenir la rébellion, payer des mercenaires et sa propre armée, s'attacher les indécis par des dons. Il s'endetta jusqu'à un million d'écus et dut vendre sa terre de Nanteuil-le-Haudouin.

En décembre 1584, Henri conclut un traité avec l'émissaire de Philippe II. Le roi d'Espagne s'engagea à soutenir les entreprises du duc contre les hérétiques de France comme ceux des Pays-Bas. L'année suivante, Anne perdit son second mari, Jacques de Nemours, et fit dès lors des apparitions de plus en plus rares à la cour. Elle s'engagea dans la Ligue catholique aux côtés de Charles de Guise, duc de Mayenne, son troisième fils. Ensemble, ils publièrent une déclaration signée à Péronne, dans laquelle ils proclamaient leur volonté de s'opposer à la progression de l'hérésie par tous les moyens.

Les ambitions et la popularité croissantes d'Henri de Guise et de sa Ligue représentèrent bientôt une menace pour l'indépendance du pouvoir royal. En juillet 1588, l'édit d'Union signé à Rouen entre Henri III et les ligueurs porta comme un coup de grâce au roi, qui capitula devant la puissance des Guise. Il fit le serment de mener sans faiblesse la guerre aux protestants et de ne pas reconnaître Henri de Navarre comme héritier du trône. Dès lors, il régnait sans gouverner. En novembre, encouragé par le roi d'Espagne, le duc de Guise l'incita à convoquer les états généraux. Leur ouverture fut fixée au 22 décembre, à Blois. Les députés qui devaient y participer étaient presque tous acquis à Henri de Guise et comptaient obtenir de lui la déchéance du roi.

Le 18, Henri III assista à un banquet donné par Catherine de Médicis au château de Chenonceau pour célébrer le mariage de la princesse Christine de Lorraine, sa petite-fille, avec le grand-duc de Toscane. Les plus belles femmes de la cour, vêtues de soie verte, la gorge nue et presque offerte, servaient aux convives des mets exquis et des liqueurs rares. Les tables étaient dressées autour d'un rocher factice en terre cuite d'où une eau pure jaillissait, emmenée par des canalisations souterraines. Des vasques d'eau froide gardaient au frais les carafes de vin. Le roi profita de l'effervescence des divertissements pour convoquer discrètement dans son cabinet le maréchal d'Aumont et deux autres conseillers d'État, Nicolas d'Angennes et le seigneur de Beauvais-Nangis. Il s'ouvrit à eux de l'embarras que lui causait Henri de Guise. D'Angennes conseilla l'arrestation et le procès du duc. Les autres opinèrent pour son assassinat pendant les états généraux.

– Ce qui serait juste, sire, objecta vainement Nicolas d'Angennes, ce n'est pas que Votre Majesté assassine le rebelle, c'est que les assassins de la Saint-Barthélemy s'égorgent entre eux.

Le roi chercha le bras que l'on armerait et s'adressa d'abord à Crillon, le capitaine de sa garde.

– Sire, répondit celui-ci, je fais profession de soldat et non point de bourreau. S'il plaît à Votre Majesté que je fasse un appel au duc de Guise et que je me coupe la gorge avec lui, me voici tout prêt.

Laugnac, premier gentilhomme de la chambre, fut moins scrupuleux que Crillon et se chargea d'organiser le guet-apens avec les Quarante-Cinq, la garde nouvellement formée qui suivait le roi dans tous ses mouvements.

Le 22 décembre, Henri arriva à Blois avec Anne, son frère le cardinal de Guise, son fils aîné le prince de Joinville, son cousin le duc d'Elbeuf, et son secrétaire Péricard. Seule son épouse Catherine de Clèves était absente. Le soir, au souper il trouva sous sa serviette un billet où on l'avertissait que le roi machinait sa mort. Il écrivit au bas : « Il n'oserait ! » et renvoya le billet. Un peu plus tard, d'Elbeuf lui assura à son tour qu'on voulait attenter à sa vie. Guise partit se coucher sans répondre et passa la nuit avec sa maîtresse la marquise de Noirmoutier.

Le lendemain, on vint le réveiller à sept heures, en lui annonçant que le conseil était assemblé. Il s'habilla à la hâte et quitta son appartement en ignorant que le roi avait déjà mis en place le piège qui allait se refermer sur lui. Laugnac et une partie des Quarante-Cinq s'étaient introduits dans la chambre royale et le reste de la garde était posté dans un cabinet et dans un escalier dérobé. Lorsque le duc rencontra les hallebardiers au bas du grand escalier, l'un d'eux lui marcha sur le pied en guise de dernier avertissement. Henri ne comprit pas qu'on venait de tenter de le sauver. Il gravit les degrés de l'escalier et se dirigea vers la salle du conseil, où le cardinal son frère et l'archevêque de Lyon l'avaient précédé. Dès qu'il eut pris place autour de la table, Crillon ferma les portes du château. Un instant plus tard, le secrétaire d'État Revol vint appeler Guise de la part du roi. Le duc quitta la salle. Il s'avança vers deux cabinets et pénétra dans celui qui donnait sur la cour. Henri III s'était retiré dans l'autre cabinet, dont il avait fait changer la porte tant il craignait que le duc ne vienne jusqu'à lui à travers les glaives des assassins.

Alors que Guise s'apprêtait à soulever la portière de tapisserie du cabinet, un des Quarante-Cinq, nommé Montseri, l'empoigna subitement et lui porta un coup de poignard dans la poitrine. Un second, Sainte-Maline, le frappa par derrière tandis que d'autres le ceinturaient pour l'empêcher de tirer son épée. Henri de Guise était d'une complexion robuste et militaire, un colosse de près d'un mètre quatre-vingt-dix. En dépit de ses blessures, il repoussa vigoureusement ses assaillants au fond de la chambre, puis marcha en titubant vers Laugnac. Le gentilhomme le transperça alors de la lame de son épée. Le duc s'écroula au pied du lit du roi en poussant de derniers râles. L'instant suivant, Henri III écarta la tenture derrière laquelle il s'était caché et vint se camper devant la victime étendue au milieu de ses assassins :

– Mon Dieu, s'écria-t-il, comme il paraît encore plus grand mort que vif !

Dans le but de rendre impuissants les chefs de la Ligue et d'avoir des otages, le roi fit mettre aussitôt Anne aux arrêts, avec le cardinal de Guise, son troisième fils, son petit-fils le prince de Joinville et le duc d'Elbeuf. Puis il descendit chez sa mère, dont l'appartement était situé au-dessous de la pièce où s'était accompli le meurtre. Catherine de Médicis était alitée, souffrant de rhumatismes et de goutte. En entendant le bruit des pas et des cliquetis d'armes, au-dessus de sa tête, elle s'en était inquiétée mais personne n'avait osé lui répondre. Son médecin était à son chevet : c'était Filippo Cavriana, celui, ami lecteur, qui nous tenait jusqu'ici compagnie depuis les années 1530. Il passait pour être un agent secret du grand-duc de Toscane. Le roi entra et lui demanda comment allait la malade.

– Elle va bien, Majesté, répondit Cavriana, elle a pris un peu de médecine.

Puis le souverain s'approcha du lit et s'adressa ainsi à sa mère :

– Madame, Monsieur de Guise est mort ; il ne se parlera plus de lui. Je l'ai fait tuer, l'ayant prévenu en ce qu'il avait le dessein de me faire. À présent, je suis roi de France.

Catherine parut frappée de stupeur :

– Vous avez fait mourir le duc de Guise ! dit-elle. Dieu veuille que cette mort ne soit point cause que vous soyez roi de rien.

Cavriana n'ignorait pas l'affection que portait la reine mère au fils de « la petite Borgia » :

– La reine est souffrante, dit-il au roi, et sort d'une terrible bourrasque de mal dont elle a failli mourir. Je crains que ce spectacle funèbre du duc de Guise n'empire son état.

Dans l'après-midi, Henri III s'entretint avec ses confidents du sort de ses prisonniers. Le cardinal de Guise s'était associé avec emportement aux entreprises de son frère. Libre, on ne pouvait douter qu'il ne se consacre tout entier à le venger. Il fut donc arrêté. Le jour suivant, à l'aube, il fut tiré de sa prison et passé par les hallebardes. Anne réclama en vain son cadavre et celui d'Henri. Les corps de ses deux fils furent consumés dans de la chaux vive, de peur que les Ligueurs n'en fassent des reliques. Le roi assura ne pas vouloir s'en prendre aux autres parents du mort. Il savait qu'Anne, le prince de Joinville et le duc d'Elbeuf lui étaient fidèles et dévoués. Par conséquent il leur épargna la vie. En la libérant, Henri III chargea la duchesse de porter un message de paix aux autres princes de la Ligue. Anne le remit à son second fils, Charles de Lorraine, duc de Mayenne, qui lui demanda conseil sur l'attitude à adopter désormais.

– Je ne suis pas venue pour vous conseiller, lui répondit-elle, sinon pour vous dire ce qu'on m'a dit et chargé. C'est à vous à songer si vous avez sujet et devez le faire. Ce que je vous dis, votre cœur et votre conscience vous en doivent donner bon conseil. Quant à moi, je me décharge de ce que j'ai promis.

Catherine de Médicis ne connut les détails de l'assassinat du duc de Guise que le 25 décembre, de la bouche du capucin Bernard d'Osimo.

– Ah ! le malheureux, dit-elle en parlant de son fils, qu'a-t-il fait ! Priez pour lui qui en a plus besoin que jamais, et que je vois se précipiter à sa ruine. Je crains qu'il ne perde le corps, l'âme et le royaume.

La reine mère devait expirer dix jours plus tard, le 5 janvier 1589. La veille, Cavriana avait quitté la cour pour se rendre auprès de son maître le duc de Nevers, affligé de fièvre. D'ailleurs sa santé s'étant améliorée, Catherine pouvait à nouveau se lever. Comme chaque matin, elle consulta son astrologue Cosimo Ruggieri. Un rêve nocturne avait signalé au Florentin que la reine mère trépasserait près de Saint-Germain. Catherine, devant se rendre le soir même au château de Saint-Germain pour fêter l'épiphanie, fit annuler le voyage. Puis elle se fit laver les cheveux à l'eau froide par l'une de ses dames d'honneur. En sortant de ses appartements, elle fut prise d'un malaise qui la contraignit à s'aliter.

– Hélas, Madame, lui dit une voix alors qu'elle reprenait ses esprits, j'arrive trop tard.

Elle aperçut le visage d'un jeune inconnu qui lui tâtait le pouls.

– Qui êtes-vous, je vous prie ? l'interrogea-t-elle.

– On m'a fait quérir pour vous soigner, Madame. Mon nom est Saint-Germain, Louis de Saint-Germain.

La mort de celle qui « enfanta trois rois et cinq guerres civiles » et qui depuis trente ans était une si grande figure de la chrétienté, n'eut qu'un faible retentissement parmi les tempêtes sorties des cendres des Guise.

Lorsque six mois plus tard Henri III tomba sous le poignard du moine Jacques Clément, membre de la Ligue, des voix ne manquèrent pas de s'élever pour accuser les Guise, et particulièrement la duchesse de Montpensier, sœur du duc, d'être les commanditaires de son meurtre. L'accusation était dénuée de sens, car le roi n'ayant pas de postérité et son frère le duc d'Alençon étant mort, le supprimer était offrir le trône royal à Henri de Navarre, ce qui répugnait aux Guise. La dynastie des Valois éteinte, le Béarnais succéda en effet au troisième fils de Catherine de Médicis, sous le nom d'Henri IV. Charles de Lorraine, duc de Mayenne, reprit le flambeau de la lutte anti-huguenote à la tête des Ligueurs. Sa mère s'associa de plus belle aux activités politiques de la Ligue. Les Parisiens comme les Ligueurs l'appelèrent la reine mère puisque, depuis la disparition d'Henri III, tous les espoirs étaient permis à son fils de monter sur le trône de France. Elle devint par ce fait l'une des femmes les plus puissantes du royaume. Elle ne cachait pas vouloir détenir, telle Catherine de Médicis, une grande partie du pouvoir royal en usant de son influence. C'est à elle, du reste, que le chancelier transmettait désormais ses doléances :

– Madame, lui dit le chancelier, tout le monde pense que le peuple vous bénirait et vous suivrait si vous étiez reine de notre royaume. On vous reconnaît pour fille de roi et vous pouvez beaucoup pour une bonne paix à l'endroit de vos enfants.

– Mon fils Mayenne, répondit-elle, a quarante ans passés. Je n'en fais point ce que je veux mais je ferai tout ce que je peux pour l'inciter à ramener la paix.

Comme l'ensemble des catholiques, elle refusa néanmoins de se soumettre à l'autorité d'Henri IV. Cependant, celui-ci choisit d'abjurer solennellement la foi calviniste, en 1593. Anne le reconnut alors comme roi, fit sa soumission, lui prêta serment de fidélité, et assista à son second mariage, à Lyon, en 1600, avec Marie de Médicis, dont elle porta une partie de la longue traîne. Elle s'éteignit dans son hôtel parisien de la rue Pavée, le 17 mai 1607, à l'âge de soixante-seize ans, entourée des quatre enfants qui lui restaient de ses deux mariages.

En Espagne, la même année, la marquise de Cea, épouse du gouverneur de Grenade, fut miraculeusement délivrée d'un mal incurable par l'intercession de Francisco Borgia. Le duc de Lerma, petit-fils du général des jésuites, entreprit alors d'obtenir sa canonisation. Le 12 avril 1671, après plusieurs décennies de procès, Clément X mit Francisco au rang des saints.

Quant à Alfonso d'Este, s'il contracta trois mariages, les séquelles d'une chute de cheval le privèrent de postérité. Avant de mourir, le 27 octobre 1597, il appela à lui succéder son cousin don César, enfant naturel d'Alfonso Ier, troisième époux de Lucrèce Borgia. La mort empêcha le pape de sanctionner ses dispositions et avec lui s'éteignit la ligne légitime de la maison d'Este.

« Les Borgia ont été de
ce monde qui ne connaissait
ni douceur, ni scrupules, ni remords. »

Émile Gebhart.

Cet ouvrage a été composé
par IGS-CP à L'Isle-d'Espagnac
et achevé d'imprimer sur Roto-Page
par l'Imprimerie Floch à Mayenne
Dépôt légal : octobre 2011
N° d'édition : 1116/01
N° d'impression : 80615
Imprimé en France